2019年第1辑

北京金融评论

BEIJING JINRONG PINGLUN

《北京金融评论》编辑部 编

中国金融出版社

责任编辑：张翠华
责任校对：孙　蕊
责任印制：丁淮宾

图书在版编目（CIP）数据

北京金融评论．2019 年第 1 辑/《北京金融评论》编辑部编．—北京：中国金融出版社，2019. 5
ISBN 978 - 7 - 5220 - 0082 - 4

Ⅰ.①北…　Ⅱ.①北…　Ⅲ.①金融—文集　Ⅳ.①F83 - 53

中国版本图书馆 CIP 数据核字（2019）第 079114 号

北京金融评论
Beijing Jinrong Pinglun
出版
发行　中国金融出版社
社址　北京市丰台区益泽路 2 号
市场开发部　（010）63266347，63805472，63439533（传真）
网 上 书 店　http：//www. chinafph. com
（010）63286832，63365686（传真）
读者服务部　（010）66070833，62568380
邮编　100071
经销　新华书店
印刷　北京市松源印刷有限公司
尺寸　185 毫米×260 毫米
印张　13. 75
字数　241 千
版次　2019 年 5 月第 1 版
印次　2019 年 5 月第 1 次印刷
定价　38. 00 元
ISBN 978 - 7 - 5220 - 0082 - 4

学术委员会及编委会名单

Academic Committee and Editorial List

前 言

Preface

2019年是新中国成立70周年，也是决胜全面建成小康社会第一个百年奋斗目标的关键之年。放眼全球，世界经济正面临百年未有之大变革；着眼国内，我国发展仍处于并将长期处于重要战略机遇期。面对稳中有变、变中有忧的内外部形势，推动高质量发展是遵循经济发展规律，引领我国经济迈上新台阶的必然要求。

金融活，经济活；金融稳，经济稳。经济兴，金融兴；经济强，金融强。经济是肌体，金融是血脉，两者共生共荣。做好新时期金融工作，保持经济平稳健康发展，就要坚持以供给侧结构性改革为主线，以高质量服务、高质量发展为重点，提高金融服务实体经济的能力和水平；就要完善金融监管，打好防范化解重大风险的攻坚战，守住不发生系统性金融风险的底线；就要进一步深化金融体制改革和制度建设，积极稳妥地推进金融业对外开放，为经济社会健康发展注入源源不竭的动力。

新起点踏上新征程，新时代铸就新梦想。在这中国经济转型发展的重要关口，我们每个人都肩负着历史的重任。时代的发展要求我们开拓创新，锐意进取，凝智聚力，攻坚克难。错综复杂的内外部形势要求我们具备崭新的思路和全新的视野，进一步探索新时期经济金融理论，以助推我国经济高质量发展，实现中华民族的伟大复兴。

心怀凌云志，取道惟精勤。新的一年，《北京金融评论》将继续秉持“评论传播思想，思想指导实践”的宗旨，密切关注金融改革难点及热点问题，实现学术研究与实务探讨的有效结合。我们将进一步推进征稿约稿工作，加强与作者沟通，精心打磨每一篇文章，为推动新时代经济金融发展和学术研究做出积极贡献，以优异的成绩向新中国七十华诞献上厚礼！

目　录

Contents

高 管 论 坛

观 点 荟 萃

金 融 监 管

国 际 比 较

观 察 思 考

风 险 管 理

业 务 交 流

高管论坛

商业银行处理金融消费投诉的行为规范研究

刘玉苓[①]

商业银行规范、高效地处理金融消费投诉，对于保护金融消费者合法权益、提升金融服务水平具有重要意义。调研发现，北京地区商业银行均建立了投诉处理制度和多维度投诉处理机制，但同时也存在投诉处理总体效率不高、投诉办结后缺乏汇总反馈、小额赔付缺乏统一标准以及争议较大投诉终结难等问题。建议出台商业银行投诉处理行为规范指引，明确投诉处理时效，畅通处理流程，规范小额赔付机制，明确投诉终结规则，促进金融消费投诉处理行为规范化、责任明晰化，提升商业银行金融消费权益保护水平。

一、商业银行金融消费投诉处理现状

（一）初步建立了金融消费投诉处理制度和组织架构

商业银行金融消费投诉处理制度基本涵盖了投诉受理、处理和应用环节，主要包括投诉处理流程规定、投诉处理数据在产品创新中的应用、投诉处理在内部绩效考核中的占比、投诉处理小额补偿机制等。在组织架构方面，国有大型商业银行及股份制银行、大型地方性法人银行均单设了与消保部门平行的投诉处理模块（电子渠道和团队）；村镇银行因其体量小，业务量和投诉量相对较少，未单设投诉处理相关部门。

---

① 作者简介：刘玉苓，中国人民银行营业管理部副主任。本文仅代表个人学术观点，与所在单位无关。

（二）普遍采取多维度投诉处理机制

由于金融消费投诉种类、诉求及处理部门不同，商业银行普遍采取多维度投诉处理方式。投诉处理维度一般包括引发投诉的业务种类、客户的投诉目的和重复投诉次数。商业银行依据不同维度并结合自身运营框架，对具体投诉进行分析判断，明确相应投诉层级并采取对应方案。

（三）初步建立了金融消费投诉处理流程

大中型商业银行建立了独立的投诉处理运转模块，能独立处理多种类型的电话及线上投诉。投诉处理流程主要包括投诉受理、工单登记和移送、调查核实与处理以及投诉升级处理等环节。投诉受理的常见渠道包括电话、微信、网络等。受理投诉后，受理部门会根据投诉具体情况和投诉层级进行工单移送，交由相应的调查核实主体进行调查处理。一级投诉通常由涉及投诉的本级商业银行营业网点或相关业务部门处理并答复消费者；二级投诉通常由金融消费权益保护部门协同上级分支行及其他业务部门进行调查处理并答复消费者；三级投诉则需商业银行主要负责人牵头金融消费权益保护部门、合规部门、相关业务部门等进行调查处理并答复消费者。消费者若对投诉处理不认可，会要求小额赔付或升级投诉；而在两次投诉升级不能解决的情况下，其最终结果往往是第三方调解终结、诉讼终结或难以终结。

（四）普遍建立小额赔付机制

商业银行小额赔付机制是商业银行在投诉处理过程中，以责任归属难以判定或以维稳为前提，应客户主动要求，以小额资金赔付作为投诉的终结手段。小额赔付机制依据投诉处理层级不同，赔付额度也有差异。商业银行内部对于小额赔付的支付有相对严格的审核流程以及责任追究机制，而客户一旦接受小额赔付，需签订保密协议且放弃后续索赔及投诉的权利。

二、存在的主要问题

（一）投诉处理总体效率有待提高

消费者向商业银行投诉反映金融产品和服务问题，希望银行能在最快的时间内予以处理和解决。但从投诉升级情况来看，消费者普遍反映银行投诉处理效率较低，主要表现在：对于需要紧急处理的投诉，银行未根据实际情况优先处理；投诉处理流程不畅，答复内容无实质解决方案；部门职责划分不清，存在推诿现象。

（二）商业银行投诉管理部门层级不高

投诉处理效果与投诉管理部门层级、投诉处理内部考核占比直接相关。投诉管理部门层级越高，内部考核所占比重越大，投诉处理效果越好。例如，某商业银行金融消费权益保护部门因部门层级不高，协调该行信用卡营销部门处理监管机构信用卡转投诉无果，致使此类投诉仍持续发生。

（三）投诉处理后普遍缺少对业务部门的汇总反馈环节

投诉处理相关情况是反映商业银行产品和服务情况的重要信息。投诉处理部门将其汇总反馈给业务部门，可促进本机构产品和服务的全面升级，形成从产品服务到金融消费投诉处理，再到产品服务改进的闭环处理。部分商业银行对金融消费投诉的处理流程终结于投诉办结环节，没有汇总反馈业务部门的环节。同时，因前期各商业银行实施统一投诉分类标准进度不一，各业务领域投诉分类汇总数据无法横向比较，导致各银行缺少对投诉数据分类汇总的动力和反馈基础，没有形成投诉处理的闭环。

（四）小额赔付机制缺少统一标准

商业银行小额赔付机制能快速解决投诉纠纷，对银行卡盗刷、银行推销金融产品不规范导致客户资金受损、银行系统故障造成客户直接或间接损失等疑难纠纷的解决具有积极推动作用。但由于目前小额赔付机制缺少统一的适用情形和赔付标准，各商业银行执行标准不一。商业银行对此类投诉缺少深入调查分析，在处理时常因维稳压力或息事宁人心态不断让步，引发“职业投诉者”投诉的不断发生。

（五）争议较大投诉如何终结成为难点

商业银行投诉处理终结一般包括正常终结、小额赔付终结、第三方调解终结和诉讼终结。但因缺乏明确规则，终结争议较大投诉、反复恶意投诉或“缠访”等存在困难。

三、政策建议

为规范高效化解金融消费权益纠纷，建议适时出台商业银行投诉处理行为规范指引，明确投诉的处理原则和一般要求，规范投诉处理流程，提升投诉处理质量和效率。

（一）明确投诉处理时效规范，建立职责分工明确、渠道畅通的处理流程

建议规范银行不同类型投诉的处理时效，时效性要求高的投诉应优先处理。商业银行应建立职责分明、渠道通畅的处理流程。在处理复杂投诉情况时，需明确牵头部门和配合部门职责，为高效解决消费者投诉奠定制度基础。

（二）提升商业银行投诉管理部门层级，优化考核体系

在部门设置上，商业银行应提高投诉管理部门层级，同时优化经营绩效考核评价制度中投诉管理考核体系。投诉管理考核应综合考量投诉处理质量、效率和金融消费者满意度等因素，适当加重投诉处理考核分值，提高各业务部门、网点对投诉处理工作的重视程度。

（三）尽快实施金融消费者投诉分类标准，促进投诉处理、反馈和改进闭环的形成

统一金融消费者投诉分类标准为银行对投诉信息数据分析处理提供了基础。商业银行应增加对各业务领域投诉纵向横向比较分析，切实利用投诉处理反馈信息改进金融产品和服务。

（四）规范小额赔付机制，防范道德风险

建议明确统一的小额赔付原则、适用情形和赔付标准，在有效发挥小额赔付机制快速处理疑难投诉优势的同时，防止个别投诉人利用小额赔付机制，反复投诉或恶意投诉，防范道德风险。

（五）明确商业银行投诉终结流程规范，有效解决争议较大投诉终结难问题

建议明确争议较大投诉的范围和特征，处理争议较大投诉可采取的有效手段，为终结不同类型的争议较大投诉提供行为规范。

观点荟萃

房产税对金融业的影响分析

——基于行为金融理论

冯全民　闫　琦[①]

摘要： 在房价居高不下、行政调控手段饱受诟病的情况下，房产税被人们寄予厚望。但房产税是否能释放金融风险尚待探讨，因为房产税对金融业的影响，取决于是否能抑制房价的巨幅波动，取决于是否能促进房地产业发展模式的升级，取决于商品房去库存和去杠杆的效果，取决于房产税是否与其他政策相配套。为此，需要加强投资教育，推进信息公开，促进理性投资；完善一揽子政策组合，推进房地产平稳健康发展。

关键词： 房产税　金融风险　行为金融

伴随着我国分税制和住房市场化改革的实施，作为化解东南亚金融危机、缓解深化国企改革带来的失业压力以及解决地方财政不足的重要措施之一，房地产业一直备受各级地方政府的青睐，在拉动经济增长及增加地方财政收入方面成效显著，以致我国政府 2003 年正式将房地产业定性为国民经济的支柱产业。2007 年 10 月，党的十七大报告提出要努力使全体人民“住有所居”，似有淡化房地产“支柱产业”之意。然而，2008 年国际金融危机爆发之后，为实现保增长和稳定房地产市场的政策目标，政府又出台一系列刺激公共消费和房地产投资的政策，导致房地产价格持续上涨。随着房地产投资不断增长，交易规模不断扩大，房地产过度繁荣对经济金融发展的副作用越来越明显。一方面，房地产业占用了大量的金融资源，透支了居民的投资和消费能力，导致杠杆率攀升，增大了经济和金融的调控风险；另一方面，在一定程度上影响了制造业复苏和现代服务业的发展，进一步扭曲了经济结构，成为经济结构转型升级的障碍。于是，实施房产税以遏制房价上涨和缓解金融风险的呼声渐起，中央经济工作会议更是将房地产去库存政策列入了 2016 年的主要经济任

① 作者简介：冯全民、闫琦，均供职于中国人民银行安陆市支行。

务之一。数据显示，2017 年末，中国房地产贷款余额高达 32.2 万亿元，占各项贷款余额的 26.81%；全年新增 5.6 亿元，占当年新增贷款额的 41.48%；居民杠杆率为 48%，个人住房贷款余额达到 21.9 万亿元。2018 年第一季度房地产行业资产负债率升至 79.06%，累积的金融风险不可谓不高。那么，房产税是否能如大家期盼的那样能使房地产市场成为一个理性的市场，从而避免金融业出现系统风险呢？本文将基于行为金融学理论，从市场参与者的心理和行为方面分析房产税对金融业的影响，并提出政策建议。

一、行为金融学理论综述

传统金融理论作为经济学的分支，是基于理性人假说和有效市场假说。随着金融市场上各种异常现象的累积以及投资者的非理性实践，传统金融理论的分析范式与实际渐行渐远。20 世纪 80 年代，通过对传统金融学的反思和修正，悄然兴起了以认知心理学和有限套利两大理论为基石的行为金融理论，其代表人物是 1999 年克拉克奖获得者马修·拉宾（Matthew Rabin）和 2002 年诺贝尔奖得主丹尼尔·卡尼曼（Daniel Kahneman）、弗农·史密斯（Vernon Smith）。

西方行为金融学的兴起最早可追溯至 1951 年布鲁尔（O. K. Burell）提出的将量化投资模型与人的行为特征相结合的研究。20 世纪 60 ~ 80 年代，阿莫斯·特沃斯基（Amos Tversky）和丹尼尔·卡尼曼运用心理学，提出了行为金融学的核心概念——启发式驱动偏差（Heuristic Driven Bias）、框定依赖（Frame Dependence）和期望理论（Prospect Theory）。20 世纪 80 年代中后期至今，行为金融学主要转入证券市场异常现象的研究和投资策略的完善。

西方行为金融学理论认为，投资者在不确定条件下的决策过程实际上是一个心理过程，即对金融市场的认知过程、情绪过程和意识过程，从而形成心理、行为与金融三者的深刻互动。由于投资者认知和情绪上的偏差，人类理性不具有普遍性，即使在有限理性的条件下，由于外在条件的限制，也不能保证行为都是理性的，并且在特定情境下，面对多样化机会的诱惑，甚至会放弃理性行为，最终导致投资者决策和行为上的偏差。因此，投资者是有限理性、有限控制力和有限自利的，金融市场并不完全有效。

从行为金融学的产生和发展看，行为金融学并不是对主流金融学理论的否定，而是对传统金融学的修补与完善，即借鉴心理学理论，基于人类行为的有限理性、有限控制力和有限自利的假设，沿着经验和逻辑推导的路径，拉近了金融理论与现实的距离，从而突破了传统的基于理性人假说和有效市场假说的分析框架。

我国行为金融理论研究始于20世纪90年代，侧重于证券市场和信贷市场的研究，如赵骏（1994）和杨朝军（1997）对周内效应的研究，沈艺峰、吴世农（1999）对股票市场过度反应的关注，彭惠（2000）、殷孟波（2003）、章融（2003）、陈红艳（2007）和沈玉星（2007）对不对称信息下的“羊群效应”的研究，饶育蕾、王凯涛（2003）对封闭式基金折价交易现象的解释，胡昌生（2003）对市场泡沫与价格过度波动的研究，唐齐鸣（2003）对证券市场参与主体最优投资策略的分析，冯祈善、胡栗源（2006）对银行贷款集中现象与“惜贷”行为的解释，以及徐明东、陈学彬（2011）对商业银行异质性和货币政策的关联研究等。

目前行为金融学的研究基本上集中在三个方面：一是将心理学、社会学和行为科学的理论与传统金融学相融合，并应用于金融市场的微观过程；二是对金融市场的各种异象及其发生机理进行实证研究；三是对投资者的有限理性及各种认知偏差的原因进行深层次探讨。尽管目前尚没有文献涉及将行为金融学理论应用于房产税对金融业的影响研究，但笔者认为，行为金融学的基本理论，尤其是将心理学、社会学和行为科学理论应用于金融分析的机理，是有助于我们更清晰地理解房产税对金融业的影响的。

二、房产税对金融业的影响分析

一方面，房地产贷款占用了过多的金融资源，在房价上涨的助推下，金融风险不断被放大，于是出台房产税以抑制投机性需求的呼声日益高涨；另一方面，经济下行的压力以及房产税涉及的面广，使得房产税的推出进展缓慢。其实，单纯依据房产税对金融业的影响是非常有限的，以下我们将依据行为金融学理论予以简要分析。

（一）房产税对金融业的影响，取决于是否能抑制房价的巨幅波动

行为金融理论认为，由于人们存在认知、情感和态度上的差异，其决策和行为往往是非理性和存在偏差的。从政府角度看，一二线城市房价上涨过快是由于过多的住房需求追求有限的住房造成的，加征房产税可以抑制购房需求，达到供需平衡，其隐含的前提是政府对房地产市场供求关系的认知。问题在于，现在的房子除了满足居住需求外，越来越成为了重要的投资品，即一部分房子变成了金融资产。而对于金融资产，其定价是基于预期收益与风险均衡，而不是供求关系。就购房者而言，掌握的信息有限，理性决策本身就存在难度，只要预期房价会涨，就会产生购买欲望，从而助推房价上涨。在上述情况下，房产税即便能抑制房价上涨，其效果也是

非常有限的，自然难以释放累积的金融风险。

目前，我国人口在全国范围内自由流动的速度加快，加上城市化、区域化发展与乡村振兴战略叠加，伴随着生活水平的提高，人们对住房的刚性需求和改善性需求都处在上升通道，需求上升，价格自然上涨。同时，地铁、高铁等基础设施条件的改善也会助推房价上涨。另外，我国地域广阔，城乡市场不统一，房价上涨还呈现出从一线热点城市依次向二线和三四线城市传导的特征。如果采取全国统一的房产税政策，势必导致房产价格的失真，金融风险向三四线城市传递，不但会误导投资者，也会误导决策者，此时房产税本身并不能起到稳定房价的作用。

（二）房产税对金融业的影响，取决于是否能促进房地产业发展模式的升级

风险和收益之间的权衡与取舍是经济组织永恒的主题，行为金融理论认为，人们对收益和风险的理解会受到决策问题是如何构造的影响，可以称为“框定依赖”。就我国而言，房地产业发展的关键问题是土地的供给，其经营模式遵循的是拿地、贷款、出售，由于高度依赖银行贷款，其盈利模式是粗放的。房地产开发属于资金密集型行业，高额的投资必然追求高额回报。房地产商认为当前地价高、税费重是推高房价的主要因素，房产税的推出只会改变房地产的价格组成，而不会增加房地产开发总成本。简单地说，房产税只会增加房产的持有成本，而不会增加开发成本，开发商只要按期把房子销售完，就能获得预期收益。此时，房产税调节的是需求侧，而关键的供给侧被忽视。在住房需求处于上升通道时，房地产商依据“框定依赖”仍会延续原有的发展模式，而商业银行依旧乐于将贷款发放给房地产企业。也就是说，当土地供求关系不改变时，实施房产税对房地产业没有实质性的影响，并不能解决根本问题。当政府为限制房价上涨，实施限价措施时，开发商注定要通过变相手段来维持高额利润，导致二手房比新房贵的怪异现象发生。对房地产开发商而言，房产税的改革通过影响消费者的理性回归间接影响开发商。需求市场的理性必然会降低房地产市场的泡沫，进而影响到开发商的预期。对于还款能力依赖高房价及房价的持续高增长的高杠杆、高成本的开发商，房产税的推出对它们来说是非常不利的，如果出现不如预期的价量双缩，可能会直接导致它们破产。

另外，房地产金融具有经济学意义上的“公共物品”属性，地方政府因此存在不可抑制的“搭便车”激励，即如果地方政府或金融机构假定其他地区严格执行“政府管制”，则它的策略是不执行“政府管制”，因为局部的破坏性行为不会导致整个金融系统的崩溃，同时，“不执行”可以为地方政府带来立竿见影的税收收益；如果地方政府或金融机构假定其他地区不执行“政府管制”，则地方政府会选择

“不执行”，以补偿金融系统崩溃后的巨大损失。所以，无论如何，当缺乏严格的金融监管，地方政府将严格采取“不执行”策略。房产税属于地方税种，一旦地方政府发现房产税对当地房地产发展产生不良影响，地方政府会选择“不执行”，房产税抑制房价的目的就会落空，金融风险依然存在。

（三）房产税对金融业的影响，取决于商品房去库存的效果

行为金融理论认为，由于不可能收集和综合所有的因素和现象，人们许多时候只能按启发式来工作，而不是传统金融学假定的按算法式来工作的，从而导致“羊群效应”。同时，人们在决策中总是倾向于高估自己的能力而导致“过度自信”（Overconfidence），或者在面临新信息时，不愿意理性地更改自己现有观念或信念而形成“保守主义”（Conservatism）。当买房者相信未来房价有很大的上涨空间时，便会加入购房者浪潮，导致市场交易量膨胀。房产税对房地产市场起规范化作用，通过增加房产的持有成本而抑制投资投机需求，使房地产市场回归其满足居住和商用的需求，挤出投资资金的不合理流入，同时挤出投资投机需求对房源的不合理占用，促进存量房抛向市场，使存量房自然释放出来，缓解供需不平衡，最终促进购房者理性购房。对于这些真实用于居住的购房需求贷款，商业银行的信贷风险是降低的。如果投资者会依据表面信息做出判断，需求曲线迅速下滑，导致房地产业泡沫破裂，加剧银行信贷风险。房产税对房价的抑制作用如果超过市场可承受程度，就会极大地增加商业银行的信用风险。如当市价与房贷成本相比显得更经济，理性贷款者就会停止月供还贷，这在上海、深圳等地曾出现过。而商业银行在变现抵押房时往往面临处置难和亏损的风险。部分小的开发商，由于自有资金不多，大部分资金来自银行贷款和民间借贷，高额的财务成本使企业难以为继，不能按期交房，不但银行贷款成为不良，也影响银行的住房按揭贷款的安全。

当前，我国房地产业仍延续调整回落的态势，房地产市场整体出现“供过于求”的局面，加之房地产业本身建设周期长、前期投资多，主要依赖银行等金融机构的贷款支持，存量房的增多，不仅对房地产业发展不利，更是对金融机构金融风险的挑战。但问题在于去库存的压力不是房价持续上涨的一二线城市，而是房地产业动静不大的三四线城市，此时，如果推出统一的房产税，不仅抑制不了房价上涨，去不了库存，反而会助推房价进一步上涨。同时，也容易产生房地产投机性套利活动。因此，统一政策的本身就存在风险，因地制宜的效果会更好一些。

（四）房产税对金融业的影响，取决于去杠杆的效果

心理实验表明，人们的风险偏好取决于面对的现状、预期、事件概率的大小、

最近一次的体验、性别等因素，而且人们的行为会受到非正式组织的制约。目前，我国房贷最低首付比例为20%，很多城市的首付比例达到了60%甚至70%，较高的首付比例对抵御金融体系风险起了很好的作用，个人住房按揭贷款成为商业银行鼓励的贷款品种，曾经为鼓励住房贷款，最低优惠贷款利率为基准贷款利率下浮30%。同时，房价持续上涨，掩盖了贷款风险，特别是2008年国际金融危机爆发以来，外需不振导致国内经济面临下行压力。伴随着劳动力、土地等生产要素成本的升高，我国在传统制造业领域的优势也受到削弱。与此同时，国内居民消费升级以及环保标准逐步提高，也对我国产业结构转型升级提出了新要求。但受到多种因素影响，产业结构调整滞后，导致传统行业、乃至部分新兴行业出现产能过剩。自2012年3月起，PPI同比增速54个月为负，工业企业盈利空间被不断压缩，投资回报率趋于下降。经济增长放缓及PPI持续为负在客观上提出了放松货币政策的要求，但由于制造业对资金的吸收能力不足，资金大量涌入房地产市场及资本市场，导致房地产市场、股票市场、债券市场出现轮番上涨行情，加剧房地产市场的金融属性。近年来，商业和住宅地产投资占企业总投资额的比重达到1/3左右。由于产业结构调整滞后，居民消费升级需求尚未得到有效满足，在一定程度上助推了居民储蓄率居高不下的状况。但由于缺乏安全稳定的个人长期投资渠道，房地产成为近年来居民投资的主要领域，在家庭财富中占比不断提高，这又从另一方面推动了楼市过度繁荣和金融膨胀，聚集了金融风险。

房产税的推出虽然会影响房价波动，但在宏观经济下行压力加大、中美贸易摩擦等不确定因素的背景下，房地产依然是推动社会投资的主导力量，在现行银行信贷考核机制下，信贷人员依旧会选择将贷款投向房地产。从银行管理层面看，房地产抵押贷款虽然相对安全，但这是长期内稳定的现金流，其流动性相对较差，在缺乏现金头寸时难以迅速将抵押债券贴现为现金。银行要承受长期内的利率及政策风险，按照风险与收益相对称的原则，银行会上调贷款利率，这将增加消费者负担，降低购房意愿和实际支付能力。尽管现在已将住宅贷款的最高期限延长至30年，但由于利率受到央行管制，因此商业银行通过提高贷款利率弥补风险的努力难以实现，从而导致商业银行发放长期房地产抵押贷款缺乏内在动力。同时，由于流动性的难题，当住宅抵押贷款发放达到一定规模后的商业银行不愿意全力予以支持。房产税的推出更加大了房地产价格波动的不确定性，一旦不良贷款上升，信贷人员将压缩房地产贷款。

（五）房产税对金融业的影响取决于房产税是否与其他政策相配套

行为金融理论认为，投资者不是以自己已有信息去决策，而是以噪声进行决策和交易。就房产税而言，政府既希望增加地方财政收入，减少房价波动，又能促使房地产市场平稳发展，由于噪声多，单一政策的效果就非常有限。近年来，在经济下行压力较大的背景下，房地产业实际上一直承担着促进经济增长、维护经济社会稳定的任务。但由于房地产逐渐脱离了房屋的居住属性这一本质特征，其金融和投机属性不断被强化，随着房地产投资不断增长、交易规模不断扩大，房地产过度繁荣对经济金融发展的副作用越来越明显。此时，单一的房产税难以达到预期效果，应该配套运用央行的货币政策，如提高存款准备金率、存贷款利率调整、提高首付比例、逆周期调控等，以及行政调控政策，如限购、限价等。

三、政策建议

（一）加强投资教育，引导合理预期，减少房价波动

投机性和投资性群体的大面积非理性炒作，是导致住房价格上涨过快的重要原因。投资者往往容易听信媒体报道和专家预测房价上涨信息，盲目跟风，对市场过度乐观，从而产生购房者的不理智抢购行为，推动房价高涨。政府要进一步普及投资理财知识，促进房地产成本信息公开，加强对信息媒体的监管，促进投资者的投资行为理性化。同时，要做好房产税改革的相关宣传工作，减轻居民对房产税改革的抵触情绪，尤其是要调整居民对房产税改革能够抑制房价水平的预期，达到减少房产税对房价波动的影响，从而实现房产税改革的顺利推进。

（二）适度调整货币政策和信贷政策，有效控制市场流动性，推动产业升级

在当今实体经济乏力的情况下，为保值增值，大量资金流入房地产行业，加速了房地产价格上涨。过于宽松的货币政策和信贷政策使投资门槛大幅降低，投资者对于市场盲目乐观，需求膨胀导致房价居高不下。因此，控制资金流动性是控制房价、抑制房产泡沫的关键。一是因城施策，房价上涨过快的热点城市要加强对银行信贷、理财、信托、股权投资基金等资金投向的跟踪检查，严控金融资源流向投资性、投机性房地产领域。因房施策，加大对居民购置自住性普通住宅的金融支持力度，充分满足住户部门的合理住房需求，防止个人转向非正规金融平台加杠杆。二是着力推动供给侧结构性改革，完善“优胜劣汰”的市场机制，优化存量信贷资源，培育新的信贷增长点，加大对节能环保、知识密集型产业的投入力度。三是推动消费升级，解决消费市场资金供需错配问题，释放国内消费潜力。四是拓展房地

产业的融资渠道，从根本上改变房地产业粗放的经营模式，以实现房地产业的转型升级。

（三）完善一揽子政策组合，因地施策，推进房地产平稳健康发展

我国单一政策的调节作用十分有限，房地产业的长期健康发展，需要房地产调控政策长短结合，标本兼治，不断完善土地制度、住房制度，以及税制、投融资制度，注重制度间的整体性、有序性，从而发挥最优效果。一是建立稳定、可预期的房地产金融政策框架，防止政策频繁变动产生短期、集中“恐慌性”“套利性”购房需求，抑制灰色金融创新；二是加快研究出台房产税，将房产税税率的制定权限下放到地方政府，可考虑在住房供求矛盾突出、房价上涨过快的热点城市率先推出房产税，并根据住房市场调控需要设定差异化税率，以此抑制房产投机，释放房源存量供给；三是大力发展和完善住房租赁市场，建立规范运行的住房租赁平台；四是建立和完善市场化导向的土地供给制度，积极落实中央“人地挂钩”的发展思路，按照市场化原则建立全国统一的土地计价交易市场，在全国范围内实现占补平衡。

参考文献

［1］冯安明，冯梦云．商业银行信贷管理体制和考核机制对信贷行为的影响［J］．上海金融，2011（8）：113－116.

［2］李言，毛丰付．房产税改革与外部环境——基于不同利率政策反应函数情境的模拟分析［J］．中南财经政法大学学报，2017（5）：69－78.

［3］李言，毛丰付．房产税能够抑制房价波动吗［J］．财经科学，2017（8）：53－66.

［4］王佳赫，赵书博．中国个人住房房产税改革研究现状与趋势——基于文献计量分析［J］．财经科学，2017（10）：93－103，148.

［5］刘向耘，王琰．房地产过度繁荣对金融膨胀的影响［J］．南方金融，2018（2）：3－11.

论金融科技的发展与趋势

邓明健[①]

金融科技是指将新的科技成果应用于金融领域或范畴，是金融与科技交融、发展的过程，从而对金融产生深刻影响。金融科技不断完善、深化及发展，对金融产品、业务流程、金融市场、金融机构和金融功能形成深刻影响。金融科技不是新概念、新名词，而是由来已久。国际上有了金融和科技之后，就呈现了科技在金融上的应用。传统的金融业发展至今，与其不断的变革和实践密不可分。

近十年来，金融科技发展日新月异，金融业发生了革新性变化，但金融科技并没有改变金融功能的实质。随着互联网技术的快速发展和不断革新，数字经济这一新的经济形态受到越来越多的关注，发展数字经济已经成为世界共识。各主要国家和地区的数字经济相关战略持续深入实施，普遍将运用互联网、大数据、人工智能等新一代信息技术赋能各产业作为重要举措。与此同时，数字化消费引发需求变革和金融领域变革。数字化技术为互联网支付、互金网贷、消费金融、众筹融资等新型金融服务模式提供了支撑。

当下，人工智能、生物识别、大数据、区块链等前沿技术正不断重塑金融业态。但对于数字化转型中的金融机构来说，它们需要内部有一个完整的科技金融生态来实现全流程的电子化、移动化和智能化。国内已有少数大型机构凭借雄厚的资金实力快速落地了自身的科技金融业务，更好、更快地为个人消费等普惠金融服务。当今，“金融科技＋”已成为众多金融机构寻求获客和提升风控的首要选择。下面笔者就围绕科技如何对银行业等金融机构赋能，以及它的发展阶段、趋势进行阐述。

引言

在2000年前，我国仍是个重度依托现金收付的社会。2010年，我国有61%的

① 作者简介：邓明健，现供职于中国平安集团。

零售消费者要经过现金买卖的方法进行，目前这一份额已下降至40%以下。跨区移动支付和手机扫码近场支付成为买卖支付的重要方法。2017年末，我国移动支付总量超越40万亿元，是美国商场体量的50倍。

银行业本身就是具有数据属性的行业，处理的资金流就是数据流。银行在数据搜集和处理方面优势相对突出，数据强度居各行业前列。银行在信息搜集剖析判断的基础上，进行资产转化，促进资金有效供给，完成由存款向借款变换的关键一跃。随着金融科技的发展，数据的可得性、可靠性、及时性和可使用性得到了有效处理，资产转化功能朝着更加高效、普惠的方向发展。

数字银行的诞生和数据技能手段的应用，使得整个金融产业链各个环节得以打通，经济活动中的资金流、物流和信息流得以一致，金融的四项基本功效逐渐走向交融。

金融功能交融没有颠覆金融功能的实质，但对金融功能产生了影响、促进进化，形成了新的金融业态。如支付与融资的交融，在消费信贷、信用卡等流动性范畴呈现出多样化特征。资产转化、信息处理功效也呈现同步发展趋势。依托大数据进行信誉评估、信用打分、风控模型建立。通过供应链金融将物流、信息流与资金流紧密连接，信息化、数据化等能力极大提高，推动了其有效的转化能力。场景金融成为金融功效交融的加速器。一些金融科技公司在原生场景、网生场景或交融场景途径上将金融功效交融一体，完成了消费到金融的无缝转化。

2018年以来，我国面对错综复杂的国际国内环境，各地区各部门不断深化改革开放，有效激发内生动力和活力，中国经济延续了稳中向好的发展态势，发展预期也稳定向好。在这样的经济发展背景下，互联网金融也将迎来较好的发展势头。面对诸多困境和挑战，监管层逐步展开对互联网金融的监管工作，并加强监管力度，全力推动行业规范发展。

互联网金融诞生以来，国家一直给予高度的重视。综观我国互联网金融的发展历程，国家对其的态度和表述从2014年的健康发展、2015年的异军突起、2016年的规范发展和2017年的风险防范，再到2018年的健全监管。“健全监管”已成为2018年乃至以后互联网金融机构合规发展的主旋律。在创新驱动发展、互金监管趋严的环境下，互金平台应当重视风控创新、制度创新、产品创新、服务创新等，将创新贯穿其中，通过科技赋能金融的方式推动实体经济和实体企业发展。

一、科技赋能银行业等金融机构是一场深刻的革命

在银行业务经营中，客户是各项业务开展的基础和保障，在互联网金融浪潮的

推动下，传统金融机构正面临着“获客”与“活客”的双重压力，借助金融科技转变用户体验正成为新的突破口。以工、农、中、建、交五大行而言，虽然坐拥海量的客户，但受限于数据割裂、业务面窄、营销手段传统等因素影响，客户基础整体大而不强，面临活客难题。以宇宙行——中国工商银行为例，截至2017年末，工商银行有个人客户5.67亿户，有效客户3.77亿户，活客压力相当之大。而对于股份制银行、城商行、农商行等而言，客户量小，基础薄弱，客户活跃度低，更突出面临着获客的压力。截至2017年末，偏好零售业务的招商银行，个人客户数也就近亿户；中信银行、光大银行、平安银行、兴业银行等银行的平均个人客户数为5 000万户左右；城商行、农商行突破千万户的少之又少。实体银行与互联网金融巨头的数亿用户规模均有着显著的差距。除了客户基础薄弱，中小银行同样也面临着存量客户活客的难题。而互联网金融的深入发展，将给银行业带来一场深刻的变革。

（一）直销银行和支付革命

一是由于直销银行Ⅱ类和Ⅲ类账户的落地，对银行新开户和获客是一场革命。电子账户的开通、体验与第三方支付账户的使用，无疑使得手机银行、消费贷款等产品获客均不再受本行借记卡账户的限制。比如，客户可通过他行账户注册本行手机银行，并享受各种金融服务；客户也可选择以他行借记卡账户为收款和还款账户，向本行申请消费贷款；等等。这些都对银行新开户和获客带来深刻变革。

二是在实现场景上，银行一方面加入银联云闪付二维码标准，共享银联线下扫码支付场景，同时也在线下布局兼容第三方支付二维码的收单机具；另一方面则与电商合作，通过发行联名卡、电子账户合作等方式获得客户。

三是就银行而言，无论是本行存量不活跃客户还是非本行客户，均可通过诸如嵌入场景、丰富数据、多维度画像等相似的手段激活或获取，在一定程度上打破了获客与活客的边界。

与此同时，银行内部也加快推动全行统一的客户标签体系建设，建立个人客户营销画像体系，形成对个人客户特征的多维描绘，实现对客户个体的个性化、集成化产品与服务的分类、推荐及对客户投资行为、风险偏好的自动评估等智能化技术手段。

当前，金融机构正以开放的心态加大与金融科技企业的合作，同时在内部积极推动金融科技的研发与运用，商业银行将迎来一场存量“活”客与智能“获”客的革命。可以说，科技正驱动着业务发展，成为第一生产力。

（二）利用大数据“加持”银行信贷服务，实现双向扩展

经过几十年的发展，商业银行传统的风控手段已经趋于发展的极限，开始遭遇

用信类客群拓展的天花板。近年来，电商巨头和互联网消费金融公司借助大数据这一风控手段的创新，成功地在银行传统用信客群外开辟了新的客户，大数据风控也成为传统金融机构实现客群扩展的重要手段。提到大数据风控，其实银行本不缺数据，但缺乏系统全面的结构化数据，缺乏对数据的整理分析，也缺乏多维度的行为数据，使得银行在大数据风控上反倒成为后来的追赶者。

银行的自有数据主要是各种业务数据，是对全行客户业务活动过程和结果的记录。同时，为了更好地开展业务，银行还会要求用户提供诸如电话、职业、教育、住址等信息，对有过贷款申请行为的，还要求提供包括收入、房产等强信用属性数据。此外，所有人的工资都是银行代发，公积金流水也在银行，房贷和车贷也都在银行，银行在业务过程中还产生了大量的文档、资讯、图片、音像等非结构化数据。

由于银行业的数据是割裂的，除了信贷类的关键信息会以征信的形式报送央行征信中心，实现一定程度上的共享外，其他的各类财富相关数据，都分别沉淀在各家银行。反映到产品层面，便是授信类产品覆盖范围狭窄。在对外宣传上，都是快速授信、实时审批、实时提款，但绝大多数用户的使用体验就是“没额度”！就大多数银行办理的消费贷款产品而言，目前仅限于公务员、事业单位员工和本行代发薪用户，本行信用卡用户、房贷用户、理财用户、转账交易用户等通常没有额度。这意味着，现阶段银行大数据能力可能仅限于代发薪数据的整合，连信用卡消费数据、转账数据等都没有有效利用，更何况消费数据、兴趣爱好、社交信息等行为数据的引入和整合了。

在金融科技发展的今天，银行一方面需要尽快打通分割在各业务线和产品线的内部数据，形成用户统一画像，进而整合、分析、发掘新的优质用户，扩大信贷产品的覆盖范围、提升授信额度；更为重要的则是加快数据拓源速度，既要拓展公积金、纳税、缴费记录等信息，也要与大数据公司保持开放合作态度，补足用户行外金融属性信息，并利用爬虫技术抓取用户社交数据，丰富大数据模型维度。有了这样的风控模型，完成了贷前全透明、全维度的信用体系，贷中精准的定价，贷后可视化的全过程，其信用风险得以大大降低。实际上，拥有的数据是存在差异性的。金融实际上就是在解决一个信息不对称的问题，各有各的平台、用户、数据、场景，各有各的竞争力。但我个人认为：未来科技输出会向头部平台聚焦，因为只有大平台有客户、有场景、有流量，还有技术。通过三年的实践，平安金融壹账通通过联合成立的中小银行互联网金融联盟，携手各会员行和合作银行，抱团取暖，把握机遇，打造了平安云、壹企银、资管、银团等资产和产品平台，共建了区块链金融、“科技联盟云”等，取得了一定的成效。将来还可以通过这个平台，将来自B端、工业端、产业端的数据以及来自生活端、物联网、车联网等的数据科学整合，其结果将会超乎想象。

（三）智能投顾助推传统银行资管业务走向新的发展空间

近年来，资管业务成为银行业转型发展的重点方向之一，通过发力非标理财业务，银行得以广泛连接银行同业、信托公司、券商、保险公司、基金专户甚至互金平台，在资产端打通了与市场各类参与主体的业务空间。理财资产的多元化客观上催生并加速了理财客户资金多元配置的需求，传统的一对一人工理财咨询顾问模式受人才、成本、渠道等因素限制，而通过量化投资模型，结合客户的投资目标、收入和纳税情况，为客户打造专业、理性的投资组合，为智能投顾的发展创造了极大空间。与传统投顾服务相比，智能投顾依托技术模型并纯线上实施，其边际成本几乎为零，规模效应也很明显。可以充分发挥互联网的“低成本、广覆盖”的优势，推动投顾服务的普惠化。同时，客户也得以享受全新的风险和收益组合，本质上已经是一种新的投资产品。所以，相较于互联网理财对传统资管行业的影响，智能投顾的影响更为深远，它在产品创新、业务模式、销售策略等各方面给传统资管业务带来深远的影响。

当然，以上所述是针对银行业金融机构的。其实，先进的互联网技术、金融科技的运用在其他非银行金融体系也非常普遍。

比如助力信托转型：云南信托消费金融系统“普惠星辰”上线并成功放款，将先进的互联网技术与传统信托结合。“系统支持线上、线下签约，资产信息录入，头寸及资产监控等，可高效便捷地完成合同签署。同时，银企直联放款通道的接入，可满足 7×24 小时放款的业务需求，极大地方便了消费金融公司的业务发展”。“普惠星辰”实现了资金闭环，可根据资金入账情况，实时进行资产核销。该系统也得到了原中国银监会等监管机构的认可和好评，荣获2016 年“银行业信息科技风险管理系统课题研究一类成果”。截至 2018 年 10 月 15 日，云南信托消费金融放款超过 900 万笔，已经连接了包括京东金融、众安科技、微贷网、小赢理财、优信等五六十家资产方，放款金额在 300 亿元以上，累计为 483 万客户提供了服务。

又比如助力保险转型：互联网保险的核心竞争力在于其科技优势。而在保险业的互联网发展上，众安保险就是一例，表现非常突出。作为国内首家互联网保险，众安保险依托自身雄厚的科技实力，从解决互联网用户需求出发，将科技赋能金融，为每一位用户的互联网生活提供整套风险解决方案。经过 3 年的行业经验积累，众安保险已经形成了产品定制化、定价动态化、销售场景化、理赔自动化四大优势，将根据具体场景为每位用户定制化设计产品，利用大数据为每位用户科学定价，并提供全方位、一站式服务。在理赔服务上也实现高度的自动化，保证整个过程迅速且透明。

虽然有分析师认为，目前互联网领域C端的流量红利已经结束，并且C端业务创新较为缓慢，因此B端业务突破对互联网公司长期发展尤为重要，特别是区块链技术的发展。这对我国城镇市场而言是不错的，但忽视了农业、农村这个巨大的市场。只有实现了农业、农村、农民的“三农普惠”才是真正实现了金融的全面普惠，就此而言，C端市场仍然巨大。

二、IT技术对金融行业的影响及变革的三阶段

如果我们从IT技术对金融行业推动变革的角度看，目前可以把它划分为三个阶段。

第一个阶段可以界定为金融IT阶段，或者说是金融科技1.0版。在这个阶段，金融行业通过传统IT的软硬件的应用来实现办公和业务的电子化、自动化，从而提高业务效率。这时候IT公司通常并没有直接参与公司的业务环节，IT系统在金融体系内部是一个很典型的成本部门，现在银行等机构还经常会讨论核心系统、信贷系统、清算系统等，就是这个阶段的代表。

第二个阶段可以界定为互联网金融阶段，或者叫金融科技2.0阶段。在这个阶段，主要是金融业搭建在线业务平台，利用互联网或者移动终端的渠道来汇集海量的用户和信息，实现金融业务中的资产端、交易端、支付端、资金端的任意组合的互联互通，本质上是对传统金融渠道的变革，实现信息共享和业务融合，其中最具代表性的包括互联网的基金销售、P2P网络借贷、互联网保险。

第三个阶段是金融科技3.0阶段。在这个阶段，金融业通过大数据、云计算、人工智能、区块链这些新的IT技术来改变传统的金融信息采集来源、风险定价模型、投资决策过程、信用中介角色，因此可以大幅提升传统金融的效率，解决传统金融的痛点，代表技术就是大数据征信、智能投顾和供应链金融。

近年来，在新金融时代下中国普惠金融发展任重道远。金融科技的发展能够触及传统金融领域无法触及的大量长尾客户，有效地填补一些传统金融的空白。在金融科技的推动下，金融服务能够实现线上化和开放化，消除地域、贫富、职业等鸿沟，让金融服务回归平等、普惠本质。在传统金融模式下，金融服务的主体是大企业、大客户，而在金融科技刺激下产生的新金融，能够让长尾用户平等享受金融服务。但是，由于普惠金融面对的客户往往不同于银行的优质客户，因此面临的风险也更不可控。普惠金融要健康可持续发展，风控尤为重要。

三、未来金融科技的发展将反映在两大重要领域：人工智能和区块链技术

（一）当前，市场对金融科技期望非常高的典型领域是人工智能

首先，人工智能是指通过快速吸收信息，把信息转化为知识，比如，对一个公司上市前的各个融资阶段或者放贷对象的基本分析，以及在实体经济中对于产业业态和竞争格局的分析。采用这个技术，原来的一些中低端的分析活动会被大面积地替代。其次，人工智能是指在领域建模和大数据分析的基础上尝试对未来进行预测，在时间维度上利用人工智能沟通过去和未来，可以减少跨越时间价值交换带来的风险。最后，人工智能还包括在确定规则下优化博弈的策略，可以更充分地学习历史数据，采用左右互补来增强策略，实现共同协作。而且，人工智能在决策过程中不会出现人类面对利益时的情绪波动。

当前非常热门的智能投顾，通常就是指机器人通过资产组合理论相关的算法来搭建数据模型和后台算法，为投资者提供智能化和自动化的资产配置建议。在美国，每一个人要对他的养老金账户做出决策，因此需要专业的投资顾问，正是个人对养老金账户的投资决策需求，直接推动产生了美国的智能投顾。而在中国市场上，智能投顾需要寻找新的发展模式。智能投顾比下围棋要复杂得多，下围棋只有两个人博弈，规则是非常清楚的；而金融投资的参与博弈者非常多，而且许多规则是变动的，市场上既有很多已经充分披露的信息，也有很多需要挖掘、没有被编码的信息，此外还有情绪的波动等。

（二）金融科技领域第二个广受关注的是区块链技术

从目前的趋势看，它有可能会重构金融行业底层的架构，其优势是可以降低信任的风险，每一个数据节点都可以验证账本内容和记录历史，提高了系统的可追责性，降低了系统的信任风险，而且具有灵活的架构。区块链技术也可以降低金融机构的运作成本，实现共享金融。其具体应用领域包括点对点的交易，P2P 的跨界支付、汇算、结算，也可以应用于记录各种信息，如客户身份资料和交易记录等，应用于土地所有权、股权真实性的验证和转移，以及智能合同管理。所谓智能合同管理，就是利用智能自动检测这个合同是不是具备生效的环境，一旦满足预先设定的程序，合同就自动处理，比如说自动付息、自动分红。前一阶段金融界非常关注钢贸融资等局部的金融风险，如果运用区块链的记账技术，就可以在很大程度上避免，

因为区块链技术可以防范源头仓单的多次重复质押。

很多领域在利用区块链技术方面都有很大的空间。比如说征信方面，利用数字和技术来做信用背书，不需要权威的中介机构就能够自动完成，相对公正，而且资料永久保存。在股票交易及海关报关活动中，都需要中心化数据的储存、交易的平台，而区块链技术的应用可以直接去中介化地完成这个过程。

后续，在互联网金融严监管的大趋势下，众多平台会重视合规发展工作，未来的互金行业将进入百舸争流的时期，在合规发展之路上砥砺前行，扎根实体经济，践行普惠金融使命，互联网金融才能稳健前行。

不同养老模式下养老保险对家庭金融资产配置影响的对比探究

——基于中国家庭追踪调查（CFPS）的实证分析

蔡 珺 陶昕彤[①]

摘要： 本文使用北京大学中国社会科学调查中心2014年“中国家庭追踪调查”2 307个家庭的样本数据，采用Probit、Oprobit与Tobit等计量方法考察了不同养老模式下养老保险对家庭金融资产配置情况的影响。研究发现，养老保险的参与和养老保险领取金额均对家庭金融资产中风险资产的参与概率、深度和投资多样性产生了显著的正向影响；在家庭养老模式下，这种影响更为显著。稳健性检验证实了养老保险对家庭金融资产配置的影响。本文的政策含义在于：在我国居民对风险金融资产市场的参与度不足的背景下，完善养老保险机制有利于改善家庭金融资产配置不均的问题，有利于释放金融市场活力。

关键词： 养老模式　养老保险　家庭金融资产　Probit　Tobit

我国自2000年步入老龄化国家行列后，人口老龄化问题日益严峻。截至2016年底，中国60岁以上老年人口已超过2.3亿人，占总人口的16.7%，从经济、文化、政治等各方面对我国造成冲击。作为发展中国家中第一个提前步入老龄化社会的国家，在现阶段呈现出老龄化速度过快、高龄化程度加深、空巢化现象严重等特征[②]。在老龄化愈发严峻的形势下，如何养老对我国的重要性日益凸显，也成为社会各界重点关注的话题。党的十九大报告提出，我国应积极应对人口老龄化，构建

---

① 作者简介：蔡珺，中央民族大学经济学院金融学；陶昕彤，中央民族大学经济学院金融学。

② 翟振武，陈佳鞠，李龙．中国人口老龄化的大趋势、新特点及相应养老政策［N］．山东大学学报（哲学社会科学版），2016（3）：27－35.

相应养老政策体系推动老龄事业发展。在我国，根据经济支持、生活照料以及精神慰藉三要素，可将养老模式划分为“家庭养老”及“社会养老”两种模式。家庭养老是指由家庭成员为老人提供以上三方面照料的养老模式，社会养老则是由社会提供照料的养老模式①。家庭养老一直是我国养老的主要方式，子女赡养老人是中华民族的传统美德；但是随着人口老龄化的加剧，家庭“4+2”模式导致子女赡养压力增大；子女工作原因更是导致“空巢化”严重，老人得不到精神、生活上的照料，使得家庭养老模式的功能不断弱化。与此同时，由于我国在社会养老建设方面的体系还不够完善，同时又伴随老龄化问题使得社会养老模式承担压力较大②。

近十年来，我国经济高速发展，人民生活条件得到了不断提高，随着医疗、就业、教育等条件的逐步改善，家庭的收入与财富都有了相应的增长。随之而来的是国人对于金融资产投资观念的加强，家庭金融资产配置越来越受大众关注。我国家庭现阶段持有的金融资产总额大幅增加，同时，对于金融资产的配置不仅仅局限于现金、储蓄存款等，而是有更多的人参与到股票、债券等投资之中获得更高收益。中国家庭对于金融资产投资数额有所增长，结构上呈现出多元化趋势③。但是，与发达国家相比，我国金融资产配置的不均衡现象依旧较为严重，存款在金融资产中占据了主导部分。

从实证分析角度对家庭金融资产配置影响因素进行探究与分析，可以为我国家庭金融资产优化配置以及金融市场改革从微观角度提供建设性意见。同时，金融资产的优化配置会产生一种财富分配效应，对于增加我国居民财产性收入，缩小贫富差距具有重要意义。④ 除此之外中老年人对家庭金融资产的合理配置能够获得一定的收益，为自身养老生活获得相应生活保障，缓解现今严峻形势下的养老问题。因此，对家庭金融资产的影响因素探究具有较强的理论与实践意义。

学界各学者已从多角度对其影响因素进行分析，但鲜有学者从养老保险角度对家庭金融资产配置进行研究。在我国老龄化问题突出的现阶段，随着老年人口的不断增长，家庭金融资产的配置情况也随之发生了相应改变。养老保险作为一种社会保障机制，为老年人的生活提供了基本的支持，能够保证老年人“老有所养”，缓解现阶段家庭养老压力，其对于金融资产的影响具有相应的研究价值，本文基于此进行了研究讨论。

---

① 朱冬梅．代际支持关系在老人养老模式选择中的创新作用［J］．创新，2008（1）：33－36.

② 邓敏，杨冬琴．人口老龄化背景下养老模式变化趋势研究［N］．佳木斯职业学院学报，2018（2）：451＋453.

③ 汤胤．浅析我国家庭资产配置的现状及改进策略［J］．当代经济，2018（22）：114－116.

④ 张海云．我国家庭金融资产选择行为及财富分配效应［D］．广州：暨南大学，2010.

一、文献综述与研究假说

国内外学者对家庭金融资产配置理论和实证的研究取得了一定的成就。Samuelson（1969）和 Meton（1969）认为投资者的最优风险资产持有比例仅由投资者对资产收益特征的估计和自身风险承担能力决定。然而，实证结果发现，家庭的金融资产配置行为不完全符合传统资产选择理论，具有明显的异质性，存在着风险资产市场的“有限参与”的现象（尹志超，2013）。此后的实证研究集中于家庭金融资产配置的影响因素研究以解释异质性的原因，其因素包括家庭特征、居民主观因素、宏观因素和社会结构等因素。

在家庭资产特征方面，房产投资、财富规模、家庭资产规模、收入等对金融资产配置有显著影响。学界认为，风险金融资产的比例随着财富、收入的上升而上升（Guiso 和 Jappelli，2000），而房产投资对风险资产具有挤出效应（Cocco，2005）。史代敏和宋艳（2005）通过实证研究验证出财富规模、家庭资产规模、收入等都是家庭风险金融资产选择的重要影响因素。吴卫星等（2010）从生命周期效应、财富效应的角度，验证得出住房投资、家庭财富对风险资产的参与率分别有替代、促进作用。在家庭人口特征方面，年龄、性别、教育程度、健康状况、金融知识、婚姻等对金融资产配置存在一定的影响。有研究认为男性更倾向于参与股市（Poterba 和 Samwick，1997），随着年龄与教育程度的增加持有风险资产比例呈现“凹”形（Guiso 和 Jappelli，2000）。健康状况的波动也会显著地减少金融资产的总量（Berkowitz 和 Qiu，2006），并会调整金融资产的结构，国内学者（雷晓燕和周月刚，2010；吴卫星等，2011）均验证了健康状况对我国居民金融资产配置的影响。关于金融素养，尹志超（2014）、吴卫星（2018）等人研究均表明，金融知识提高会显著地增加家庭在风险资产上的配置。居民主观评价方面，风险态度（Vissing－Jorgensen，2002）、社会互动（Hong，2004）、信任和投资惯性（Campbell，2006；李涛，2007；Bilias 等，2010）对家庭金融资产配置也会产生显著影响。在宏观的影响因素方面，国内学者们已经达成了共识，认为金融发展水平、经济发展状况对家庭持有金融资产几率和比重有显著影响（易纲，2008；吕学梁和吴卫星，2014；张亮，2013）。

关于养老保险对家庭金融资产决策行为的研究，在理论上，Cocco（1998）认为随着投资者年龄增加，以劳动收入形式持有的“无风险资产”份额减少，投资者持有风险资产比例增加。Gomes 和 Michaelides（2008）认为社会养老保险通过改变家庭储蓄动机，提高财富水平，进而提高风险资产参与率。宗庆庆（2015）认为社会养老保险能有效地降低未来的不确定性，从而加大对风险资产的配置。实证方面的研究同样支持了理论结论：宗庆庆、刘冲、周亚虹（2015）基于微观数据进行实证研究，得出社会养老保险对家庭风险金融资产的持有可能性和持有比例具有正向影响。李昂、廖俊平（2016）基于生命周期框架理论下，实证研究得出参加养老保险的城镇家庭对其金融市场参与率具有明显的促进作用。杨博（2018）发现社会保障完善的家庭更倾向于持有股票资产，且该影响在城市中更突出。

综上所述，国内外学者已经对家庭金融资产配置问题进行了大量的研究，为我们研究家庭金融资产配置问题提供了富有价值的理论依据，研究者侧重于从家庭、个人特征、宏观经济等因素展开探讨，而养老保险对家庭金融资产配置的研究则较少有人涉及。另外，大多数关于养老保险影响的分析未区分养老模式，而中国正处于人口老龄化的阶段，养老模式的选择成为解决养老困境的重要途径之一，不同的养老模式下养老保险对家庭金融资产配置可能会存在差异。本文在研究养老保险对家庭金融资产配置的可能影响的基础上，进一步分析了不同养老模式下养老金对于家庭金融资产配置的影响，并探讨二者的影响程度差异。不同家庭的金融资产配置情况可以通过风险金融资产的占比、持有的金融资产种类等形式体现。综上所述，我们提出以下假说：

假说1：家庭养老保险参与会提高家庭参与风险金融资产投资的可能性、投资深度和投资多样性。

假说2：不同养老模式下的家庭养老保险参与会提高家庭参与风险金融资产投资的可能性、投资深度和投资多样性，且不同模式下的影响效果不同。

假说3：家庭养老保险领取金额越高，家庭参与风险金融资产投资的可能性、投资深度和投资多样性就会越高。

假说4：不同养老模式下的家庭养老保险领取金额越高，家庭参与风险金融资产投资的可能性、投资深度和投资多样性就会越高，且不同模式下的影响效果不同。

本文的后续结构如下：首先对CFPS数据进行筛选，设定变量、对关键变量的特征进行描述性统计并构造模型；其次分别研究养老保险参与、养老保险领取金额对家庭金融资产配置的影响，同时将全样本以养老模式的不同为依据分为两个子样本，分别探究影响的差异；再次根据结果对影响机制进行探讨和总结，并对模型进行稳健性检验；最后提出相关的结论与政策建议。

二、变量选取与模型设定

（一）数据与变量设定

本文使用中国家庭追踪调查（China Family Panel Studies，CFPS）中的成人问卷和家庭问卷数据。CFPS是由北京大学中国社会科学调查中心实施的一项全国性、大规模的社会跟踪调查项目。该调查样本覆盖25个省/市/自治区，样本规模为16 000户，问卷涉及了微观家庭的家庭环境、生活设施、资产、社会经济活动等方面，故具有一定的代表性。该调查目前有4轮数据（2010、2012、2014、2016），由于本文旨在分析养老保险对家庭风险金融资产持有概率和比重的影响，然而2016年问卷中缺乏对金融资产配置问题的设置，故本文选取了2014年CFPS的数据进行实证分析。由于本文的研究对象是户主为中老年人的家庭，故对样本数据进行了筛选，筛选户主特征为大于等于六十岁的人群，且去除掉了关键变量有缺失值的样本，最终剩下的面板数据有2 307个家庭样本。

基于CFPS的数据特征，本文讨论的风险资产包括股票、基金、债券、金融衍生品、信托产品和理财产品的市值总额，金融资产为现金、定期存款、活期存款与风险资产市值的总和。本文主要分析养老保险对家庭金融资产配置行为的影响，在分析这种影响时我们需要关注金融资产配置的三个方面，首先是风险资产的参与决策，即是否参与风险资产，其次是风险资产的多样性，即风险资产的投资种类，最后是风险资产的参与深度，即金融资产在风险资产和非风险资产之间的分配。对于风险资产的投资参与，本文设定Finprofucthold以表示家庭是否投资于风险资产的情况，如拥有上述风险资产中至少一种则赋值为1，否则赋值为0。对于家庭金融资产参与深度的度量方面，有学者（Pelizzon，2009；吴卫星，2015）利用夏普率来衡量家庭投资的有效性，有学者（吴卫星，2011）以金融资产种类和风险资产投资份额为度量间接地表示其配置情况。基于调查问卷中问题的设置，本文设定Finproductshare表示风险资产占金融资产总市值的比例，Finproducttypes为风险资产的持有种类数。

此外，我们将样本按养老模式分为家庭养老和社会养老的两个子样本，以验证不同的养老模式下养老保险对金融资产配置是否会产生不同的影响。养老模式通常会与老人的"居住模式"紧密相连，在与子女同住的居住安排下，子女对老人有经济和精神上的供养照顾，故本文参照传统的分类方法以及问题设置，以老人子女的同住安排为依据来区分家庭养老模式和社会养老模式，家庭养老模式赋值为1，社会养老模式赋值为0。

本文重要的解释变量是家庭是否参与养老保险，该变量是一个哑变量，设定为Insurance，是则赋值为1，否则赋值为0。另一个解释变量为家庭领取养老保险总额，设定为Sum，以衡量家庭领取养老金的规模总量。

除上面的变量外，本文还包括一系列可能影响家庭金融资产配置的因素，包括：总资产规模、家庭年收入、年龄、性别、婚姻状况、教育程度、城乡户籍、风险偏好、是否拥有房产、金融素养等。

文中的解释变量与被解释变量的名称、含义与赋值说明如表1所示。

表1 变量设定

变量类别	变量名称	含义	赋值说明
被解释变量	Finproducthold	参与风险资产投资	参与风险资产投资赋值为1，不参与赋值为0
	Finproductshare	风险资产投资份额	风险资产/金融资产
	Finproducttypes	风险资产种类	风险资产包括股票、债券、基金、信托产品、金融衍生品等
关键解释变量	Insurance	是否参与养老保险	参与养老保险赋值为1，不参与赋值为0
	Pension	养老金总额	家庭成员领取的养老金总额
控制变量	Age	年龄	户主的年龄
	Age^2	年龄的平方	Age × Age，以考察居民资产配置中的生命周期现象
	Urbancitizen	户籍所在地	若户籍类型为城市，赋值为1，若户籍类型为农村，赋值为0
	Region	家庭所在地	若户籍省份为东部地区，则赋值为0，若户籍省份为中部地区，则赋值为1，若户籍省份为西部地区，则赋值为2
	Gender	户主性别	若户主为男性，则赋值为1，否则赋值为0
	Married	婚姻状态	若户主已婚，赋值为1，否则赋值为0
	Edu	户主教育程度	若文盲/半文盲，则赋值为1；若学历为小学，则赋值为2；若学历为初中，则赋值为3；若学历为高中/专科，则赋值为4；若学历为三年制大学，则赋值为5；若学历为本科，则赋值为6；若学历为硕士，则赋值为7；若学历为博士，则赋值为8
	Finlit	金融素养	根据受访者的主观评价，若远低于同龄人的平均水平，赋值为1；若低于同龄人的平均水平，赋值为2；若大约处于同龄人的平均水平，赋值为3；若高于同龄人水平，赋值为4
	Riskapp	风险偏好	根据受访者的主观评价，若回答不愿意承担风险，赋值为1，若偏好低风险，赋值为2；若偏好适中风险，赋值为3；若偏好高风险，赋值为4
	House	是否有房产	若有一套房产及以上，赋值为1，若无房产，赋值为0
	Wealth	家庭财富	家庭总资产
	Lnwealth	家庭财富的平方	为避免极端值对结果的影响，对总资产取对数值
	Income	家庭年收入	家庭年收入总额
	Lnincome	家庭年收入	为避免极端值对结果的影响，对收入取对数值

（二）变量的描述性统计

对本文所采用的各变量进行描述性统计，如表 2 所示。

表 2　　变量描述性统计

变量	样本	均值	标准差	最小值	最大值
Finproducthold	2307	0. 147	0. 354	0	1
Finproductshare	2307	0. 107	0. 247	0	1
Finproducttypes	2307	0. 192	0. 519	0	4
Insurance	2307	0. 587	0. 492	0	1
Pension	2307	35 539	36 103	0	200 000
Age	2307	68. 58	10. 52	60	92
Age^2	2307	3 443. 26	1 286. 293	360	8 464
UrbanCitizen	2307	0. 841	0. 239	0	1
Region	2307	0. 634	0. 711	0	2
Gender	2307	0. 454	0. 498	0	1
Married	2307	0. 776	0. 417	0	1
Edu	2307	3. 184	1. 396	1	7
Finlit	2307	2. 834	0. 817	1	4
Riskapp	2307	1. 728	0. 905	1	4
House	2307	0. 773	0. 419	0	1
Wealth	2307	731 072	1. 223e +06	-236 750	1. 850e +07
$Wealth^2$	2307	2. 031E +12	1. 103E +13	0	3. 433E +14
Income	2307	63 934	80 857	0	1. 500e +06
$Income^2$	2307	1. 062E +10	7. 536E +10	0	2. 25E +12

首先，根据表 2 可以得出所选取样本家庭相关基本信息与特征。样本家庭户主的平均年龄为 68 岁，最小年龄 60 岁，最大年龄 92 岁。84. 1% 的户主为城镇户口，15. 9% 的为农村户口；45. 4% 的户主为男性，54. 6% 为女性；77. 6% 的户主已婚。由基本信息统计情况可看出样本较具有代表性。平均来看，受访家庭中户主具有初中学历；且各家庭户主具有约等于同龄人的平均金融素养水平。从风险偏好来看，样本家庭户主平均具有偏好适中风险，稳定收益的态度。受访家庭中有 77. 3% 的家庭拥有自有房产。样本家庭平均拥有 731 072 元的家庭总资产，资产最高的家庭拥有 18 528 900 元，家庭负资产达到 236 750 元。样本家庭平均年收入为 63 934 元，收入最高的家庭拥有 1 500 000 元年收入，部分家庭年收入为 0，没有稳定的收入来源。

对于样本家庭有关金融资产配置情况而言，有 14. 7% 的家庭参与了风险金融资产投资，85. 3% 的家庭未参与风险金融资产投资。平均来看，各家庭投资至风险金融资产的份额大约为10.7%。可以看出，中国大部分家庭都未进行风险资产的投资，参与度不高，印证了有限参与之谜；对风险资产的投资种类较为局限，投资多样性不足。对于金融资产投资份额也分配较为不均衡，非风险资产还是占据了主要地位。从养老保险方面样本信息可看出，样本家庭的参保率较低，其中仅有58.7%的家庭有成员参与了养老保险，有41.3%的家庭中没有成员参保。平均来看，各家庭对于养老保险的年均领取额为35 539元，领取金额最高的家庭拥有200 000元的年领取额。

将样本按照家庭养老、社会养老两种养老模式进行划分，分别计算出子样本有关养老保险与金融资产配置相关变量的均值，可看出不同养老模式下各家庭有关养老保险与金融资产配置的差异情况，如表3所示。

表3　　不同养老模式下家庭金融资产配置情况

变量	Finproducthold	Finproducttypes	Finproductshare	Insurance	Pension
家庭养老模式	0.159	0.207	0.118	0.483	31 307.64
社会养老模式	0.121	0.163	0.085	0.801	40 794.26

在不同养老模式下，各家庭参与金融资产配置情况有所不同：其中，家庭养老模式下的各个家庭对于风险资产投资的参与度高于社会养老模式的家庭，家庭养老模式下有15.9%的家庭参与风险资产投资，社会养老模式下有12.1%的家庭参与。家庭养老模式下的家庭对风险资产投资的种类以及风险资产投资份额也都高于社会养老模式下的家庭。但参与养老保险的情况与参与金融产品投资的情况有所不同。社会养老模式下的家庭对于养老保险的参与度更高，有80.1%的家庭参与了养老保险，年平均领取金额为40 794.26元。而在家庭养老模式下，仅有48.3%的家庭参与了养老保险，年平均领取额较低，为31 307.64元。由此可看出，家庭养老模式相较于社会养老模式而言，对于金融资产的投资能产生更有力的影响，但是养老保险参与度较低；社会养老模式下的家庭对于养老保险的参与度较高，但其所在家庭对于金融资产投资情况不如家庭养老模式下的家庭理想。

接下来，按照是否参与养老保险，将家庭金融资产配置相关变量进行分类讨论，计算出各变量的均值，可看出在养老保险参与情况不同时，各家庭对于金融资产配置之间的差异情况，如表4所示。

表4　　养老保险参与情况与家庭金融资产配置

变量	Finproducthold	Finproducttypes	Finproductshare
Insurance = 1	0.168	0.223	0.12
Insurance = 0	0.115	0.149	0.086

家庭对于金融资产配置情况根据是否参与养老保险的不同具有一定差异：有成

员参与养老保险的家庭相较于没有成员参与养老保险的家庭有更高的可能性持有风险金融资产，并且其比起没有成员参保的家庭对于风险资产投资的种类更多，风险金融资产的投资份额也更大。综上所述，养老保险的参与对家庭金融资产的配置、风险资产的投资都有一定的促进作用。

以上分析初步来看，与主流文献结论相一致，但是更可靠的关系还需通过进一步的回归来分析与验证。

（三）模型设定

首先检验是否参与养老保险对风险资产选择、风险资产占金融资产比率、风险资产投资种类的影响，再检验家庭领取养老金总额对风险资产选择、风险资产占金融资产比率、风险资产投资种类的影响。由于是否参与风险资产投资（Finproduct hold）为虚拟变量，因此本文用 Probit 模型对式（1）、式（2）来做回归分析，由于风险资产投资比例（Finproductshare）是截断数据，故本文用 Tobit 模型对式（3）、式（4）做回归分析，由于风险资产种类为离散的有序变量，故本文用 Oprobit 对式（5）、式（6）做回归分析。

$$\text{Finproducthold} = \beta_0 + \beta Z_i + \gamma inSurance + \varepsilon_i \tag{1}$$

$$\text{Finproducthold} = \beta_0 + \beta Z_i + \gamma Sum + \varepsilon_i \tag{2}$$

$$\text{Finproductshare} = \beta_0 + \beta Z_i + \gamma Insurance + \varepsilon_i \tag{3}$$

$$\text{Finproductshare} = \beta_0 + \beta Z_i + \gamma Sum + \varepsilon_i \tag{4}$$

$$\text{Finproducttypes} = \beta_0 + \beta Z_i + \gamma Insurance + \varepsilon_i \tag{5}$$

$$\text{Finproducttypes} = \beta_0 + \beta Z_i + \gamma Sum + \varepsilon_i \tag{6}$$

公式中的 Z 代表 Age、Age^2、Urbancitizen、Region、Gender、Married、Edu、Finlit、Riskapp、House、Lnwealth、$Lnwealth^2$、Lnincome、$Lnincome^2$ 等变量。

三、回归结果分析

（一）养老保险参与对家庭金融资产配置影响的回归分析

1. 养老保险参与对家庭金融资产配置影响的回归分析

本文利用 Stata 软件，对式（1）进行 Probit 分析，对式（3）进行 Tobit 分析，对式（5）进行 Oprobit 分析，以检验假说 1，分析养老保险参与对家庭金融资产配置影响，回归结果如表 5 所示。

表5 养老保险参与对家庭金融资产配置影响的 **Probit** 分析结果

解释变量	Finproduct hold	Finproduct share	Finproduct types
Insurance	0.438**	0.209***	0.245**
	(2.363)	(2.697)	(2.519)
Age	0.127	0.048	0.068
	(1.530)	(1.406)	(1.576)
Age^2	-0.001*	-0.000	-0.001*
	(-1.668)	(-1.642)	(-1.729)
Urbancitizen	0.0028**	0.0063	0.034
	(0.858)	(2.46)	(1.71)
Region	-0.212**	-0.092**	-0.115**
	(-1.961)	(-2.064)	(-2.055)
Gender	-0.344**	-0.170***	-0.225***
	(-2.415)	(-2.886)	(-3.003)
Married	0.0255	-0.00347	0.0457
	(0.587)	(-0.0901)	(0.064)
Edu	0.311***	0.109***	0.172***
	(5.785)	(4.674)	(6.061)
Finlit	0.076*	0.0034*	0.002
	(1.195)	(0.341)	(2.987)
Riskapp	0.643***	0.252***	0.340***
	(8.311)	(7.305)	(8.254)
House	-0.528***	-0.135*	-0.274***
	(-2.741)	(-1.683)	(-2.728)
Lnwealth	0.826**	0.094*	0.183**
	(0.982)	(0.297)	(0.505)
$Lnwealth^2$	-0.009*	0.003**	0.005
	(-0.290)	(0.250)	(0.366)
Lnincome	1.471	0.203*	0.988*
	(0.923)	(0.324)	(1.233)
$Lnincome^2$	-0.048**	-0.005*	-0.036**
	(-0.683)	(-0.184)	(-1.013)
Cons	-26.627***	-5.920	—
	(-2.633)	(-1.549)	—
LogL	-698.700	-745.438	-934.211
LR	478.79***	295.49***	491.47***
	(0.0000)	(0.0000)	(0.0000)
R^2	0.2552	0.1654	0.2083

注：***、**、*分别表示在1%、5%、10%时的显著性水平。

养老保险的参与对家庭金融资产的参与、风险资产占比和风险资产种类都产生了显著的正向影响，居民参与了养老保险，其家庭风险资产的参与概率在5%的置信度下平均会上升43.8%，风险资产种类在5%的置信度下平均会增加24.5%，风险资产占比在1%的置信度下平均会增加20.9%。养老保险的参与确实会对家庭金融资产参与决策产生显著影响。

此外，在家庭人口特征方面，风险资产持有概率与年龄并不存在线性关系，但年龄的二次项具有较为显著的负效应；非农户口的家庭参与会显著地提高风险资产的持有概率；户口所在区域对家庭金融资产配置也有显著影响，东、中、西部省份的金融资产配置具有显著的异质性，东部地区的居民更倾向于风险资产的投资。若户主为男性，则风险资产的参与概率降低了34.4%，风险资产占比降低了17%，风险资产的种类降低了22.5%；随着教育程度对风险资产的参与概率、风险资产占比和风险资产的种类都产生了显著的正效应。在家庭自我认知上，家庭金融素养的增加会提高风险资产的参与概率和风险资产种类；风险厌恶程度的提高也会显著降低风险资产的参与概率、风险资产占比和风险资产种类。在家庭资产特征方面，拥有房产对风险资产的参与概率、风险资产占比和风险资产种类产生了显著挤出效应，风险资产的参与降低了52.8%，风险资产占比降低了13.5%，风险资产种类降低了27.4%；随着财富的增加，风险资产的参与概率会先提高后降低，呈现出一种"钟形"的规律。家庭收入同样对家庭金融资产配置产生"钟形"的影响，随着收入的增加，风险资产的参与概率与风险资产占比都会先上升后下降。上述发现与前人研究得出的结论是一致的。

分析发现，养老保险的参与提高了风险资产的参与概率，金融资产中风险资产所占比例以及风险资产投资的种类基本验证了假说1。

2. 不同养老模式下养老保险参与对家庭金融资产配置影响的回归分析

根据上文，养老模式可分为家庭养老和社会养老，本部分验证在不同的养老模式下，养老保险的参与是否会对家庭金融资产配置产生影响。利用Stata软件，分别对家庭养老模式和社会养老模式下的样本进行回归，对式（1）进行Probit分析，对式（3）进行Tobit分析，对式（5）进行Oprobit分析，以检验假说2，回归结果如表6所示。

表6　　不同养老模式下的养老保险参与对家庭金融资产配置的影响

变量		Finproduct hold	Finproduct share	Finproduc types
Insurance	家庭养老模式	0.470**	0.211**	0.247**
		(2.333)	(2.505)	(2.328)
	社会养老模式	0.216	0.229	0.219
		(0.408)	(1.095)	(0.807)

注：***、**、*分别表示在1%、5%、10%时的显著性水平。

根据表6可知：家庭养老模式下，养老保险参与对风险资产参与概率、风险资产占比、风险资产的种类有显著的正向影响，在5%的置信水平下，参与养老保险后，风险资产投资的参与概率平均会增加47%，风险资产占比平均会增加21.1%，风险资产的种类平均会增加24.7%；在社会养老模式下，养老保险参与未对风险资产参与概率、风险资产占比和风险资产的种类产生显著影响。

可以得出，不同养老模式下的养老保险参与对家庭金融资产配置情况的影响存在一定差异。这可能是因为在家庭养老模式下，由于代际经济的支持使得老人的未来生活在一定程度上有所保障，故参与养老保险会提高家庭的金融资产投资在风险资产上的能力。而社会养老模式下，老人会出于基本生活保障的考虑而购买养老保险，故对家庭金融资产的配置决策方面没有显著的影响，故假说2不成立。

（二）养老保险领取金额对家庭金融资产配置影响的回归分析

1. 养老保险领取金额对家庭金融资产配置影响的回归分析

本部分利用Stata软件，分别使用Probit、Tobit、Oprobit模型对式（2）、式（4）和式（6）进行回归分析，对假说3进行检验，分析家庭养老保险领取金额与风险金融资产投资的可能性、投资深度和投资多样性之间的关系。回归结果如表7所示。

表7　养老保险领取金额对家庭金融资产配置的影响

变量	Finproducthold	Finproductshare	Finproducttypes
Insurance	0.470**	0.211**	0.247**
	(2.333)	(2.505)	(2.328)
Age	0.092	0.009	0.039
	(0.897)	(0.211)	(0.725)
Age^2	-0.001	-0.000	-0.000
	(-1.036)	(-0.281)	(-0.843)
Urbancitizen	0.042***	0.017**	0.008
	(4.680)	(2.327)	(0.126)
Region	-0.181	-0.105**	-0.092
	(-1.440)	(-2.007)	(-1.412)
Gender	-0.389**	-0.215***	-0.238***
	(-2.291)	(-3.042)	(-2.652)
Married	0.385**	0.064	0.728
	(1.273)	(2.534)	(1.273)
Edu	0.407***	0.148***	0.227***
	(6.321)	(5.301)	(6.693)

续表

变量	Finproducthold	Finproductshare	Finproducttypes
Finlit	0.621 ***	0.129 **	0.431
	(5.121)	(4.348)	(7.01)
Riskapp	0.583 ***	0.240 ***	0.317 ***
	(6.401)	(5.959)	(6.471)
House	-0.383	-0.072	-0.215 *
	(-1.573)	(-0.702)	(-1.675)
Lnwealth	0.486	-0.045	0.111
	(0.506)	(-0.127)	(0.258)
$Lnwealth^2$	0.003	0.007	0.008
	(0.079)	(0.542)	(0.480)
Lnincome	-0.034	-0.240	0.316
	(-0.022)	(-0.347)	(0.366)
$Lnincome^2$	0.018	0.014	-0.007
	(0.254)	(0.463)	(-0.183)
Cons	-14.977	-1.439	—
	(-1.402)	(-0.336)	—
LogL	-499.766	-530.440	-665.921
LR	328.03 ***	194.40 ***	339.48 ***
	(0.0000)	(0.0000)	(0.0000)
R^2	0.2471	0.1549	0.2031

注：***、**、*分别表示在1%、5%、10%时的显著性水平。

根据表7可知，养老保险领取金额对家庭参与风险金融资产投资的可能性、投资深度和投资多样性都产生了显著的正向影响。当家庭养老保险领取金额每上升1个百分点，家庭参与风险金融资产投资的概率平均会上升47个百分点，风险资产投资份额平均会提高21.1个百分点，对于风险资产投资的种类平均会增加0.247种。

通过上述分析，家庭养老保险领取金额会增加家庭参与风险资产投资的概率，也会增加风险资产投资的份额与多样性。当家庭养老保险领取金额增多时，会优化金融资产的配置情况，检验了假说3的正确性。

2. 不同模式的养老保险领取金额对家庭金融资产配置影响的回归分析

本部分利用Stata软件，按照各家庭养老模式不同，分别对家庭养老及社会养老模式的家庭使用Probit、Tobit、Oprobit模型对式（2）、式（4）和式（6）进行回归分析，对假说4进行检验，回归结果如表8所示。

表 8　不同养老模式下养老保险领取金额对家庭金融资产配置的影响

变量		Finproducthold	Finproductshare	Finproducttypes
Lnpension	家庭养老模式	0.462***	0.159***	0.216***
		(3.231)	(2.725)	(3.021)
	社会养老模式	0.241	0.144*	0.231**
		(1.108)	(1.718)	(1.960)

注：***、**、*分别表示在1%、5%、10%时的显著性水平。

根据表 8 可知，当养老模式为家庭养老时，家庭养老保险领取金额对家庭风险金融资产投资的参与度、深度以及多样性都产生了显著的正向影响，当家庭养老保险收入每增加一个百分点，家庭参与风险金融资产投资的概率平均会上升 46.2 个百分点，风险资产投资份额平均会提高 15.9 个百分点，对于风险资产投资的种类平均会增加 0.216 种。当养老模式为社会养老时，家庭养老保险对家庭金融风险资产的投资深度及多样性产生了显著的正向影响，对于风险资产的参与度未产生显著的影响。当养老保险领取金额每增加一个百分点，风险资产投资份额平均会提高 14.4 个百分点，对于风险资产投资的种类平均会增加 23.1 种。

由此可见，不同模式下的养老保险领取金额都会在一定程度上对金融资产配置产生正向影响，这可能是由于养老金的领取使得家庭多了一笔可支配收入用于金融资产投资，所以不论是家庭养老还是社会养老模式，其对于金融资产配置的情况都会有所改善。当养老金领取额增加时，家庭养老模式下的家庭对于风险资产参与度的促进作用明显高于社会养老模式下的家庭，参与投资的份额也高于社会养老模式下的家庭。可能是由于家庭养老模式下的家庭老人获得子女的经济支持，因而拥有更高的几率将养老金收入投入金融资产投资。但是家庭养老模式下养老金收入对于风险资产投资多样性的促进作用低于社会养老模式下的家庭。

由上述分析可知，不同养老模式下家庭养老保险领取金额都会增加家庭参与风险资产投资的概率，也会增加风险资产投资的份额与多样性。且家庭养老模式下养老保险领取金额对风险资产投资概率、份额促进作用更大；社会养老模式下对于风险资产投资多样性促进作用更大。上述结论检验了假说 4 的正确性。

（三）影响机制分析

一方面，养老保险的参与会降低未来不确定性支出的负担，基础养老金与个人账户养老金共同提供了稳定的收入流，降低投资者对未来收入风险的预期，进而降低了预防性储蓄。根据凯恩斯的货币需求理论，人们持有货币的需求来源于预防性动机、交易性动机与投机性动机，预防性动机的降低会使人们增加对金融市场的投资。

另一方面，养老保险的参与会使居民在年老后获得养老金收入，进而增加可支配收入，即增加了家庭总财富，若财富达到一定的规模，家庭金融资产配置的决策就会受到正面的影响，随着养老保障水平的提高，家庭金融资产配置到风险资产上的份额就会增加，也会提高优化家庭资产结构的意愿。

尽管养老保险可能通过这两种途径影响家庭金融决策，但在社会养老模式下，这种影响并不够显著。该结果与理论相悖的原因可能与模型假设及我国现阶段社会保障体系不完善有关。尽管养老保险参与会增加可支配收入，但对于社会养老模式下的家庭，增加的可支配收入仍可能用于增加生活必要支出。

（四）稳健性检验

本文首先选取养老保险参与情况为对象，对金融资产配置情况进行实证分析。结果显示养老保险的参与会对风险资产的参与概率、参与深度都产生显著的正向影响。在对变量进行更换后，采用养老保险领取金额为研究对象，回归结果表明养老保险的领取金额同样对金融资产的各方面配置情况产生了促进作用，仅是显著水平与系数有细微调整，说明本文的结果是较为显著的。

上述回归从整体探究了养老保险的参与对于风险资产参与概率、深度和多样性的影响，又分别对不同养老模式下的子样本进行分组回归，进一步探究这种影响的差别，也是对整体样本的稳健性检验。结果显示，是否参与养老保险的变量 Insurance 的系数在整体和家庭养老模式的样本下显著为正，养老保障水平的变量 Pension 的系数在整体、家庭养老模式和社会养老模式下的样本均显著为正。

综上所述，稳健性检验同样支持前文结果。

四、结论与政策建议

本文基于 CFPS 调查数据，运用 Probit、Oprobit 和 Tobit 模型研究了养老保险的参与情况对家庭金融资产配置的影响，并将样本根据养老模式区分开，以探讨这种影响的差异性。主要结论包括：

第一，养老保险的参与会显著提高家庭参与风险资产投资的概率、风险资产的投资份额以及投资种类的多样化，并且养老保险领取金额对风险资产投资决策和参与深度都有显著的正向影响。第二，已有研究未能详细地区分不同养老模式下养老保险参与情况对家庭金融资产配置的影响差异，本文分别分析了不同养老模式下的子样本，得出以下结论，家庭养老模式下，养老保险的参与会显著提高风险资产投资概率和参与深度，而社会养老模式下，其正向影响不够显著。另外，在两种养老模式下，养老保险领取金额对风险资产投资概率和参与深度都有显著的正向影响，其中家庭养老模式下促进作用更强。

通过数据可以看出我国家庭金融资产配置存在着一些问题，居民更偏好选择储蓄，而对风险资产的参与度不足。通过本文实证分析得出，养老保险的参与对家庭金融资产配置行为有促进作用，故养老保险机制的完善可以改变居民过多依赖非风险资产的现状，从而促进金融市场的发展。因此，针对养老保险的参与率不足的问题，应扩大社会保障体系的覆盖范围，以实现全民参保。但养老保险机制的完善不能完全依赖于国家的基础养老保障，还应促进居民养老的第三支柱——商业养老保险的发展。在家庭养老模式下，老年人会更多地参与风险资产投资，结合我国现有的国情，应继续巩固家庭养老模式，满足老年人口的需求，同时，通过社会养老模式的完善缓解人口老龄化对我国经济发展的影响，以解决当前养老困境。故我国养老模式需要进行多元化的发展，由家庭和社会共同推动养老体系的完善，在保证“老有所养”的前提下，提高居民对风险资产的参与度，以优化金融资产配置结构，进而为我国金融市场发展注入新的动力。

参考文献

［1］翟振武，陈佳鞠，李龙．中国人口老龄化的大趋势、新特点及相应养老政策［N］．山东大学学报（哲学社会科学版），2016（3）：27－35.

［2］朱冬梅．代际支持关系在老人养老模式选择中的创新作用［J］．创新，2008（1）：33－36.

［3］邓敏，杨冬琴．人口老龄化背景下养老模式变化趋势研究［N］．佳木斯职业学院学报，2018（2）：451＋453.

［4］汤胤．浅析我国家庭资产配置的现状及改进策略［J］．当代经济，2018（22）：114－116.

［5］张海云．我国家庭金融资产选择行为及财富分配效应［D］．广州：暨南大学，2010.

［6］尹志超，黄倩．股市有限参与之谜研究述评［J］．经济评论，2013（6）：144－150.

［7］史代敏，宋艳．居民家庭金融资产选择的实证研究［J］．统计研究，2005（10）：43－49.

［8］吴卫星，易尽然，郑建明．中国居民家庭投资结构：基于生命周期、财富和住房的实证分析［J］．经济研究，2010，45（S1）：72－82.

[9] 雷晓燕，周月刚．中国家庭的资产组合选择：健康状况与风险偏好［J］．金融研究，2010（1）：31－45.

[10] 吴卫星，荣苹果，徐芊．健康与家庭资产选择［J］．经济研究，2011，46（S1）：43－54.

[11] 尹志超，宋全云，吴雨．金融知识、投资经验与家庭资产选择［J］．经济研究，2014，49（4）：62－75.

[12] 吴卫星，吴锟，王琎．金融素养与家庭负债——基于中国居民家庭微观调查数据的分析［J］．经济研究，2018，53（1）：97－109.

[13] 李涛．参与惯性和投资选择［J］．经济研究，2007（8）：95－109.

[14] 易纲，宋旺．中国金融资产结构演进：1991—2007［J］．经济研究，2008（8）：4－15.

[15] 吕学梁，王美玲，吴卫星．金融发展与家庭金融资产投资：基于中国数据的分析［J］．商业经济与管理，2014（10）：73－81.

[16] 张亮．金融发展对我国家庭金融市场参与和资产配置影响［D］．成都：西南财经大学，2013.

[17] 宗庆庆，刘冲，周亚虹．社会养老保险与我国居民家庭风险金融资产投资——来自中国家庭金融调查（CHFS）的证据［J］．金融研究，2015（10）：99－114.

[18] 李昂，廖俊平．社会养老保险与我国城镇家庭风险金融资产配置行为［N］．中国社会科学院研究生院学报，2016（6）：40－50.

[19] 杨博．社会保障对我国家庭风险金融资产持有的影响——基于中国家庭金融调查（CHFS）福建省数据的实证分析［J］．福建金融，2018（1）：28－32.

[20] 吴卫星，丘艳春，张琳琬．中国居民家庭投资组合有效性：基于夏普率的研究［J］．世界经济，2015，38（1）：154－172.

[21] Samuelson，Paul A. Lifetime portfolio selection by dynamic stochastic programming.［J］. The Review of Economics and Statistics . 1969，51（2）：239－246.

[22] Guiso L，Paiella M. The Role of Risk Aversion in Predicting Individual Behavior［J］. Luigi Guiso，2004.

[23] Cocco，J. F. Portfolio Choice in the Presence of Housing［J］. Review of Financial Studies，2005，18（2）：535－567.

[24] Poterba J M，Samwick A A. Household Portfolio Allocation over the Life Cycle［J］. Nber Working Papers，1997.

[25] Guiso L，Paiella M. The Role of Risk Aversion in Predicting Individual Behav-

ior [J] . Luigi Guiso, 2004.

[26] Michael K. Berkowitz, Jiaping Qiu. A further look at household portfolio choice and health status [J] . Journal of Banking and Finance, 2005, 30 (4) .

[27] Vissing - Jorgensen, A "Towards an Explanation of Household Portfolio Choice Heterogeneity: Nonfinancial Income and ParticipationCost Structures" [R] . NBER Working Paper No. W 8884. 2002.

[28] Harrison Hong, Jeffrey D. Kubik, Jeremy C. Stein. Social Interaction and Stock - Market Participation [J] . The Journal of Finance, 2004, 59 (1) .

[29] JOHN Y. CAMPBELL. Household Finance [J] . The Journal of Finance, 2006, 61 (4) .

[30] João F. Cocco, Francisco J. Gomes, Pascal J. Maenhout, Robert J. Barro, John Y. Campbell, Gary Chamb. Consumption and portfolio choice over the life cycle, Working Paper [J] . Review of Financial Studies, 1998, volume 18 (2): 491 - 533 (43) .

[31] Gomes F . Asset pricing with limited risk sharing and heterogeneous agents [J]. Review of Financial Studies, 2008, 21 (1): 415 -449.

[32] Loriana Pelizzon, Guglielmo Weber. Efficient portfolios when housing needs change over the life cycle [J] . Journal of Banking and Finance, 2009, 33 (11) .

基于我国外汇管理体制改革的研究

张大龙[①]

摘要：为加快中国外向型经济发展以及中国经济与国际经济接轨，在1994年外汇体制改革成功的基础上，我国又进行了一系列新的外汇体制改革，并取得了显著的效果。本文总结我国外汇管理体制40年来所走过的历程，分析外汇管理体制改革所面临的问题，以此探讨如何推动外汇管理体制改革的相关对策建议。

关键词：外汇管理　经常项目　资本项目

我国外汇管理体制改革经历了40年的历程，改革的成就有目共睹。但是随着我国经济在世界经济地位的不断提高，我国经济融入世界经济程度的不断加深，外汇管理体制改革又面临着许多新的问题。总结我国外汇管理体制40年来所走过的历程，分析外汇管理体制在新形势下所面临的问题，对进一步推动外汇管理体制改革，实现资本账户可兑换的长远目标具有十分重要的意义。

一、我国外汇管理体制的改革历程

过去40年，我国外汇管理体制改革经历了三个重要阶段。

（一）1978~1993年，改革开始起步，以双轨制为特征

实行外汇留成制度，建立和发展外汇调剂市场，建立官方汇率与调剂市场汇率并存的双重汇率制度，实行计划和市场相结合的外汇管理体制。为鼓励对外贸易发展，1979年8月国务院决定改革汇率制度，从1981年开始实行人民币两种汇率，除贸易结算仍使用官方汇率外，另订一个贸易外汇内部结算汇率。内部结算汇率是根据当时的出口换汇成本加10%利润来确定，定为1美元兑换2.80元人民币，人

① 作者简介：张大龙，现供职于国家外汇管理局盐城市中心支局。

民币贬值46%。1985～1990年又根据国内物价的变化，中国多次大幅度调整官方汇率，使人民币出现了多次贬值。从1991年4月9日起，官方汇率的调整改为小步缓慢调整。实行官方汇率和调剂市场汇率并存的汇率制度。官方汇率从1990年11月的1美元兑换5.22元人民币小步调整至1993年底的1美元兑换5.70元人民币，下调9%。银行官方汇率和调剂市场汇率并存的汇率制度有一定的积极作用，既避免了官方汇率的过多波动，保证了生产建设必需品的进口，又利用市场汇率鼓励了出口，限制了非必需品的进口，使汇率起到了调节外汇收支的作用。

（二）1994年到21世纪初，改革向纵深推进，建立了市场汇率制度

1994年，适应建立社会主义市场经济体制的要求，实行银行结售汇制度；取消外汇上缴和留成；取消用汇的指定性计划和审批，对境内机构经常项目下的外汇收支实行银行结汇和售汇制度；实行以市场供求为基础的、单一的、有管理的浮动汇率制度；建立统一的、规范的银行间外汇交易市场。实现人民币经常项目可兑换，初步确立了市场配置外汇资源的基础地位。1996年下半年又将外商投资企业外汇买卖纳入银行结售汇体系，提高个人因私用汇供汇标准，取消尚存的非贸易非经营汇兑限制，并于同年12月1日正式接受国际货币基金组织协定第八条款，取消所有经常项目汇兑限制，实现了人民币经常项目完全可兑换。至此，中国在市场汇率基础上，正式确立了“人民币经常项目可兑换，资本项目外汇实行管制”的现行外汇管理框架。

（三）进入21世纪以来，外汇管理从“宽进严出”向均衡管理转变，有序推进资本项目可兑换，进一步发挥了利率、汇率的作用，促进了国际收支平衡

2005年以来，人民币汇率不再盯住单一美元，而是根据国内外经济金融形势，以市场供求为基础，参考一篮子货币计算人民币多边汇率指数的变化，对人民币汇率进行管理和调节，维护人民币汇率在合理均衡水平上的基本稳定。2005年7月21日晚，我国再次宣布进行人民币汇率形成机制改革，从单一盯住美元改为实行以市场供求为基础、参考一篮子货币进行调节、有管理的浮动汇率制度；货币兑换起始水平从8.2765元人民币/美元调整为8.11元人民币/美元。2012年4月14日，中国人民银行宣布自2012年4月16日起，银行间即期外汇市场人民币兑美元交易价浮动幅度由5‰扩大至1%。2014年3月15日，中国人民银行宣布自2014年3月17日起，银行间即期外汇市场人民币兑美元交易价浮动幅度由1%扩大至2%。2015年2月，国家外汇管理局在全国范围内推出多项直接投资项下便利化措施，包括取

消直接投资项下外汇登记核准、简化境内直接投资项下外国投资者出资确认登记管理、取消境外再投资外汇备案、取消直接投资外汇年检四项改革。2015 年 5 月发布《国家外汇管理局关于改革外商投资企业外汇资本金结汇管理方式的通知》，自 2015 年 6 月 1 日起在全国范围内实施外商投资企业外汇资本金意愿结汇政策。据统计，我国资本项下行政许可项目已由 59 个子项目减少至 17 个子项目，下降了 71%。这些举措为改革开放后新时期的企业、银行逐步适应市场汇率波动的变化创造了条件。截至目前，按照国际货币基金组织划分的 7 大类共 40 项资本项目交易中，我国不可兑换项目有 3 项，主要是非居民参与国内货币市场、基金信托市场以及买卖衍生工具。部分可兑换项目有 23 项，主要集中在债券市场交易、股票市场交易、房地产交易和个人资本交易四大类。基本可兑换项目 14 项，主要集中在信贷工具交易、直接投资、直接投资清盘等方面。也就是说，我国实现部分可兑换以上的项目已经达到 92.5%。其中有些项目（如外商直接投资项目）的开放程度比一些已经被认为是实现了资本账户可兑换的国家还要高。由此可见，人民币资本项目可兑换程度明显提高。

二、当前我国外汇管理体制存在的主要问题

（一）外汇管理手段越来越难以适应新形势

随着服务贸易的开放，服务贸易行为多样化，交易方式不断创新。而目前主要通过“上游”行业主管部门力量，采取逐项列举的模式对各类服务行为进行规范和管理。这种方式已不能涵盖所有服务贸易交易。尤其在上游行业管理弱化的情况下，服务贸易真实性审核的基础受到影响。即使是货物贸易，由于贸易方式日趋多样，如网上购物、外包生产、外商境内采购、跨境小额贸易等，与此相关的资金流动形式日趋复杂，过去货物流和资金流一一对应、收支两条线的贸易管理模式也受到挑战。同时，外汇管理仍以核准或登记等行政手段为主，市场化手段尤其是利率、税收（包括直接课税、无息准备金）等价格机制的运用仍是空白。前者成本高、效果差，后者则受制于利率市场化和财税体制改革的进程，在短期内还无法成为外汇管理的主要手段。此外，由于个人项下的交易难以界定性质，现行行政审批手段面临巨大挑战，有效性下降。

（二）国际摩擦增加致使外汇体制改革复杂化

随着我国进一步融入全球经济，综合国力日益提高，对世界经济的影响力增强，

政策溢出效应越来越大，越来越引起国际上的关注。比如，1994 年人民币官方汇率贬值 50%，并未引起外界普遍关注，但是现在人民币汇率已成为世界焦点，不少国家和国际组织对我国的汇率政策说三道四。加入世界贸易组织后，我国贸易顺差总体上呈扩大趋势，一些国家贸易保护主义抬头。以美国为首的一些世贸成员利用我国加入世界贸易组织过程中遗留的非市场经济地位问题，在资本项目可兑换、人民币汇率机制改革等方面漫天要价。近年来，美国部分议员还要求人民币限期升值，否则就要对中国出口商品征收惩罚性关税。外部要求人民币升值压力的加大，将强化市场有关人民币升值预期，刺激短期资本流入，使人民币汇率机制改革受到更多的牵制。

（三）资本项目管制政策存在薄弱环节

一是资本流入管制趋松的态势不利于我国资本账户失衡的改善。近些年来，我国外汇管理部门为了缓解国际收支双顺差的压力，对资本账户政策进行了调整，放松了对资本流出的限制，但同时对资本流入的管制也进一步放松，如扩大合格境外机构投资者主体资格的范围和投资额度、简化外商投资项目资本金结汇管理、取消外商对部分开放行业境内企业的并购限制、允许外资对国内上市公司进行战略投资等。这种趋松的资本流入管制措施会抵消旨在减少资本项目顺差的资本流出措施的效果，不利于对“热钱”流入的抑制，从而不利于资本账户失衡的改善。二是资本项目外汇账户管理存在漏洞，导致资本账户资金混入经常项目进行结汇。三是现行资本账户外汇管理基本采用行政审批、额度等手段，经济手段很少采用，管制的成本增大，管制的效率降低。

（四）巨额外汇储备对我国经济发展已构成一定负面影响

对于最优国际储备规模，国际主流观点强调国际储备在缓解国际支付困难方面的功能，重视持有国际储备的机会成本。然而，这一主流观点与发展中国家实践存在巨大反差。资本高度流动所带来的货币危机隐患使发展中国家国际储备功能发生了重大改变。国际储备对发展中国家稳定汇率具有重要作用。对我国而言，除了稳定汇率以外，经济发展需求不足的矛盾和脆弱的银行体系，都使得外汇储备具有不可替代的作用。但由于我国外汇储备主要以美元资产为主，随着美元贬值以及进一步的贬值预期，我国外汇储备资产缩水必须高度重视。

（五）交易和汇兑管理分开的管理模式降低了资本管制的有效性

我国对资本跨境流动的交易和汇兑一般分开管理，交易环节一般由产业或者行业主管部门负责，而汇兑管理由外汇管理部门负责。不同部门的管理目标和政策导向不同，交易管理部门比较侧重产业的发展和规范，外汇管理部门则更为侧重国际收支平衡和汇率稳定。一般情况下，不同政策目标应在统筹的框架下协同发生作用，但实际上管理目标之间可能产生冲突，解决这种冲突可能涉及政府部门间的大量协调工作，从而降低外汇管理政策的时效性和有效性。

（六）外汇市场和人民币汇率形成机制还不够完善

目前，我国外汇市场是银行间外汇市场。从 1994 年建立迄今 20 余年，外汇市场的交易主体还有很大限制，外汇市场只是作为中央银行实行外汇干预、稳定汇率的主要场所。由于我国的利率形成机制尚未完全市场化，资本账户尚未实行自由兑换，所以外汇供求主要来自经营性的交易结售汇，资本流动的利率弹性很小，外汇市场不具备“利率—资本流动—汇率”的利率汇率联动机制。

三、完善我国现行外汇管理体制的思路

（一）继续促进对外贸易投资便利化

外需、投资、消费是拉动中国经济增长的“三驾马车”。但此次国际金融危机使得我国的外需大幅下挫，从而对国内就业和经济增长造成重大冲击。相关管理部门必须及时适应新形势的需要，采取有力措施积极推进对外贸易投资便利化，尽可能减少外需下降所带来的影响。在经常项下，该放开的已经基本放开了，现在需要做的则是如何进一步简化程序、便利操作的问题。在投资项下，需要研究在新的历史阶段如何提高利用外商的质量，继续运用外资促进中国经济的发展，同时关注如何为中国的企业、居民到海外投资创造良好环境的问题。目前中国企业走出去的途径主要有两个，即直接投资和证券投资，现行的外汇政策对这些业务还有一些限制。下一步应根据形势变化，有计划、有步骤地放松限制，为有实力的金融机构、企业走出去创造条件，同时企业和金融机构也要练好内功，适应海外投资经营考验，不但能走出去，还要立得稳。

（二）着力建立间接外汇管理

一是无补偿性储备要求。无补偿性储备要求是指非居民投资人民币资产设置最低的无息准备金，利用经济手段，调节非居民持有人民币资产的成本。通过调整投资成本，减轻资本快速流入所产生的风险，同时还有利于保持货币政策的独立性。

二是敞口货币头寸限额。敞口货币头寸限额是指非居民在境内持有人民币账户的最高限额，通过设置最高限额可以避免非居民人民币账户囤积大量人民币资金，该政策往往与无补偿性储备要求相配合。通过设置人民币账户最高限额，避免快速流入所产生的风险，保证人民币汇率的稳定性，并降低对货币政策独立性的影响。三是跨境资本流动税（托宾税）。跨境资本流动税是指通过对非居民跨境资本出入进行征税，直接影响非居民资本项目交易成本，以达到资本项目管理的目的。通过跨境资本流动税可以增加非居民持有人民币资产的成本，避免对国内资产及货币供给产生冲击，有效降低资本流动对人民币汇率产生的负面影响。四是证券交易数额限制。证券交易数额限制是指对非居民买入国内证券数量实施最高限额规定，这种方式带有较强的直接管制色彩，其实施效果与敞口货币头寸限额较为类似。五是非居民账户利率管制。非居民账户利率管制是指通过对非居民境内持有人民币账户规定利率浮动区间，增加或减少非居民大量囤积人民币的成本，该政策也具有较强的直接管制色彩。

（三）加大资本项目外汇管理改革力度

一是在有效控制风险的前提下，加大改革力度，积极主动推进资本项目可兑换进程。二是根据资本项目可兑换的评估现状，将着力点放在部分可兑换或不可兑换的项目上（增量改革），同时，进一步推进基本可兑换项目的改革（存量改革），通过增量改革与存量改革的有机结合与统一，整体推进资本项目可兑换进程。三是强化对跨境资金流出入的统计监测与预警。通过对资本项目外汇管理数据的综合利用和现有管理信息系统的整合和升级，构建起比较完善的资本项目跨境资金流出入的统计监测和预警机制。四是建立和健全资本项目非现场跟踪和核查机制，加大非现场核查力度，建立健全资本项目外汇管理的事前、事中和事后的全流程监管机制。五是构建起简明清晰的资本项目外汇管理法规体系。对现有的资本项目外汇管理法规进行清理整合，取消和整合一批规范性文件，构建起一部简明清晰且符合资本项目可兑换改革进程的资本项目外汇管理法规体系。

（四）全面启动外汇管理法规体系的清理与修订工作

近些年来，外汇管理行政法规清理工作取得了一定的进展，但是从总体上看，现存的外汇管理法规体系仍然极为庞杂，法规不仅数量多，而且内容也极为复杂，一些法规相互之间甚至存在冲突和矛盾之处。同时，从法规构建的基础看，许多法规仍体现着浓重与外汇短缺期间所形成的“宽进严出”的管理制度相适应的、强有力的行政干预和管理的色彩。为此，对法规体系的清理和修订工作除了要废止一些不适应市场经济发展的法规和法规条款外，还要大大简化和归并现行有效的法规，构建一部适应市场机制发挥基础性作用的外汇管理新的法规体系。同时，要加大宣传力度，增加法规透明度。

（五）提高外汇储备经营管理水平

外汇储备经营应坚持遵循安全性、流动性和收益性的管理原则，但今后在确保安全性和流动性的同时，要比过去更加重视收益性，要通过完善内部管理、改善管理方法等方法提高效率。在管理方式上，除了依靠一些专业经营机构以外，还要让外汇储备藏富于民，国家只是根据需要进行一定的外汇储备，外汇储备的分布和使用应逐步走向多元化。

（六）调整汇率形成机制，扩大人民币汇率的浮动幅度

一是适当扩大人民币汇率浮动区间。可以考虑建立汇率目标波动区间，允许汇率在中央银行确定的基础汇率上按照这个幅度进行波动。当汇率在此区间内波动时，中央银行不进行干预；当汇率波动超出目标波动区间，中央银行才进行干预。需要注意的是，调整人民币汇率浮动的弹性，应该采取渐进改革的思路，在实践中逐渐磨合，不可能一步到位，否则可能会付出惨重的代价。二是创新外汇市场交易机制。为了能让人民币更好地反映现实的供求状况，应该突出市场的主体地位。从技术层面上说，人民币汇率改革的关键是建立起拥有众多参与者的市场化交易机制。所以需要进一步扩大外汇市场的交易主体，开发远期、互换等具有避险功能的金融工具，完善外汇市场电子交易平台，积极推进信息化建设，提高外汇市场的效率。

参考文献

［1］张礼卿．如何看待我国资本管制政策的调整［J］．国际经济评论，2007（11）．

［2］胡晓炼．我国外汇管理体制改革的历程和经验［J］．中国金融，2008（7）．

［3］曾文革，余盈颖．我国外汇管理制度的若干改革趋势［J］．时代经贸（下旬刊），2007（2）．

［4］罗敏．我国外汇管理体制改革成果与问题分析［J］．消费导刊，2009（7）．

［5］蒙智睦．我国外汇管理体制改革30年：成就、缺失及深化［J］．区域金融研究，2009（6）．

美日“产业空心化”进程及对我国一线城市的启示

杨小玄　朱笑颜[①]

摘要：近年来，我国一线城市第三产业比重不断上升，同时，社会资本呈现出从实体经济转向虚拟经济的趋势，由此引发了我国一线城市是否存在“产业空心化”风险的探讨。本文在分析日本和美国“产业空心化”的成因、进展及治理的基础上，总结了发达国家治理“产业空心化”的经验教训，提出：产业政策调节能力、要素供给的可持续性、跨境资金流动均衡是我国一线城市能够避免出现“产业空心化”的优势因素。但投资行业分布与金融机构贷款行业分布均显示流向金融、房地产业资金比重较高，仍需防范资金脱实向虚的风险。

关键词：产业空心化　脱实向虚　产业体系

一、日本、美国“产业空心化”进程分析

（一）日本“产业空心化”的进展及治理

布雷顿森林体系崩溃后，日元逐渐对美元升值，日本国内的劳动力成本逐渐上升，劳动密集型制造业的出口首先受到了成本上升的影响。为了降低成本，日本向周边的亚洲各国转移部分制造业，以利用这些国家劳动力成本低廉的优势。但在广场协议后，日元升值幅度大大加快，资本密集型制造业的出口竞争力也开始受到影响，而同期的亚洲“四小龙”等国家或地区，无论在生产成本还是市场需求方面都具备明显优势。面对这一困境，日本资本密集型制造业的生产部门开始大规模向外转移，这一过程伴随着日本国内产业资本向海外的大量流出，并造成国际收支中产

① 作者简介：杨小玄，现供职于中国人民银行营业管理部；朱笑颜，现供职于民生银行人力资源部。

业资本流动的长期逆差。此外，长期自然资源的短缺更使得日本的能源自给率非常低，在国际产业竞争中处于不利的地位。另一方面，大量海外的投机资金流入日本，在当时制造业大量外流，本土新兴产业发展不足的背景下，这些资金大量流入了日本的股票市场和房地产市场，使得日本的股价被不断推高、房价快速攀升，资产价格泡沫逐渐形成。泡沫经济破灭后，“产业空心化”造成的影响开始逐渐显现，日本各项主要经济指标恶化，经济陷入了长期低迷。

日本政府自20世纪80年代开始就提出了“产业空心化”的治理措施，其中包括向国内企业，特别是中小企业实施减税计划、对中小企业提供补贴和融资支持、加快建立高新技术主导产业、通过央行干预汇率以缓解日元升值、完善外国对日投资的法律法规等。但从实施效果看，日本的经济仍长期处于低速增长的萧条状态，尚未从“产业空心化”的陷阱中走出。

（二）美国“产业空心化”的进展及治理

第二次世界大战后，美国确立了全球经济和技术的绝对领先地位。此后，美国农业部门的比重不断下降，转而在国内集中发展资本密集型产业，与此同时，通过对外直接投资将其劳动密集型产业向欧洲、日本等地区转移。

随着制造业的升级，美国开始将产业的发展方向从汽车制造业、化学工业等资本密集型制造业向电子、生物、医药、航天等技术密集型制造业方向发展。此时，资本密集型制造业成为美国对欧洲各国投资转移的主要产业。

90年代末，信息产业的快速发展造就了美国互联网经济的繁荣，美国宏观经济指标大幅好转，不过在这一时期，出于重振互联网经济泡沫破灭造成的经济低迷及进一步推进服务业发展的需求，美联储开始采取宽松的货币政策，并逐渐放松了对金融业的监管，导致美国国民经济中的资本从实体经济向非生产性领域的虚拟经济流动，金融和保险业、房地产业规模快速扩张，制造业比例不断下降。在2008年金融危机爆发之前，美国产业结构比重中，金融保险业、房地产业占比已超过20%，而同期制造业、建筑业等传统实体经济部门的比重则从战后初期的50%下降到了不足30%。虚拟经济和实体经济失衡下的“产业空心化”成为美国金融危机的深刻根源。

金融危机的爆发，使得制造业对实体经济的作用成为一个重要的研究论点，引导产业资本重回制造业也成为了政策制定部门的研究方向。事实上，美国一直保持通过实施以“再工业化”为中心的战略对“产业空心化”进行治理。一方面，通过先进科技改造趋于衰落的传统制造业部门帮助其恢复活力，同时推动税制改革、推动基础设施建设以重振传统制造业；另一方面，通过科技创新扩大美国在新兴产业领域的竞争优势，以获得美国经济长期增长的动力。其主要内容包括改善投资环境、增加科技研发投入、扶持高科技企业和中小企业发展，以及提高产品出口能力等。

（三）日本、美国“产业空心化”治理对比

日本和美国“产业空心化”的区别在于：日本主要是海外直接投资长期逆差导致产业资本“离本土化”，美国主要是产业资本从生产领域转入投机领域，虚拟经济膨胀，挤压制造业投资的“离制造化”（胡立君等，2013）。

日本的“产业空心化”过程是“陷阱式”的。首先，从日本在全球政治经济格局中的地位看，日本在产业资本“离本土化”后，并不具备在全球范围内协调和配置资源的能力，更难以在外汇市场上有效干预日元的大幅升值，造成大量投机资金流入。其次，日本产业环境在要素供给等方面的天然约束性和领土面积限制了日本的能源资源，且工业化期间的经济增长已经大量消耗了国内的资源存量。在后工业化阶段，物质要素密集型产业的发展需要可持续性的资源投入，而日本在资源上过度依赖进口。最后，日本国内政治局面不具备稳定性，其经济政策变化频繁，缺乏长期的、连续的、有针对性的政策治理，而“产业空心化”是一个长期性的经济问题，需要系统性的政策应对。种种不利因素使得日本的“产业空心化”难以避免，且成为其经济继续低迷的重要原因。

与日本不同的是，美国具有丰富的资源储备，内需充足，而且强大的政治和军事实力使其能够有效地在全球范围内进行调整，在出现“产业空心化”潜在风险时，通过产业政策的及时调整和实施，有效配置资源，实现经济发展的转折。总体来看，美国产业结构演进中的“产业空心化”总是伴随着再工业化，最终实现了现代制造业的大力发展。

二、日本、美国“产业空心化”对我国一线城市的启示

从日本、美国“产业空心化”的成因和治理经验可以看出，我国一线城市具备避免出现“产业空心化”的优势因素。同时，出现了一些可能导致“产业空心化”的经济“脱实向虚”趋势，应引起警惕。

（一）我国一线城市具备产业政策调控能力

2017 年以来，在供给侧结构性改革和创新驱动发展战略等共同作用下，我国产业发展呈现出结构持续优化、新动能快速壮大、质量和效益明显改善的运行格局。

党的十九大进一步提出的“把发展经济的着力点放在实体经济上”和推动实现高质量发展的要求，大力发展实体经济和先进制造业，加强制造强国建设。在这样的政策背景下，虽然一线城市的制造业比重降低且向外转移，但向外转移的是一般性制造业，同时发展更具生产率优势的高技术产业和现代服务业，一方面，是市场和竞争机制发挥作用的结果，代表着产业集聚的趋势以及产业的知识技术密集化，并非“产业空心化”的前奏。

图1是北京、上海和全国的三次产业比重变化情况，可以看出，与世界一线城市发展路径一致，北京、上海两大城市的服务业比重不断上升。与此同时，全国的第二产业比重较为稳定，验证了一线城市制造业向外转移是产业布局优化的结果，而并非向海外流出。

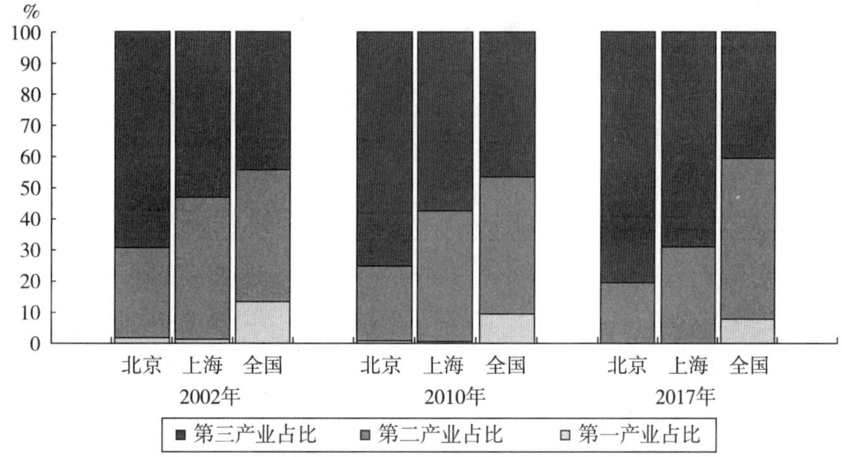

图1 北京、上海和全国三大产业占GDP比重变化

（二）国内资源充足，要素供给具备可持续性

与日本在产业发展中所受的资源限制不同，我国国内具有丰富的资源储备，也具备广阔的内需市场，无论是劳动力，还是创新驱动力，都具有可持续性的供给。2017年，北京和上海的抽样抚养比①分别为30.57和31.94，远低于全国的39.25，表明一线城市的劳动力相对充足；北京、上海等一线城市还拥有全国最集中的高校和科研资源，研发支出占GDP比重、就业人口中从事研发的人员比重都位于全国前列，也赶超发达国家的平均水平（见图2和图3）。

① 指人口总体中非劳动年龄人口数与劳动年龄人口数之比，度量抚养负担。

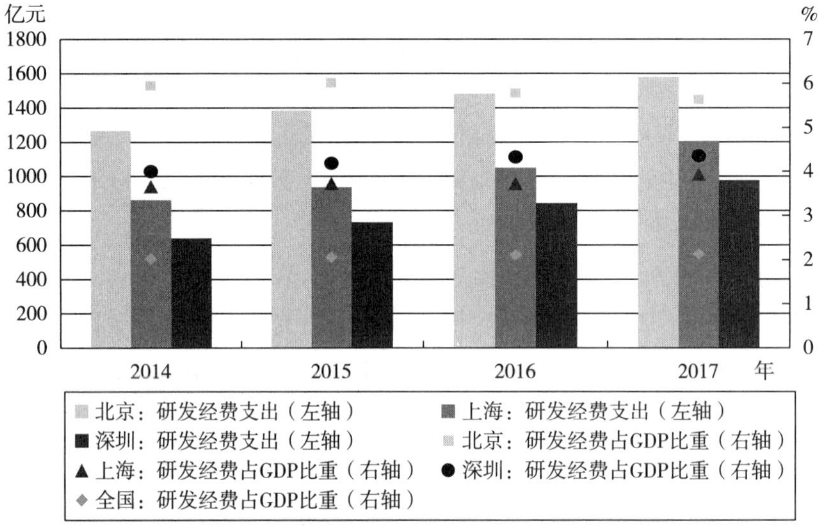

图 2　北京、上海、深圳和全国研发经费及占 GDP 比重

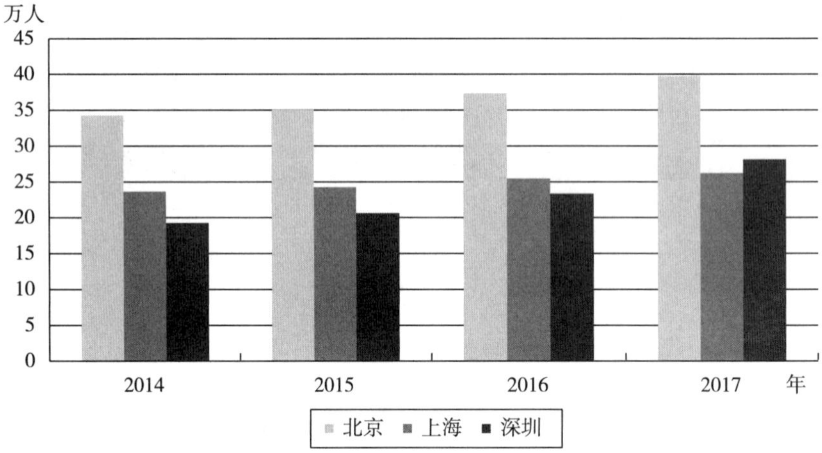

图 3　北京、上海和深圳研发人员数量

（三）跨境资金流动均衡，不存在“离本土化”

以北京为例，由于总部经济特征明显，且属于原油等大宗商品的进口地区，北京的经常项目常年保持逆差。但受直接投资、证券及衍生工具收支带动，资本和金融账户 2017 年以来保持净流入，跨境资金流动均衡，不存在资本“离本土化”。上海、深圳等城市的外商直接投资也保持较快增速，外资流入的行业主要为信息传输、软件和信息技术服务业，制造业，科学研究、技术服务业，投资结构也更加优化，与发展高新技术产业、扩大服务业开放等发展导向契合。

三、对我国一线城市现代化产业体系构建的思考

从美国“产业空心化”经验教训可以看出，实体经济与虚拟经济的失衡是“产业空心化”的诱因。因此，我国构建城市现代化产业体系，应坚持“以实为主、虚实协调、减量集约、转型升级”的产业结构政策导向，以创新作为驱动力，在既有的人口、土地和资源等约束下实现更大产出比，由聚集资源求增长向疏解功能谋发展转变，实现创新发展和高质量发展。

一是对一线城市GDP增速可有一定的“容忍度”。按照经济增长收敛理论，经济发展程度低的地区相比经济发展程度高的地区有更高的增长率，从而使得区域间的经济差距有不断缩小的趋势。一线城市是全国现代化程度最高的区域代表，应更侧重于关注经济发展的质量和民生的改善。以GDP增速作为经济增长的硬指标，在发展服务业时难免存在“拔苗助长”现象。如对房地产业和金融业等服务业的投资过度，反而会积累结构失衡的巨大风险。

二是促进形成以服务业为主、制造业为辅的多元产业结构，优化制造业布局。服务业比重不断提高是世界城市的发展趋势①，我国一线城市产业发展也将遵循以服务业为主的格局。同时，以制造业为辅助，有利于增强经济韧性，降低全球经济波动的影响。淘汰高能耗、高水耗、高污染产业，对产能效率高、污染小的制造业，安置优于外迁。以新兴产业为引领，关注优势高端制造业的可持续性，推动先进制造业和现代服务业深度融合。

三是树立协同发展理念，注重制造业区域一体化的产业布局。在区域产业协同发展中，一线城市应发挥资源统筹协调功能，在周边区域形成层次分明的分工体系和产业互动。对区域产业协同发展形成有效引领，并依托要素资源优势，充分发挥高技术产业和新兴产业的引擎功能。促进区域资源流动，实现区域间制造业的整合，坚实创新成果转化的产业基础。

参考文献

[1] 胡立君，薛福根，王宇．后工业化阶段的产业空心化机理及治理——以日

① 目前，北京服务业占GDP比重超过80%，上海服务业占GDP比重约为70%，深圳服务业占GDP比重约为60%，与世界大城市相比，仍处于中下水平。其他城市服务业占比数据包括：香港（92.8%，2016年数据）、东京（88.3%，2010年数据）、纽约（90.2%，2005年数据）、华盛顿（91.3%，2005年数据）、洛杉矶（84.8%，2005年数据）、伦敦（88.5%，1996年数据）。

本和美国为例［J］．中国工业经济，2013（8）：122－134.

［2］韩鑫韬．产业空心化的新特征及应对［J］．中国金融，2012（20）：32－33.

［3］詹向阳．谨防产业空心化潜在威胁转化为现实风险［J］．中国金融，2012（20）：25－27.

［4］马云泽，刘春辉．美国产业空心化与金融危机［J］．桂海论丛，2010，26（3）：69－73.

金融监管

人民银行基层行开展无证经营支付业务监管问题研究

中国人民银行平凉市中心支行课题组①

摘要：本文从分析无证经营支付的形式和危害着手，总结了近几年来人民银行加强无证经营支付监管要求及方式，分析了人民银行基层行监管中存在的困难和问题，并提出了加强支付机构内控及报备管理、建立监管部门之间的支付信息共享机制、研发支付信息查询系统等对策。

关键词：无证经营支付　监管　问题　建议

近年来，随着支付业务创新步伐加快，支付服务市场乱象丛生。人民银行主动防范系统性支付风险，严肃支付结算纪律，落实支付服务市场主体责任，加强无证经营支付业务整治。由于支付机构分公司管理不规范，人民银行基层行存在日常监管执行难、现场检查问题查实难、监管力量薄弱等问题，影响了支付业务的监管效能。本文提出了加强支付机构内控及报备管理、建立监管部门之间的支付信息共享机制、研发支付信息查询系统、加强监管业务培训等对策，以提高人民银行基层行无证经营支付业务监管效果。

一、无证经营支付的表现形式

无证经营支付指未取得中国人民银行颁发的支付业务许可证而从事银行卡收单业务、网络支付业务、多用途预付卡发行与受理业务的行为。目前无证经营支付行为主要表现形式有两种。

一是未取得支付业务许可经营银行卡收单核心业务。支付业务持证机构收单业

① 作者简介：课题组主要成员：王丽君、高彩萍、宋洁、贾文秀，均供职于中国人民银行平凉市中心支行。

务的资金走向为：持卡人刷卡→收单机构→银联清算→银行卡发卡机构→银联清算→收单机构→商户。无证机构收单业务资金走向为：持卡人刷卡→收单机构→银联清算→银行卡发卡机构→银联清算→收单机构→无证机构→商户。从以上可以看出，无证机构收单业务资金走向多了一个无证机构环节。根据《银行卡收单业务管理办法》，人民银行明确要求第三方支付机构不得将特约商户资质审核、受理协议签订、收单业务交易处理、资金结算等核心业务外包，但这些年银行卡收单市场发展迅速，仍然存在大量第三方支付机构将核心业务外包。一些无证机构因为掌握商户资源，与有证的支付机构合作，介入正常的收单业务中，以平台对接或大商户接入支付机构或商业银行，并自行开展商户结算，留存商户结算资金。

二是未取得支付业务许可证经营网络支付业务。第一种形式是“大商户结算”模式，即客户资金先划转至网络平台账户，再由网络平台结算给其平台下挂商户。以近几年发展迅速的电商平台为例，很多电商平台采取的货款结算方式与传统大商场的结算方式类似，实质是为商户和消费者提供了货币资金转移服务，从事了网络支付业务。若电商平台未取得支付牌照，则涉嫌无证经营网络支付业务。第二种形式是为客户开立的账户或提供的电子钱包，具有充值、消费、提现等支付功能。如某商城在微信上开通公众号，建立微店，为客户开立账户提供充值、提现等支付业务。

二、无证经营支付行为带来的危害

一是危害客户资金安全，引发局部风险事件。客户资金安全是人民银行对支付机构管理的重中之重。人民银行出台系列管理制度，对支付机构吸收预付资金并予以存放和管理的行为进行规范，要求相关资金必须全额存管在符合资质的银行，支付机构只能根据客户的支付指令划拨凭证，不得挪用、占用和借用。有证机构受人民银行的严格监管，其结算资金严格管控在指定账户，从而使商户的资金安全得到保证。但无证机构不受相关监管规定的约束，聚集大量的商户结算资金，自行控制和支配，脱离监管，由此极易产生无证机构截留、挪用商户资金的风险甚至携款跑路事件。

二是危害支付信息安全，助长犯罪行为。无证机构在商户和客户拓展、技术设施、终端机具、客户信息管理等方面缺乏安全保障措施，极易造成客户信息泄露、账户信息侧录等风险以及伪卡、盗刷等风险事故、案件。一些机构在网上大肆售卖POS机具，对商户和客户未设置任何准入门槛，为黄、赌、毒、洗钱等从事非法经营活动的商户和客户提供支付服务，助长犯罪行为。还有一些机构无能力也无意愿持续、主动监控受理终端的实际使用地区，造成大量商户注册地、经营地与实际业务开展地不符的情况，甚至出现跨境移机，给人民银行监管造成极大困难。

三是无底线竞争，扰乱市场经营秩序。随着市场竞争加剧，不同支付服务主体因利益驱动引发无序竞争、恶性竞争、不公平竞争的情形时有发生。无证机构在经营过程中，常采取低价倾销等恶性竞争方式，并主要通过变造交易、伪造业务类型，对持证支付机构经营造成压力，扰乱市场经营秩序，危害支付服务市场的安全和稳健运行。同时，无证机构大量开展虚假宣传，误导消费者、商户，出现风险事件后引发投诉、维权。同时，支付行业秩序遭到破坏，并助长地下钱庄、电信诈骗、非法集资等犯罪行为。

三、人民银行对无证经营支付监管要求及方式

自2010年以来，人民银行陆续出台了《非金融机构支付业务管理办法》《非银行机构网络支付业务管理办法》《银行卡收单业务管理办法》《中国人民银行关于银行卡收单业务外包管理的通知》等一系列非银行支付机构业务许可和监管制度，旨在为支付机构依法合规开展业务提供良好的政策环境，促进支付服务市场健康发展，提升支付行业的服务质量和效率。

2016年9月人民银行总行下发《关于加强支付结算管理防范电信网络新型违法犯罪有关事项的通知》（银发〔2016〕261号）中要求加大对无证经营支付业务机构的打击力度。

2017年11月人民银行总行办公厅下发《关于进一步加强无证经营支付业务整治工作的通知》（银办发〔2017〕217号）文件，切实加强对无证机构的整治力度，并从严惩处违规为无证机构提供支付服务的市场主体，持续强化了人民银行支付结算监管工作。

2018年，人民银行组织开展无证经营支付业务专项检查工作，本次整治工作以持证机构为切入点，全面检查持证机构事前、事中、事后各环节中的可疑违规线索，筛查无证机构名单。以查处无证机构为切入点，结合无证整治和投诉举报等线索，彻查为其提供支付服务的持证机构，并据此检查该持证机构为其他无证机构提供支付清算服务的违规行为。

四、人民银行基层行开展无证经营支付业务监管存在的困难

（一）支付机构分公司管理不规范

按照监管要求，支付机构分公司在异地开展业务前，需向所在地副省级以上城

市中心支行人民银行分支机构报备相关情况。但是，部分支付机构无视监管要求，跨省设立分公司并开展支付业务时，未向人民银行所在地分支机构履行备案手续。有的机构报备过程过于简单和流于形式，导致人民银行分支机构难以对其业务实行有效监管。有些支付机构内控制度缺失，有些支付机构从业人员守法合规意识淡薄，甚至无视监管规定，导致法规制度难以执行到位。

（二）支付机构日常监管执行难

人民银行对非银行支付机构高度集中的准入审批和非金融支付服务市场属地监管的矛盾十分突出，人民银行市县分支机构与非金融支付市场参与者信息不对称，严格制约着基层分支行监管职能的发挥。市县非银行支付机构为科技及信息服务、电子产品经销类小微公司，大都通过外包方式开展支付业务。在监管检查执行过程中，一些非银行支付机构不主动配合，不提供真实全面的资料信息。个别机构甚至声称自身管理权限有限，重要资料和查询权限集中于总部或上级公司。虽然有公安、工商部门协同进行监管检查，但是因监管执法部门立案和采取强制措施需要举报或提供确凿违法线索，遇有被查机构抵制检查的情况，执法部门往往无能为力。

（三）开展现场检查问题查实难

一是跨省调取账户交易数据难。在调取可疑商户收单账户资金交易明细，追踪资金流向，对发现被检查单位的违规线索进行核实时，商户资金交易明细可能会涉及外省银行机构。由于缺乏有效的信息协查机制，无法及时获取相关账户资金交易信息，致使对被检查单位的疑似违规行为无法准确定性。二是调取真实收单业务数据难。受支付机构收单管理系统内控管理机制和用户操作权限影响，在现场调取被检查单位商户数据过程中发现，被检查机构调取的数据与银联导出的数据存在很大差异。调取的部分支付机构支付业务数据信息不真实、不完整，关键要素不全，如有些支付机构总部在其分支机构所在地直接发展的商户未纳入分支机构管辖范围内，致使支付机构提供数据不完整等，增加了现场检查工作的难度。

（四）支付机构监管力量薄弱

经调查了解，市级（含）以下人民银行分支机构从事支付监管的人员 1 名至 2 名，往往身兼数职。随着金融创新及支付基础设施的不断完善，支付服务方式日趋丰富，支付手段快速发展变化，基层人民银行监管人员少且学习培训不到位，支付监管中存在不会管、不服管、管不住、带管不管、放任自流的状况亟待改变。

五、加强人民银行基层行无证经营支付监管的建议

（一）加强支付机构内控管理及监管报备工作

一是加强支付机构分公司的内控管理。定期评估支付机构分公司内控执行情况，对内控管理薄弱，违规问题频出机构，出具监管指导意见，要求其迅速整改，情况严重的逐级上报人民银行总行要求其法人公司退出当地市场。督促支付机构分公司加强人员的培训和后续教育，改善人员配置问题，提高分公司从业人员稳定性。二是切实加强报备管理。基层人民银行应明确专人负责报备资料审查，并创造条件，深入报备机构经营现场，核实人员、证照、业务管理系统和办公场所设置等情况，面对面开展监管问询，强化支付业务的属地化管理要求，提高报备工作的严肃性和规范性。

（二）建立监管部门之间支付信息共享机制

适时召开公安、工商、银联等部门参加的支付机构联席会或组织走访，听取各机构业务开展情况汇报，通报或收集银行卡诈骗、银行卡盗刷等支付风险案例，实现支付机构报备信息、支付风险案例及违法犯罪信息、机构企业注册信息在人民银行、公安、工商部门之间的互通共享。掌握银行卡收单、网络支付等违法违规行为的特点、类型、途径和方法，就如何采取措施，有针对性地加以防控进行探讨，有效推动基层人民银行支付监管工作的高效开展。

（三）研发支付信息查询系统

一是由各省人民银行汇总支付业务监管工作中发现的可疑线索、需协查的内容等，发送至所属地人民银行分支机构，由其组织实施检查并及时反馈协查结果，解决账户交易跨省查实难的问题。二是统一数据信息标准，要求各支付机构将收单数据信息上传至信息查询系统，赋予人民银行对辖内支付业务交易数据信息的管理权限，确保现场核查数据真实、完整、有效。

（四）加强人民银行基层行监管业务培训

一是建议总行完善持证机构现场检查手册。收集各省市支付业务现场检查中发现的典型违规案例和处罚案例，完善支付业务现场检查操作规程，汇编成册，指导人民银行基层行深入、规范、有效地开展支付业务监管工作。二是人民银行省级分

行应加强对辖内人民银行分支机构支付监管人员的培训。紧紧围绕履行支付监管职责的需要，结合不同时期监管政策要求加强监管培训，不断提升监管人员业务素质和政策水平。特别是针对基层行监管经验不足、监管力量薄弱等问题，采取派员参加总分行培训、举办专项培训、以查代训、经验交流、建立支付监管人才储备等方式，提高人员监管技能，以更好地服务于监管需要。

参考文献

［1］中国人民银行兰州中心支行课题组．无证经营支付业务整治现场检查中存在的困难与建议［N］．中国人民银行兰州中心支行支付结算工作信息简报，2018（3）．

［2］中国人民银行西安分行课题组．支付机构分公司监管中存在的问题及建议［N］．中国人民银行支付结算司支付结算工作简报，2018（4）．

英国央行对金融市场基础设施监管的经验及对我国的启示

唐　威[①]

摘要：英国央行是英国金融市场基础设施（FMI）的主要监管者。2015 年，支付与市场基础设施委员会（CPMI）和国际证券监督管理委员会（IOSCO）分别按 CPMI—IOSCO 的金融市场基础设施法则（PFMI）独立评估了英国央行对 FMI 的监督职责，评估结果确立了英国实施 FMI 监管的国际标准。英国在金融市场基础设施监管方面积累了丰富的经验，对完善我国金融市场基础设施监管具有重要的借鉴意义。

关键词：金融监管　金融市场基础设施　中央对手方

一、英国金融市场基础设施的内涵

英国金融市场基础设施（FMI）由中央对手方（CCP）、证券清算系统、支付系统构成，其关系构成见图 1。

（一）中央对手方

英国央行监管的 4 个中央对手方（CCP）位于伦敦，分别是伦敦结算有限公司（LCH）、洲际交易所欧洲清算中心（ICE）、伦敦金属交易所（LME）、芝加哥商品交易所欧洲清算中心（CME）。中央对手方确保其成员单位交易行为合法合规，管理金融系统中出现的风险及成员单位集聚的风险。2015 年，英国中央对手方设立的保证金和违约基金的价值总额达 906 亿英镑。

① 作者简介：唐威，现供职于中国人民银行孝感市中心支行。

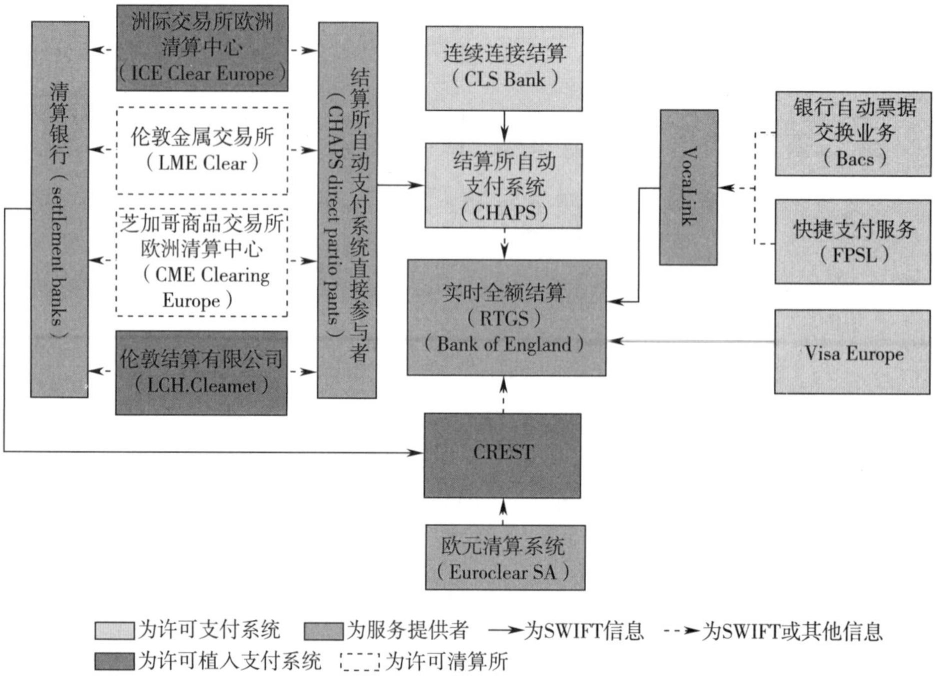

图1　金融市场基础设施与服务提供者间的内部联系

（二）证券清算系统

英国和爱尔兰欧元清算有限公司（EUI）也受英国央行监管，操控着 CREST 证券清算系统。2015 年，CREST 使英国金边债券、货币市场工具、股本的交易量日均达到 5 810 亿英镑。

（三）支付系统

英国央行监管着五个系统（Bacs、CHAPS、CLS、FPS、Visa Europe）重要性的支付体系。支付系统便利了货币借贷、商品与服务的商业交易和薪资发放，支付方式朝着网络银行、手机银行的方向发展。2015 年，CHAPS、Bacs、FPS、Visa Europe 的日均支付结算量达 2 950 亿英镑。

二、英国金融市场基础设施监管体系的主要内容

（一）法律保障

英国央行是英国金融市场基础设施（FMI）的主要监管者。英国央行在《金融市场基础设施法则》（PFMI）授权范围内对所有的FMI实施监管，这些法律条款适用于对许可的支付系统、证券清算系统、中央对手方的监管。依据监管法，英国央行将英国金融市场基础设施（FMI）作为一个单独监管体，更加突出了FMI在金融系统中的核心地位。

（二）组织架构

在英国央行内部，由金融市场基础设施执委会监管FMI。英国金融市场基础设施执委会，由与FMI相关的机构董事长组成。央行理事会对FMI执委会的工作进行检查评估，FMI执委会的会议记录要提交给央行理事会，央行理事会成员可以参加FMI执委会的会议。

（三）监管方法

英国央行的监管方法是确保英国金融市场基础设施（FMI）的规则和政策能够满足《金融市场基础设施法则》（PFMI）的最低标准和所有可监管的要求。英国央行的监管工作按照在《英格兰银行金融市场基础设施监管方案》设立的金融市场基础设施（FMI）监管风险评估模型来组织实施，该模型由FMI面临的外部风险因素和内部因素（内部管理、金融风险控制、操作风险控制、恢复与解决措施）构成。

（四）监管手段

从近年实践看，英国央行加强对FMI监管的手段有：一是进一步加强跨市场机构的监管，监管方式由FMI单层级（如CCP）向FMI多层级转变，重点评估监管诸如网络风险等特定因素。二是进一步执行深层次监管，确保监管模型涉及的所有重要领域都能达到认可的深度。三是强化现场监管的权力，花费更多的时间对被监管机构开展现场监管评估。四是英国央行进一步加强了使用其独立委员会报告的权力，既能加强监管目标的实现，又能引起特别的关注。

（五）监管合作

一是加强与国内监管当局的合作。英国央行与国内金融行为监管局（FCA）、支

付系统监管者在支付系统方面加强监管合作，每年签署谅解备忘录。二是加强国际监管合作。如2015年，英国央行与欧洲各国监管当局联合评估了伦敦结算有限公司、伦敦洲际交易所欧洲清算中心这两个全球重要性FMI；与欧洲市场基础设施监管（EMIR）学会加强对中央对手方（CCP）的监管；与美国商品与期货交易委员会（CFTC）、证券交易委员会（SEC）密切合作，参与美联储组织主导对CLS的监管；加入了由比利时国民银行主导的国际WIFT监管安排；欧洲中央证券存管监管（CS-DR）为监管当局合作提供信息分享与合作需求。

三、英国央行对金融市场基础设施监管的重点

从近年监管实践看，管理责任和风险传播等一直是英国央行对英国金融市场基础设施（FMI）的监管重点。

（一）管理责任与效率

英国央行要求FMI执委会和管理层承担起管理FMI稳定和整个金融系统稳定的责任。英国央行评估FMI的高级执行官和董事怎样履行其职责。如2015年，英国央行与审慎监管机构（PRA）就中央对手方（CCP）与其重要清算伙伴的初始保证金模型管理进行重新评估，促进了FMI执委会和管理层结构的完善，尤其是下级委员会结构和构成的完善，弥补了FMI独立董事成员缺位的缺陷。近年来，监管者密切关注所有FMI机构董事会的效率，对金融市场基础设施（FMI）成员间的重要董事会决策的成效进行深度评估。同时，英国央行利用其独立的委员会报告权力来促进其监管工作。

（二）金融风险传染

通过监管缩小跨金融市场基础设施（FMI）的金融风险传染范围。近年的主要措施有：一是风险分类。英国央行重点强调了风险分类，将间接参与者变为结算所自动支付系统（CHAPS）直接参与者，以此减少支付方式中出现的信用风险、流动性风险、操作风险。二是采取准备方式消除风险。如2015年9月，准备方式被引用到两家英国“递延净额结算”支付系统——银行自动票据交换业务（Bacs）和快捷支付服务（FPS），要求成员的银行准备金能完全覆盖它们的净债务，这种准备方式能消除Bacs和FPS的结算风险。三是开展中央对手方（CCP）金融风险管理的跨机构监管评估工作。2015年评估的重点是盘中保证金覆盖率与风险传染、抵押品折价的计算技术、清算成员间的套期保值和拍卖的违约过程管理、中央对手方（CCP）

要求的违约基金额外保证金。四是强化中央对手方（CCP）的安全性和健全性。2014 年 11 月，英国央行拓宽了中央对手方（CCP）在英国市场运行的英镑货币框架（SMF），降低市场流动性压力。2015 年，欧洲央行与英国央行宣布依次扩大货币交换的范围，让英国央行、欧元区央行、中央对手方分别提供更多货币的流动性供给。2016 年 1 月，应 CPMI—IOSCO 要求，中央对手方（CCP）开始定期信息披露。

（三）操作风险传染

一是网络恢复。网络恢复一直是英国央行监管的焦点，英国央行要求处于英国金融系统核心位置的金融机构全部完成 CBEST 测试，并采取单个网络恢复行动计划。英国央行还加入支付与市场基础设施委员会——国际证监会组织（CPMI—IOSCO）工作组，旨在为 FMI 加强网络恢复提供补充性指导意见。二是开展中央对手方（CCP）违约管理预案演练。用来评估 CCP 管理清算成员违约的能力。英国央行还联合德国联邦金融监管局、德国央行制订了预案演练方案，让伦敦清算所有限公司、欧洲期货交易所清算股份公司联合开展违约管理预案演练。三是调整质押式回购清算方式。2015 年，伦敦货币市场协会、英国与爱尔兰欧元清算有限公司、伦敦清算所有限公司与英国央行相关部门联合完成了对伦敦清算交易所有限公司客户质押式回购政府债券业务从隔夜交付转变为定期交付，不需要每天展开清算，能减少不必要的现金流、清算风险和操作风险。四是开展内部审计评估。2015 年，监管者对所有金融市场基础设施（FMI）的内部审计功能进行了跨机构评估。五是设立银行间系统操作协调委员会。促进跨支付系统合作更加便利化，提高操作效率和风险管理水平。

（四）恢复计划和救助方案

一是恢复计划。FMI 制订恢复计划，保证其功能遭到破坏时能及时恢复过来，这是英国对中央对手方（CCP）和证券清算系统的法定要求。CCP 制定“损失分配”实施细则，分配由 CCP 持有的清算成员损失，其目标是保证 CCP 持续提供关键功能，维持金融稳定性。二是救助方案。作为救助当局，英国央行 2015 年在伦敦清算交易所有限公司建立了中央对手方风险管理团队（CMG），这是全球中央对手方的第一个风险管理团队，包括英国央行在内的 17 个监管当局都有代表。风险管理团队（CMG）为系统重要性的金融市场基础设施（FMI）提供有序救助框架，有序救助方案能最大限度地减少金融风险对金融系统稳定的影响。

（五）开展中央对手方（CCP）国际监管

2015 年 4 月，金融稳定局同巴塞尔委员会银行监管局、支付与市场基础设施委员会——国际证监会组织一起制订了中央对手方（CCP）工作计划，分析了 CCP 的恢复能力、修复能力、分解能力、CCP 内部依赖性等方面内容。

从监管展望看，英国央行认识到金融市场基础设施（FMI）重要性增强及 FMI 运行领域的复杂性，英国央行将持续关注影响金融稳定的关键风险，尤其是重视评估新风险的出现。2016 年，英国央行对 FMI 监管重点是：一是操作与网络恢复能力；二是中央对手方恢复能力；三是 FMI 执委会的效率；四是大型银行业的核心业务活动的稳定性，保证英国央行提供的核心服务具有连续性；五是开展中央证券存管监管（CSDR）下的监管，增强欧盟证券清算的安全性与效率。

四、对我国的启示

一是出台我国有关金融市场基础设施监管的法律制度。尽快明确我国以支付系统为基础的金融市场基础设施的范畴、体系与监管框架；明确人民银行对于金融市场基础设施的核心监管地位、监管权力与责任。

二是建立我国跨市场金融基础设施监管协作机制，协调我国支付系统与证券、外汇等其他金融市场基础设施在建设与监管中的关系，并由人民银行定期统一组织开展跨市场的应急预案演练与压力测试等，规范跨市场的网络技术标准与恢复方案。

三是强化支付系统及重要业务系统参与各方的尽职义务，明确参与机构董事会或管理层的尽职责任，建立形成我国以支付系统为核心的金融市场基础设施监管风险评估模型与方法、手段。

四是加强跨境金融市场基础设施建设协调，主动开展金融市场基础设施监管国际合作。

国际比较

中美两国个人信用修复机制的比较与启示

陈　志[1]

摘要： 完善个人信用修复机制，既是金融信用信息基础数据库良好运行的内在需要，又是改进我国社会信用体系建设的重要手段。本文从涉及个人信用修复的法律制度、征信监管机构的相关权利和义务、信用修复机构的主要职责、信息主体的投诉机制等方面对中美两国的个人信用修复机制进行了比较。文章认为，我国应加强征信立法建设，完善信用修复的手段和方式，鼓励信用修复机构和行业协会的发展。

关键词： 个人信用　修复　比较　启示

一、个人信用修复机制的意义及内涵

中国人民银行征信中心建立的金融信用信息基础数据库自2003年运行以来，截至2018年8月底，其个人征信系统已收录9.7亿自然人信息，其中有信贷记录的自然人5.1亿[2]。个人征信系统提供的个人信用报告客观反映了信息主体是否存在不良信用记录。随着社会经济的发展，个人信用报告在个人融资、经济往来以及社会活动中发挥的作用越来越大，在发挥失信惩戒方面起到较好效果，但同时，因对个人信用报告中记录的内容存在异议，从而引发信息主体的投诉、甚至向法院起诉的事件仍时有发生。因此，应加强对信用修复手段和信用修复方式等方面的建设，这既是金融信用信息基础数据库良好运行的内在需要，也是完善我国社会信用体系建设的重要手段。

个人信用修复机制主要涉及法律制度的相关内容，征信监管机构的相关权利和义务，信用修复机构的主要职责，信息主体的投诉机制，信息主体对错误信息的异

---

① 作者简介：陈志，现供职于中国人民银行咸宁市中心支行。

② 数据来源：《中国征信》2018年第5期。

议权及更正权，以及征信机构对不良信息的保存期限等。

二、中美两国个人信用修复机制的比较

（一）信用修复机制法律体系比较

1. 美国的相关法律制度

目前，美国关于个人征信的法律共有17部，其中与个人信用修复有关的主要有3部，分别从信息主体的知情权、修复权，对信用修复机构的监督权三个方面进行规定。一是《公平及准确信用交易法案》规定，消费者有权每年从信用报告机构得到一份免费的信用报告；有权获得信用报告机构所计算的信用评分，每当有负面信息加入信用报告，信用报告机构必须通知消费者。二是《公平信用报告法》规定，银行和信息提供者要及时对消费者的异议做出反应，有义务对异议信息进行核查；信用局要及时注销过时信息，尽力确保信息的准确性，信息一年一次免费披露给消费者。三是《信用修复机构法》规定，信用修复机构是帮助消费者修复其信用记录的营利性专业信用服务机构，信用修复机构的欺诈行为会受到严厉的处罚。

2. 我国的相关法律法规

一方面，2013年，我国颁布了《征信业管理条例》（以下简称《条例》），其中，《条例》的第二十五条和第二十六条涉及个人信用修复，规定了信息主体具有异议权、投诉权，以及向法院起诉的权利。另一方面，《条例》颁布以前，人民银行作为金融信用信息基础数据库的建设者和维护者，出台的部门规章和规范性文件中有涉及个人信用修复的条款，如《个人信用信息基础数据库管理暂行办法》（中国人民银行令〔2005〕第3号）《金融信用信息基础数据库个人征信异议处理业务规程》（银征信中心〔2013〕97号）等。

3. 中美法律体系的比较

比较中美涉及个人信用修复机制的法律体系可以发现，我国的相关法律层级比较低，没有一部法律，只有一部《条例》，而且在《条例》颁布的2013年以前，涉及个人信用修复的业务处理均是依照人民银行出台的部门规章或法规来办理。

（二）信用修复机制的监管机构比较

1. 美国的相关监管机构

目前美国有两大个人征信监管机构——美国联邦贸易委员会（FTC）和美国消费者金融保护局（CFPB），同时，美国还有发达的行业协会。

一是联邦贸易委员会。美国联邦贸易委员会是上述3部法律的执法机构，负责监督消费者报告机构（CRA）、信息修复机构和债务催收机构的合规经营。根据《信用修复机构法》，联邦贸易委员会有权要求信用修复机构依法合规经营，并采取措施打击信用修复机构的非法行为，必要时可进行行政处罚。其下还设有消费者保护局，保护消费者免受信用欺诈，主要工作包括：加强消费者金融教育，为消费者提供信用信息和信用咨询服务，使消费者免受身份盗窃和信用修复欺诈；受理消费者的投诉，投诉内容包括信用报告、信用修复机构、消费者报告机构和债务催收机构；执行信用管理法律，监督征信机构的征信业务，处罚有违法行为的征信机构，要求其必须遵守法律。如果不遵守法律，联邦贸易委员会可向法院提起民事诉讼，法院可强制执行。

二是消费者金融保护局。《多德—弗兰克华尔街改革与消费者保护法》明确规定设立独立的联邦机构——消费者金融保护局（CFPB），旨在确保金融企业提供的金融产品和服务符合联邦消费者金融法律的相关要求。同时，将原属美联储、联邦贸易委员会、联邦存款保险公司、全国信用社管理局以及住房和城市发展部等7个联邦监管机构的金融消费者保护职能统一集中到消费者金融保护局。消费者金融保护局负责监管征信机构提供的信用报告等产品和服务，年收入大于700万美元的大型征信机构，信用报告领域的金融消费者权益保护问题等。根据《2015年监管要点》，消费者金融保护局共有600名检查人员，重点监管消费者报告机构的异议处理是否符合《公平信用报告法》第六百一十一条关于“异议处理程序”的要求，并指导其建立必要的异议处理程序，确保消费者报告机构更新有误的异议信息。

三是行业协会。美国的征信协会主要有全国信用管理协会（NACM）、消费者数据行业协会（CDIA）和美国国际收账协会（ACCP）。全国信用管理协会成立于1896年，是美国历史最久的行业协会，现有1.6万多家会员。其主要从事商业信用拓展业务，如为会员提供商业信用报告，还开发了信用管理者指数（Credit Manager's Index，CMI），用于衡量美国经济的整体信用状况。消费者数据行业协会成立于1906年，共有130个公司会员，涵盖了全美各地征信机构，包括全国三大信用局、地方信用局、房屋贷款风险管理公司、应聘人员信息报告机构、商账追收公司等。美国国际收账协会成立于1939年，是商业债务催收行业的自律组织，通过制定严格的职业道德准则维护本行业的稳定与公允，并为从业人员提供各种专业教育，举办从业人员执照的培训和考试等，同时还受理消费者对其会员的投诉。

2. 我国的相关监管机构

一是征信业监管机构的确立过程。2003年，国务院赋予人民银行“管理信贷征信业，推动建立社会信用体系”的职责，批准设立征信管理局，征信管理工作起步。2008 年，国务院将人民银行的管理职责调整为“管理征信业，推动建立社会信用体系”，人民银行开始全面履行对征信业的管理职责。2013 年，《条例》正式颁布，以法律形式明确了人民银行及其派出机构依法对征信业进行监管，我国的征信管理体系正式建立。

二是监管机构的监管对象。《条例》出台以前，人民银行及其各派出机构依据自身颁布的部门规章对金融信用信息基础数据库的信息使用者和提供者进行监管，同时还负责金融信用信息基础数据库的维护工作。《条例》出台以后，由于社会化征信机构的被批准设立，监管的对象逐步扩大，主要包括社会化征信机构、金融信用信息基础数据库的运行机构、信用信息提供者和使用者。

三是征信监管的内容。征信监管的主要内容包括机构、业务和人员的准入和退出，业务开展情况，内控制度建设和执行情况，信息采集和处理情况，投诉和异议处理情况，查询流程及使用合规性等。

3. 中美监管机构的比较

比较中美两国的征信监管机构可以发现，两国的征信监管机构均可针对信息主体的异议，对信息主体的信用报告进行修复。但两者之间也有一定的差异。一方面，我国的征信监管机构——人民银行，不仅从事对征信机构的监管，还是我国最大的征信机构——金融信用信息基础数据库的建设者和维护者，人民银行既参与征信市场的建设，又维护征信市场的运行，既是“裁判员”，又是“运动员”。而美国的征信监管机构均是独立第三方，不从事征信市场业务。另一方面，美国的征信行业协会在维护市场运行、促进信息主体信用修复方面发挥了重要作用，而我国目前还未成立相应机构，在这方面还处于空白。

（三）信用修复机制方式和手段比较

信用修复机制的方式和手段主要包括：不良信息的保存期限问题、异议处理制度、征信投诉机制、信用修复机构等。

1. 美国信用修复机制的方式和手段

一是不良信息的保存期限。《公平信用报告法》规定，正面信息保留 10 年。负面信息则区别对待，如个人破产记录保存 10 年，自被裁定破产救济之日起或法庭宣判之日起算；民事诉讼、民事判决、逮捕记录、欠税记录、被追收或被冲销坏账负面记录只能保留 7 年，自民事执行日期、拖欠税款缴清之日或刑事服刑、释放或假释之日起算。拟担任年薪 7.5 万美元以上岗位者，或申请 1.5 万美元以上生命保险者，其信用信息保存的期限可不受一般失信信息保存 7 年的限制性规定，即可长期保存。

二是异议处理制度。美国个人征信异议的处理效率较高。首先，申请渠道多样化，包括电话、邮件、在线等方式，其中以邮件和在线方式为主。其次，删除无法核实的异议信息。如果数据提供者无法核实异议信息，数据提供者应当删除和终止报送该信息。再次，核查结果同时向消费者和数据使用者反馈。如果数据提供者更正异议信息，征信机构会通知最近6个月使用信用报告的机构。最后，艾可飞、益百利、环联和伊诺维斯四家征信机构联合建立了统一的异议处理平台 e－OSCAR 系统，该系统为消费者、消费者报告机构和信息提供者搭建了自动化的异议处理平台，可实现征信异议的申请、受理、转交和反馈功能。美国 80% 以上的信贷信息异议都是通过 e－OSCAR 系统处理的。

三是征信投诉机制。美国非常重视保护消费者的金融权益，消费者对信用产品、服务或者征信机构不满，均可向联邦贸易委员会和消费者金融保护局投诉。联邦贸易委员会开发了名为“消费者哨兵网络”（Consumer Sentinel Network）的投诉数据库，受理消费者对信用欺诈、身份盗窃、债务回收等问题的在线投诉。目前，联邦贸易委员会只与执法机构共享该数据库，投诉数据往往被保存 5 年。从 2012 年开始，消费者金融保护局受理消费者对信用报告问题的投诉。消费者可通过网站、电子邮件、传真或电话等方式进行投诉。对消费者的投诉，征信局、债务催收机构需在 15 日内做出回应，并在 60 天内处理完所有投诉。消费者金融保护局还建立了消费者投诉数据库，每年定期对信用报告投诉情况进行全面分析，并向国会提交分析报告。

四是信用修复机构。美国有大量专业化的信用修复机构为客户提供流程化、专业化个人信用修复服务。根据《信用修复机构法》，信用修复机构的主要业务有，针对客户信用报告中存在的错误不良信息，指导消费者向消费者报告机构提出异议申请，修改错误信息；针对客户的不良记录，提出信用咨询服务以及解决方案，帮助消费者提高信用评分。信用修复机构根据消费者信用报告的具体情况，提出个性化和专业化的修复方案。帮助消费者提高信用评分；制订还款计划，安排债务的偿还时间；帮助积累良好信用，如申请消费信用卡，减少信用账户、降低信用额度和建立信用历史；指导消费者进行异议申请。在美国，有 40% 以上的异议是通过信用修复机构申请的。

2. 我国信用修复机制的方式和手段

一是不良信息的保存期限。《条例》第十六条规定，征信机构对个人不良信息的保存期限，自不良行为或事件终止之日起为 5 年；超过 5 年的，应当予以删除。

二是异议处理制度。《条例》第十六条规定，信息主体认为征信机构采集、保存、提供的信息存在错误、遗漏的，有权向征信机构或信息提供者提出异议，要求更正。征信机构或信息提供者收到异议之后，应对相关信息作出存在异议的标注，并在20日内进行核查和处理，并将结果书面答复异议人。经核查，确认相关信息有错误、遗漏的，信息提供者、征信机构应当予以更正；确认不存在错误、遗漏的，应当取消异议标注；经核查仍不能确认的，对核查情况和异议内容应当予以记载。同时，《金融信用信息基础数据库个人征信异议处理业务规程》规定，信息主体提出异议申请，需亲自或委托他人到人民银行分支机构办理。

三是征信投诉机制。《条例》第二十六条规定，信息主体认为征信机构或信息提供者、信息使用者侵害其合法权益的，可向所在地的人民银行投诉。受理投诉机构应在受理之日起30日内书面答复投诉人。

四是信用修复机构。我国目前尚没有专业的信用修复机构，人民银行各地分支机构主要负责为信息主体提供信用修复服务。

3. 中美两国修复机制和手段的比较

一是在对不良信息的保存期限方面。美国根据失信信息的性质和重要性的不同，规定不同的保存期限；同时规定，对担任社会重要职位者，其不良信息的保存期限要长于一般社会成员。而我国对不良信息的保存期限则统一规定。二是在异议处理制度方面。美国提供多种异议申请渠道，并建有统一的异议处理平台；而我国只有单一的异议申请渠道，且未建立异议处理平台。对无法核实的异议信息，美国规定应予以删除，而我国规定应当予以记载。对数据提供者更正的异议信息，美国征信机构会通知最近6个月使用该信用报告的机构，而我国未有类似规定。三是信用修复机构方面。美国有大量信用修复机构，而我国尚无一家专业性机构。

三、相关建议

（一）加强征信立法建设

在《条例》框架下，进一步研究制定相关管理办法及实施细则，特别是针对信用修复业务范围界定、前提条件、实施主体、工作流程、责任义务等增加具体表述，为个人信用修复机制的建设作出明确的政策和操作性指导。同时，人民银行既负责征信业监管，又负责金融信用信息基础数据库的维护和建设，应在今后相关法律法规的制定中，对人民银行职责作进一步设定。

（二）鼓励信用修复机构和行业协会的发展

一方面，由于我国没有专业的信用修复机构，而从事信用修复的人民银行分支机构从业人员以及信息提供者自身素质又参差不齐，影响了信用修复的效率，因此，应鼓励信用修复机构的发展。另一方面，目前，我国从事个人征信业务的机构少（只有金融信用信息基础数据库和百行征信2家），因此，建立行业协会的现实需求还不强，但行业协会的发展还是应纳入我国征信市场的长远发展规划中。

（三）完善信用修复机制

一是对不良信息的保存期限，一方面，应根据失信性质及其危害性，把失信行为划分为特别严重、严重、一般、轻微等类别，与此对应不同的信息保存期限；另一方面，根据社会成员类别，分为担任社会要职或高收入者、一般社会成员，并据此制定不同的信息保存期限。二是对无法核实的异议信息，由于消费者相对征信机构处于弱势地位，无法提供必要的举证，且对该类异议信息虽然信用报告会进行说明，但仍会影响信息主体的金融活动，因此建议删除。三是对更正过错误信息的信用报告，征信机构应通知一定时间段内使用过该信用报告的机构，以最大限度地挽回信息主体受到的损失。四是建立我国的基于互联网的异议处理系统，将信息主体的异议申请发送给数据报送机构，由数据报送机构和征信机构快速核查、处理。

参考文献

［1］王晓明．征信体系构建制度选择与发展路径［M］．北京：中国金融出版社，2015：321－328.

［2］王秋香．借鉴美国经验完善我国个人信用修复机制［J］．征信，2015（10）：62－65.

［3］金志坚，王凯．美国个人征信修复的主要做法及经验启示［J］．金融纵横，2016（11）：95－98.

［4］零壹财经．美国征信行业监管体系：七大行政机构＋三大自律机构［EB/OL］．http：//m. 01caijing. com/，2016－08－12.

［5］CFPB Supervisory Highlights：Winter2015［EB/OL］（2015－03－11）［2015－06－15］http：//files. con－sumerfinance. gov/f/201503_ cfpb_ supervisory－highlights－winter－2015. pdf.

国内外 P2P 网络借贷监管政策比较研究

米晓文[①]

摘要：近年来，互联网支持的点对点（P2P）贷款已成为银行贷款的替代品。由于各国之间市场特征不同，对 P2P 监管差异很大。本文对我国 P2P 现状进行了分析，对美国、英国、中国和日本四国 P2P 业务监管进行了比较研究，提出了 P2P 网络借贷监管的最优模式选择。

关键词：P2P 监管　国际比较　政策建议

一、我国 P2P 行业运营情况及原因分析

（一）我国 P2P 行业运营情况

1. 平台数量大幅下降。一是 2018 年全国问题平台数量占比近八成。截至 2018 年末，零壹数据监测到的 P2P 网络借贷平台共 6 063 家，其中正常运营的平台数量为 1 185 家，占比 19.50%，同比减少 46.80%；异常平台（不含转型、争议和良性退出的平台）数量为 4 672 家，占比 77.10%；2018 年新出现的问题平台至少有 946 家，其中公告清盘的平台至少有 147 家，占 2018 年度问题平台的 15.50%。2018 年 6 月，问题平台环比增长 47.3%，行业"爆雷潮"始现端倪，7 月问题平台数量环比猛增 66.1% 至 181 家。二是上线平台的数量大幅度下滑。2018 年全年度上线的平台数量仅 55 家，同比减少 85.80%。2018 年 1 月新上线平台数量为该年度最高，达到 19 家；10 月开始无新平台上线。

2. 借贷金额和借贷余额锐减。一是全年借贷金额同比减少四成。截至 2018 年

---

① 作者简介：米晓文，现供职于中国人民银行怀化市中心支行。

末，P2P网贷行业累计借贷总额约为7.69万亿元。其中，2018年借贷总额为1.62万亿元，同比大幅减少40.30%。相比于2017年，除1月份借贷总额同比上升外，其余11个月份均有不同程度的下降。二是借贷余额连续15个月维持下降态势。截至2018年末，P2P网贷行业借贷余额为7 311亿元，借贷余额较2017年末下降39.33%，较11月环比下降4.61%，连续15个月呈下降趋势。

3. 借款期限延长和投资利率上升。一是2018年网贷平均借款期限大幅增加。2018年P2P网贷平均借款期限为315天，这一数据在2017年和2016年分别是251天和253天。2018年，广东、北京、上海、浙江的平均借款期限分别为380天、360天、200天、104天。10月后，行业平均借款期限稍有缩短趋势，12月为302天。二是2018年网贷平均出借利率小幅回升。2016—2017年，P2P网贷平均出借利率分别为9.52%和9.49%，而2018年上升至9.75%，原因可能是由于年中“爆雷潮”引发的信任危机，平台加息吸引出借人。9月开始，行业成交和出借人数均有所回暖，平均投资利率持续下滑，到12月份约为9.25%。

（二）原因分析

1. 同质竞争导致次级资产增多。2016年以来，大量平台转型车贷、消费贷和现金贷。经过1~2年的时间，风险敞口逐渐释放，逾期坏账大量产生，部分平台仍实行刚性兑付，导致流动性出现问题。

2. 期限错配严重。目前，部分P2P平台仍存在不同程度的期限错配，平台将长期融资拆分成期限为1个月、3个月、6个月、1年等短期理财产品来吸引投资者。

3. 部分借款人恶意拖欠。网贷行业普遍实行刚性兑付，一些平台为维持投资人信心，选择隐瞒逾期和坏账，用自有资金或资金池垫付，在一定程度上降低借款人还款意愿。加之网贷平台缺乏足够有效追债手段震慑借款人，助长部分借款人恶意拖欠行为。

4. 部分自融和关联担保等隐患导致风险累积。部分网贷平台变相自融、关联担保等违规操作造成风险事件。极少数平台恶意欺诈，设置庞氏骗局。

二、国内外P2P监管经验比较

（一）全球P2P行业发展基本情况

随着互联网金融的发展，P2P借贷模式依托网络平台兴起，在过去几年中迅速增长，2015年中国的P2P贷款规模达到1 000亿美元，美国达到340亿美元，2016

年中国 P2P 业务新增授信量达到61.5亿美元（见表1），发展尤为迅速。快速发展的同时，部分投资者只看到平台带来的回报，风险也加速暴露。

表1　2016年主要国家 P2P 业务新增授信量

国家（地区）	P2P 业务新增授信量（亿美元）
中国	61.5
美国	1.5
英国	1.8
欧洲（不包括英国）	0.4
日本	1.2

资料来源：WDZJ. wdzj. com；Cambridge Centre for Alternative Finance（2017a，b，c）；Japan data is outstanding loan in 2017 from Social Lending Industry Report 2017。

（二）主要监管模式

美国、英国、中国和日本的 P2P 监管制度各有不同，主要体现在服务对象、监管严格程度、监管机构、监管模式等方面（见表2）。

表2　主要国家 P2P 实践及监管对比

比较标准	美国	英国	中国	日本
行业一般特点	主要面向小额个人贷款；集中市场，两个主要平台	许多成熟的公司主宰着市场；各种平台服务于市场不同行业	P2P 技术的飞速发展使社会的广大阶层有机会获得高收益的投资选择；分散的市场，多平台	主要是针对小企业的需要；根据新的投资工具的需要而发展
规管性质	广泛而严格	自适应	以往较为松散，现在正在收紧	适中
监管机构	证券交易委员会（SEC）管理投资； 金融消费者保护局和联邦贸易委员会监督借贷	金融行为监管局（FCA）	中国银行业监督管理委员会	金融厅（FSA）
监管模式	将投资者的资金存入银行账户的规定	协商方式	让地方当局参与和促进自律的趋势；将投资者的资金存入银行账户的规定	三类监管：股权、贷款和基金；对于股权，适用证券发行规则，融资者需要获得经纪许可证
现行监管规则的优点	对放款人和借款人的有力保护； 透明化数据披露	对新出现的风险作出反应，并为市场参与者提供便利	新形式的监管鼓励了该部门的增长	灵活、量身定做的监管，以满足不同的需要

续表

比较标准	美国	英国	中国	日本
现行监管规定引起的问题	严格的登记程序，各州需要单独登记	关于准备金的指导含糊不清	有问题的欺诈行为，需要更多的监管	透明度监管要求与匿名性之间的紧张关系

资料来源：www.adbi.org。

（三）各国监管制度间的主要差异

美国、英国、中国、日本四个国家都需要许可证，但获得许可证的难易程度各不相同。英国和日本建立了监管沙箱，降低准入门槛。美国和中国的P2P平台仅限于扮演信息中间人的角色，因此平台必须依赖银行发放贷款；而在英国和日本，平台可以发放自己的贷款（见表3）。

表3　P2P监管制度的主要差异

监管特征	美国	英国	中国	日本
是否提供监管沙箱	否	是	否	是
是否需要运营许可证	SEC许可证和州政府颁发的许可证；没有SEC许可证的平台可以向可信任投资者寻求投资	需要FCA许可证，但通常使用临时许可证	互联网内容提供商许可证	FSA许可证
P2P平台的作用	向借款人提供银行贷款的撮合者；使用平台投资者的资金购买贷款	投资者与借款人之间贷款的撮合者	向借款人提供银行贷款的撮合者	直接放款人和投资基金汇集人
贷款发起人	银行	P2P平台	银行	P2P平台
是否要求风险准备金	允许但不是普遍的做法	允许，ISA（免税）投资除外	法律上不允许，但在实践中发生	未使用

资料来源：www.adbi.org。

三、国内外P2P网络借贷存在的不足

（一）监管缺失，导致风险迅速积累

在我国，中小企业往往难以从占主导地位的国有银行获得贷款，因此P2P贷款的需求大于大多数其他国家，P2P贷款行业的增长速度远远超过其他任何国家。中国政府以往对P2P贷款平台未采取任何监管措施，使得平台大量涌现，风险也逐渐积累，与日俱增。2016 年，中国超过三分之一的 P2P 借贷平台存在“问题”（见图 1 和图 2）。

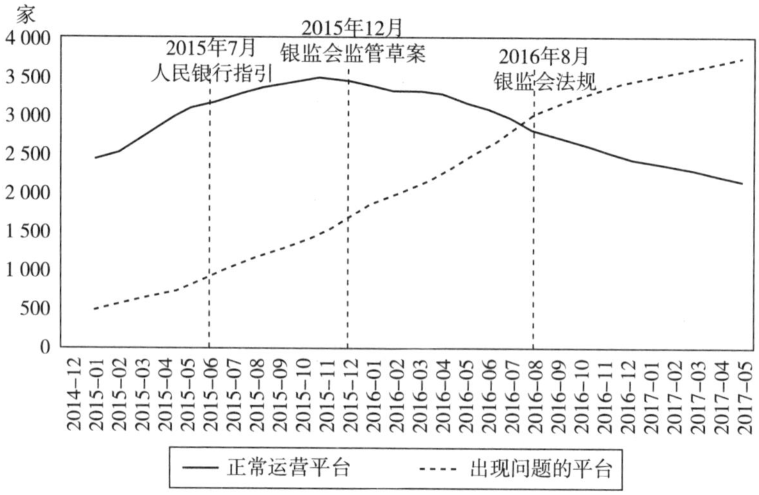

图 1　中国 P2P 贷款平台数量运营情况

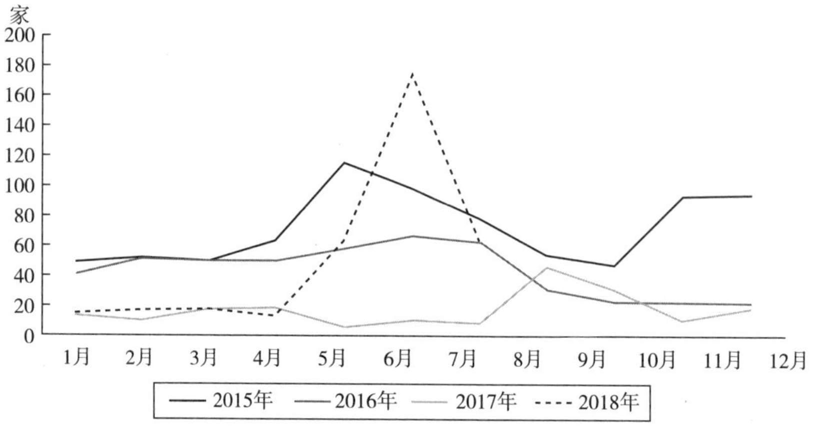

资料来源：www. adbi. org。

图 2　中国每月违约 P2P 平台数量

（二）监管有效性存疑

如美国，虽然监管力度很大，但人们对其有效性仍有疑问。对于投资者而言，作为贷款平台的债权人如果平台遇到财务困难将无法偿还贷款。在英国，P2P 放款人的复杂性日益增加，以及 P2P 平台的商业模式日益复杂，可能导致监管套利。

（三）准入门槛较高，阻碍 P2P 发展

美国对 P2P 贷款的监管由美国证券交易委员会、金融消费者保护局和联邦贸易

委员会按职能分别监管，必须请求银行从平台向借款人发起贷款，因此美国的P2P借贷平台并不是真正的撮合平台。对新进入者来说门槛较高，除了需要从州政府获得许可证外还需要在美国证券交易委员会注册。调查显示，37%的投资者认为监管过度，只有6%的投资者希望加强监管。再如日本，新注册的P2P平台在开始运营之前必须获得放债许可证和金融工具处理许可证，才有可能显示出强劲的增长轨迹，从而获得启动资金。

（四）P2P贷款流向中小微企业较少

如在美国，由于所涉及的监管合规工作，现有平台和新进入该行业的都不愿尝试创新的商业模式，只有一小部分P2P贷款流向了企业，最大的部分是变成了个人消费者寻求的小额贷款。

四、完善我国P2P网络借贷平台监管的政策建议

（一）优化P2P监管原则

从过去的成功和失败中吸取经验教训，建议对照以下原则审视和指导P2P监管立法：（1）P2P贷款应为社会广大阶层提供安全和有效的投资渠道。（2）P2P贷款应允许借款人以公平的条件获得负担得起的和可靠的资本。（3）贷款应根据违约风险对借款人加以区分。（4）平台应为投资者提供对信用风险的准确认识，投资者应至少担有部分风险以防范道德风险。（5）不可持续的贷款平台应该能够退出市场，而不会给投资者造成损失，也不会给借款人造成资金短缺。（6）在经济周期的低迷时期，贷款应该足够稳健，以防止贷款突然停止、违约率过高以及贷款平台问题性故障。（7）应保持P2P平台之间的竞争市场，以促进消费者的选择；防止寻租、垄断或寡头垄断行为；并避免受一个或少数几个平台的系统性风险过度影响。（8）这一行业应当对社会有用，并为实体经济服务。

（二）建立并完善P2P网贷平台信用评估体系

一是建立统一的信用评价机制。相关部门应尽快建立和统一P2P行业信用评价标准，并建立全行业共享的征信体系或资信共享平台，同时引入第三方银行或专业的征信机构对借款人的信用进行评估。二是积极利用外部征信机构的信息。各P2P网贷平台应进一步加强与相关征信机构的联系，积极促进企业及个人信用信息系统的建立。特别是应积极争取尽早接入央行征信系统，实现信用信息在不同行业之间

的沟通与共享。三是促进信用中介机构的发展。加快建立高效运行、服务规范、种类齐全的中介服务体系，吸收国外相关的先进经验和组织形式，大力促进中介服务水平的提升。

（三）建立 P2P 平台准入退出制度

参照人民银行等十部委于 2015 年 7 月联合发布的《关于促进互联网金融健康发展的指导意见》（以下简称《指导意见》）的要求，对 P2P 等网络借贷平台的发展与创新实行准入制，并始终坚持中介性质。在具体业务的开展上，要按照《指导意见》中的原则，拟开展什么业务就向相应的监管机构进行申请或报备，同时要报备各项业务的流程、收费标准等，由监管部门进行核准。若发现存在违规经营或变相脱离中介角色开展业务的，采取责令其限期整改乃至强制退出措施。

（四）互联网金融的监管政策要统一、协调

互联网金融监管政策的协调应该考虑三个方面的内容，一是在“国务院金融稳定发展委员会”的框架内设立互联网金融监管的协调机制，这样可以保证“一行两会”和地方金融监管局一致行动，互相配合。二是制定统一的监管标准和政策。无论监管政策实施主体是“一行两会”还是地方金融监管局，标准应该是全国统一的。否则，容易造成监管政策洼地，鼓励监管套利，而任何金融风险的后果依然会是全国性的。三是不应重复美国各州独立发放牌照的做法。各省市单独发放牌照，对传统金融机构尚且可行，对互联网金融机构就非常不合理。因此一旦发放牌照，应该就是全国性的，除非设置一些特殊的区域性限制。

参考文献

［1］2018 年中国 P2P 网贷行业年报［R］．零壹财经，2019（1）．

［2］P2P 网贷危机调研报告［R］．零壹财经，2018（9）．

［3］魏明侠，赵艳．基于博弈模型的 P2P 网络借贷行业风险机理研究［J］．金融监管研究，2018（12）：83－97.

［4］叶文辉．P2P 网络借贷风险与监管对策研究——对近期 P2P 平台集中爆发风险事件的思考［J］．国际金融，2018（11）：43－50.

［5］Optimal Regulation of P2P Lending For Small and Medium－Sized Enterprises［R］．ADBI，2019.

交易银行：国际经验借鉴与建议

冯静生[①]

摘要：近年来，随着金融改革的不断深化，国内交易银行变革呼声不断，部分商业银行陆续践行，但距离真正意义的交易银行仍有差距。本文初步总结国内交易银行实践，归纳国际交易银行运行经验，提出健康发展我国交易银行的建议。

关键词：商业银行　交易银行　发展路径

一、交易银行的定义与内容

目前，国内外对交易银行尚未形成统一的定义，一般认为，交易银行是一系列服务的统称，它的目标是根据客户的财务管理愿景，为客户交易提供相关金融服务，帮助客户整合上下游资源，达到提升资金运作效益和效率的目的。

虽然国内外交易银行业务内容不尽相同，但一般包括现金管理、贸易融资两大类业务。现金管理类业务包括：账户管理、收付款支付结算、流动性管理、投资理财、风险管理、服务渠道及信息等业务和产品。贸易融资业务包括：贸易项下表内融资、表外融资、供应链融资以及结构性融资等业务和产品。贸易融资业务还可分为国内贸易融资和国外贸易融资，也可从跨境业务视角来界定跨境现金管理和贸易融资等。从银行业务和产品组合本质来看，贸易金融、供应链金融等与交易银行范畴类似，只是前者更侧重于业务场景界定业务和产品组合，有些银行还把资产托管也纳入交易银行业务范围。

二、我国交易银行实践

与发达国家相比，我国商业银行交易银行业务起步较晚，但热情高涨，据2017

① 作者简介：冯静生，现供职于中国农业银行安徽省分行。

年《银行家调查》数据显示，超过八成参与调查的银行家对发展交易银行持积极态度，其中22.7%的银行家选择加速发展，61%的银行家选择稳步推进。

（一）存在未成立和成立统一交易银行部门的两种组织结构

1. 未单独设立交易银行部门模式

由于我国交易银行业务仍处于起步阶段，多数银行均采取将交易银行业务分散到不同业务部门管理的模式。以浙商银行为例，该银行将交易银行相关业务纳入不同业务部门主管，如支付结算及现金管理由网络金融部、运营管理部共同管理，国内贸易融资及供应链金融由公司银行部管理，国际贸易融资、跨境金融及跨境供应链金融则由国际业务部牵头负责。在这种组织架构下，银行开展交易银行业务比较灵活，适用于交易银行业务处于起步阶段的银行。

2. 在总行层面单独设立交易银行部模式

国内部分交易银行业务较为成熟的银行已采取这种组织架构，如招商银行于2015年1月撤并总行现金管理部和贸易金融部，新设了交易银行部，作为总行的一级部门，定位为包括现金管理、对公支付结算、贸易融资、供应链金融、跨境金融和互联网金融的公司金融产品部门。而且构建了总/分/支行协调一致的交易银行业务条线，在总行设立交易银行部的基础上，各分行也相应建立分行交易银行部，同时成立操作中心。浦发银行于2016年初成立总行交易银行部，总行交易银行部下设七个处、两个中心：在原贸易与现金管理部所辖职能基础上增加了客户经营职能，新设了工商企业经营中心、科技金融中心和机构客户处，以此加强对财政、事业单位、第三方支付等机构客户、工商企业客户、科技型企业的专业化经营与管理；以五个产品处室分别管理跨境金融、供应链金融、财资管理以及渠道类的产品设计，特别是以金融同业为服务对象，以互联网为产品载体，增设了同业电子渠道处，以增强网上跨界产品设计能力；贸易服务处提供本外币、境内外“一体化”的全球性贸易服务支撑。由此，形成了集产品、客户、渠道、服务四位一体，前、中、后台相融合的交易银行“5—4—3”战略布局。同时，在分行层面也成立了交易银行部，并在总分行都配备了交易银行产品经理，凸显人员的专业性和综合能力。总体上看，这种模式适用于交易银行业务相对成熟或计划将交易银行业务作为一个重点业务发展领域的商业银行，有助于在全行层面统筹发展规划，促进交易银行业务快速发展。

（二）交易银行产品不断丰富

近年来，我国商业银行在交易银行产品研发方面投入了较多的精力，产品和服务模式不断丰富，一些较为领先的银行已经能够结合企业客户在不同交易环节的特定金融需求以及信息技术的最新发展，设计出具有较强针对性的金融产品和服务模式，有效提高了差异化服务能力，提升了服务效率。从市场份额来看，以贸易融资业务为例，国际商会2015年全球贸易金融调查报告显示，承担违约风险责任的贸易融资产品使用显著上升，备用信用证占所有贸易产品的7.7%，较2014年上升2.7%；保函占所有出口贸易融资产品组合的12.71%。此外，对保理和出口信用保险的贸易融资需求不断增长，涉及赊销和供应链融资的跨境保理业务大幅增长。2009年至2014年底，跨境保理经历了一个指数级增长，增长率达到24%。

（三）注重品牌化发展

国内交易银行在产品和业务模式发展过程中，普遍注重品牌建设，努力打造具有自身特色的交易银行品牌。以现金管理业务为例，几乎所有全国性商业银行都有自己的现金管理产品品牌，工商银行有“财智账户”，农业银行有“行云·现金管理”，中国银行有“中银全球现金管理”，建设银行有“禹道—智胜的现金管理”，交通银行有“蕴通账户”，民生银行有“企业财务革新计划”，招商银行有“C+现金管理”，中信银行有“中信现金管理：企业财资专家”，光大银行有“阳光金管家”等。

（四）深度融合“互联网+”和金融科技

信息技术对交易银行业务有着深远的影响，一方面互联网信息技术的应用彻底改变了传统的产业链金融或供应链金融的业务模式；另一方面，银行为适应产业链模式的变化，积极将信息技术应用于交易银行产品和服务模式的开发，改变了交易银行业务的内涵和外延，使之更贴近企业场景，并实现业务操作自动化，提高交易银行金融服务的实时性和便利性，在提高服务效率的同时，扩大交易银行业务规模，实现银行与客户的双赢。因此，有关商业银行在交易银行业务方面进行了诸多的创新，除大量运用金融科技手段提升效率和加强风控外，还在构建场景实现“四流”合一方面进行了大量的尝试，包括自建电商平台，如工商银行“融e购”、建设银行“善融商务”；自建供应链金融平台，如平安银行的“橙e网”；也有通过与电商、物流企业、产业集团合作，以合作共赢方式建立或参与建立线上产业链合作平台并发力于某一细分业务领域，如北京银行2015年上线的交易平台在线融资产品等。从目前情况看，相对于综合性的、2C的零售电商，2B的供应链或产业链场景更符合银行的比较优势，当然许多实践仍处于初期阶段，长远潜力仍需观察。

（五）存在的问题

1. 传统的组织架构及部门分割思想根深蒂固

我国商业银行按地域形成了“总行—分行—支行”三级垂直组织架构，在组织架构中存在着两条业务线：批发银行业务和零售银行业务，批发银行业务又分为公司业务部和投行部。这两条业务线在服务客户的过程中有前、中、后台，分别负责客户、产品和操作，故而银行在业务操作过程中是以客户、产品以及地域为主要导向的。另外，不同的部门分工明确，各个部门的责权分配、绩效考核机制各不相同，在没有相应激励机制的情况下，各部门没有跨部门合作的动力，员工难以摒弃传统的部门分割思想，不利于资源的集中调配，降低了业务开展效率。

2. 缺乏高效一站式 IT 平台

目前，各商业银行的 IT 平台是以传统业务条线为基础，与传统的组织架构相匹配，IT 系统功能没有有效整合。交易所涉及的支付结算、账户管理、内部计价、报表管理、短期融资、系统直连等环节未能有效统一集成，数据管理能力在支持产品分析、风险识别和需求挖掘上显得薄弱。

3. 产品和服务体系有待协同

由于我国商业银行组织机构的分割，相应地在产品创新、市场营销、客户服务方面形成各自为战的局面，在部门利益和考核主导下，部门之间的协作较为困难，难以取得良好的协同效应。

三、国际交易银行发展经验

交易银行实践先行，随着市场和客户需求的变化，内涵和外延都在不断丰富之中。在实践中，发达国家银行业已形成了较为成熟的经验。

（一）组织架构主要有两种形式

组织架构状况是交易银行创新发展的重要基础之一。随着交易银行不断发展，考虑到加深与优化核心客户关系以及提供综合金融服务的需要，一些银行开始将投资银行与商业银行纳入同一业务板块，逐渐形成全能银行架构，在这种结构中，根据不同财务会计处理主要形成以下两种模式。

1. 相对独立模式

交易银行在集团最高层次业务单元之下，属于独立的二级层次业务单元，有独立损益表，单独核算，对所有的基础设施及关键资源有支配权，可控制其业务目标。

该模式有利于对客户需求迅速反应、加速投资决策，最具代表性的有德意志银行和花旗银行。

德意志银行于2005～2011年将其环球交易银行（GTB）归属于公司与投资银行板块之下，属于独立的二级层次业务单元，2012～2015年属于一级层次业务单元，2016年至今，重新归属于公司与投资银行板块之下，属于独立的二级层次业务单元，与公司金融业务并列（见图1）。

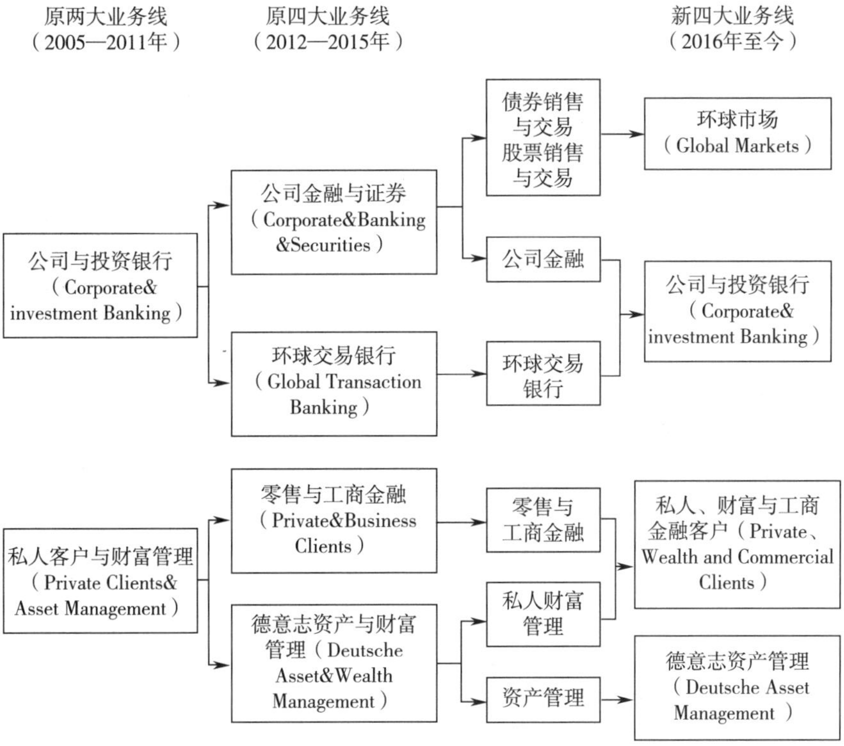

图1 德意志银行核心业务线重组示意图

2. 相对融合模式

交易银行业务有独立报告线，但无独立损益表，通常由分布在集团一个或多个一级或二级业务板块下的多个业务单元组成，以汇丰、摩根大通（2013年至今）等为主要代表。

汇丰集团的交易银行服务主要包括环球资金管理、环球贸易及融资、证券服务三个业务单元，一直隶属于工商金融和环球银行及资本市场两大板块（见图2）。

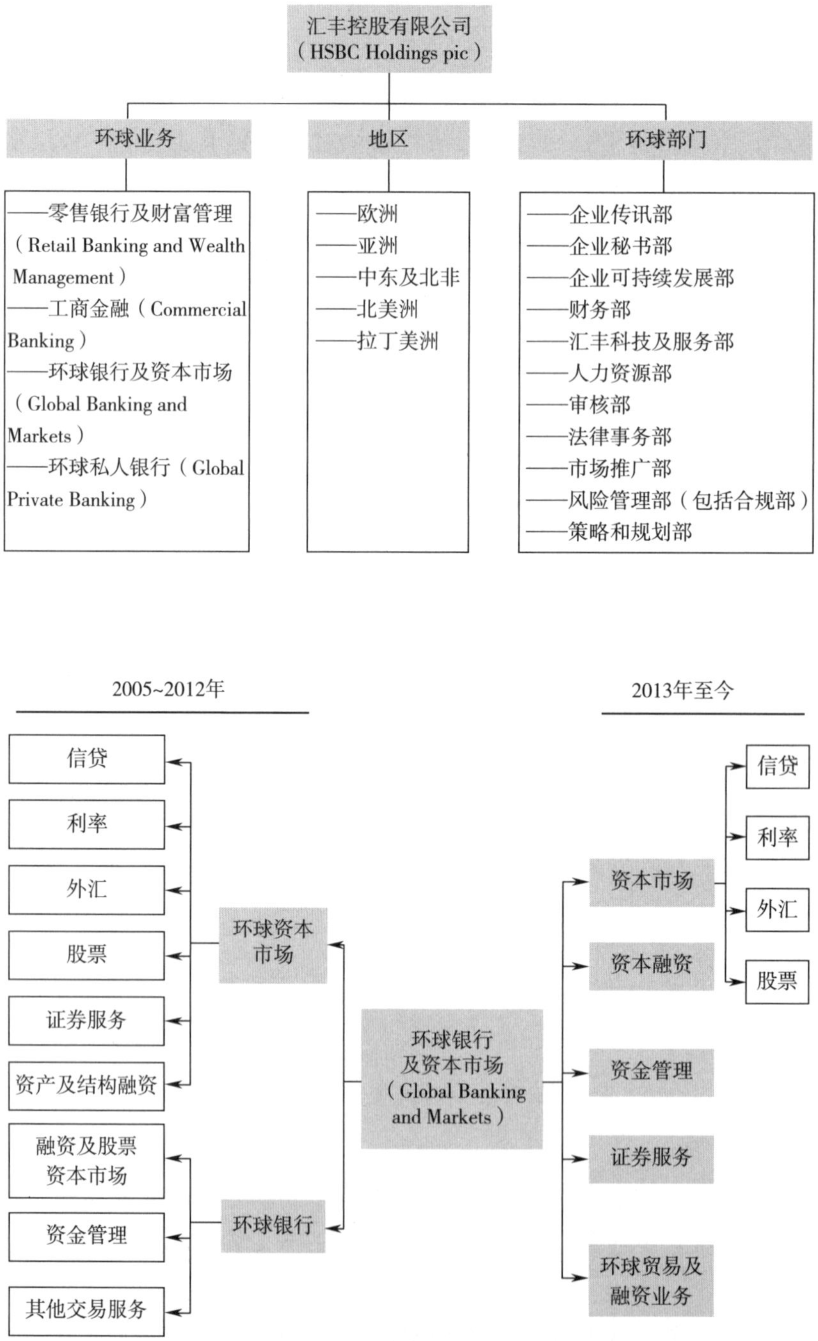

图2　汇丰集团环球管理架构和环球银行及资本市场板块结构演变

（二）客户定位不局限于大型客户

从发展历程看，交易银行业务起源于国际大型银行对战略型客户服务的深化。目前国际大型银行交易银行业务的目标客户仍主要以大型企业和政府为主，但不再局限于大型客户。如汇丰银行的环球及资本市场板块的交易银行业务为全球主要政府、企业及机构客户提供服务，工商金融板块交易银行业务涵盖聚集于本土市场的小型企业及业务遍及全球的大型公司。德意志银行早期主要定位于全球范围内的大型企业、金融机构以及政府部门，近年来，随着市场的变化，也逐步加大对中小企业客户的关注，其交易银行业务覆盖消费零售、健康医疗、媒体电信以及房地产等。

（三）产品和服务覆盖客户全方位的金融需求

交易银行业务覆盖了企业在交易过程中可能产生的一系列金融需求，一般主要包含现金管理、贸易融资以及证券服务三条业务线，具体产品包括支付结算、流动性管理、供应链融资、国际贸易融资、证券融资及托管等，以德意志银行和汇丰银行的交易银行最具代表性。德意志交易银行现金管理满足客户多样化需要，为全球和区域财务管理方面提供全面的创新性解决方案；贸易融资通过集团网络为结构性贸易制订解决方案，使客户更好地管理与跨境和国内贸易相关的风险；证券服务为30多个市场提供一系列服务，包括信托、支付、特定证券和金融交易的相关服务以及国内证券托管。汇丰交易银行服务主要包括环球资金管理、环球贸易及融资、证券服务三个部分，隶属于工商金融和环球银行及资本市场两大板块，其中，工商金融板块下的交易银行服务包括提供营运资金、有期贷款、付款服务和国际贸易融资及其他服务，以及并购方面的专业知识与获取金融市场资源的途径；环球银行及资本市场板块下的交易银行业务所提供的金融服务及产品，全面涵盖资本融资、顾问、资本市场和风险管理服务。

（四）重视金融科技在交易银行中的应用

尽管各家银行交易银行业务基础和战略目标存在差异，但发达国家大型银行都高度重视应用先进的金融科技和与外部专业机构开展合作，以便为客户提供更友好顺畅的服务场景，提高交易银行的服务能力。从2017年起，摩根大通接连收购Levelup、MCX等金融科技公司，同淡马锡一道领投了云支付平台Bill. com，意图实现所服务企业客户的支付活动量子化，将Zcash隐私技术融入Quorum区块链，为用户增加了一个新的隐私保护层，收购在线支付服务提供商WePay，旨在通过其技术以简易的方式为企业提供资金收集、管理和支付服务。德意志银行环球交易银行部门紧跟市场变化，一是将金融科技公司作为一个特殊的目标群体进行营销，在为其提供现金管理等服务的同时，与其进行第三方合作，为银行的企业客户提供更完善的服务；二是大力拓展自身金融科技能力，开发自有供应链融资电子平台，持续升级优化供应链融资过程中的客户体验和全程综合解决方案，将大数据应用于平台数据分析，最大限度地满足客户需求；三是继续加大对环球交易银行部门新技术开发的投资，成立环球金融交易部内部区块链技术研究小组，密切关注区块链技术的发展和应用。汇丰银行与丹麦在线贸易平台 Trade Shift 达成合作，双方将共同建立一个专注于供应链金融的数字化服务平台，该平台将通过围绕核心企业，利用数字化技术管理上下游中小企业的资金流和物流，并把单个企业的不可控风险转变为供应链企业整体的可控风险，通过全方位获取各类信息，将行业发展风险控制在最低水平。

四、对我国交易银行发展的建议

结合国际先进银行的交易银行发展的实践经验，国内银行应根据自身状况，积极探索具有特色的交易银行转型路径。

（一）重视组织架构的不断优化

交易银行的组织架构没有统一模式，不一定是事业部，也不一定处在同一个一级业务板块中，但共同的规律是：以客户为中心，从更好满足客户需求的角度不断优化，且出现了交易银行、信贷、投资银行等服务不断整合的趋势。因此，国内银行要根据各自情况和客户需求变化，有效推进组织架构的优化，在统一交易银行业务系统的基础上，逐步将散落在公司、结算、国际、托管等不同部门的职能进行梳理与合并，搭建相对完整、全面、有效的交易银行业务管理架构。

（二）以交易银行视角确定各具特色的客户和产品战略

从国际大型银行交易银行客户定位看，一般以大型企业、金融机构以及政府为主，但近年来也开始逐步加大对中小企业客户的关注。不同客户群体对产品服务需求的层次与深度存在较大差异，一般来说中小企业更多是基础业务需求和创新性业务需求，如现金管理、贸易融资等；大公司则更多为流动性、流动资本、供应链、短期投资和外汇需求等全面需求及其他非金融增值需求。建议国内银行一方面以交易性需求和交易类客户重构客户战略，加强行业龙头营销，挖掘生态圈优质客户，同时纳入大宗商品交易、交易平台、电商平台等新业态和新客户。另一方面，要根据各自的客户结构和客户产品需求情况，建立专业团队，对客户进行分类营销、差别营销、总体维护。

（三）协同线上线下提升交易银行业务竞争力

线下模式是商业银行的传统优势，但随着网络时代的到来，企业经营、社会运转都在向线上转移，如果还靠传统方法拓展交易银行业务，一来缺乏效率，二来控制不住风险。因此，要不断完善自建场景、合作场景，丰富线上产品，提升线上获客、活客、风控能力，推动贸易融资、供应链等业务朝着线上方向发展；同时加快线下渠道转型，打造交易银行专业服务团队与核心专家团队，提升基层机构对公综合服务能力。

（四）同步建立“整合”的风险管理体系

由于交易银行业务链条环节长、参与主体众多、操作程序复杂且各环节间环环相扣，因此风险形态和管理方式均有别于传统信贷模式，需要建立整合的风险管控体系。建议国内银行一方面探索交易银行下新的信贷模式，利用对交易过程的立体把控和整合后的大数据，实现交易类融资风控模式革新；另一方面，加快物联网、区块链、人工智能等新技术的研发，探索新技术在客户风险关联体识别、反网络欺诈、降低运营风险等方面的应用前景，利用新技术解决风控痛点。

（五）强化金融科技的研发和应用

国际大型银行普遍认为金融科技发展可能带来的颠覆性影响不容忽视，因此，均在以开放、积极的态度推进各项技术革新，加强技术储备。当前要迅速构建强大的 IT 支持系统，从实践经验看，IT 支持系统主要有自主研发、外包及平台三种模式，对于大型商业银行来说，有足够能力支付研发投入，可以采用自主研发的方式创建符合自身发展的 IT 系统，配合不同的业务条线，设计具有本行特色的信息平台，提升差异化竞争实力；而中小型商业银行可以采用外包的方式，与第三方合作实现业务的快速上线，比如 SPA 技术公司建立的专业技术平台、SWIFT 这样的全球性组织建立的标准第三方平台。

参考文献

［1］曾刚，李广子．吸纳与创新：中国交易银行业务的兴起［J］．当代金融家，2018（2）：74－78.

［2］鲁晓琳，胡婕．交易银行：国际经验启示录［J］．银行家，2018（2）：98－101.

［3］魏志．交易银行：我国商业银行创新模式研究［EB/OL］．http：//www. xibn. com3/vuen－11313957. htm/20190202.

境外反洗钱执法特点、趋势与对策

——以2018年境外主要金融区反洗钱执法情况为例

苏如飞[①]

摘要： 2018年境外反洗钱执法体现出趋严趋势、追溯既往，整改耗时漫长、重点监管整体履职有效性，并对大机构要求更高的特点。监管关注的重点体现在公司治理的有效性、反洗钱合规管理框架的完整性、客户尽职调查、可疑交易监测与报告、制裁合规、交易审查、提交现金交易报告七大方面，中资银行海外反洗钱存在三大矛盾，这要求中资银行必须做好反洗钱事后追究到事前防范的机制体制建设的整体性转变。

关键词： 反洗钱　可疑交易　罚单　集团合规　事前防范

近年来，各国金融监管机构加强了对反洗钱反恐融资的执法力度，2018年全球境外机构执法也延续了对反洗钱执法的高压态势。本文试图对2018年境外主要金融区[②]公布的典型反洗钱罚单进行梳理，研究境外反洗钱执法趋势，为我国商业银行做好境外反洗钱合规工作提供参考。

一、2018年境外主要金融区反洗钱执法概况及特点

根据官方网站公开披露数据不完全统计显示，2018年境外监管机构对金融机构开出典型反洗钱罚单超33.6亿美元，没收8.98亿美元，涉案金额超42.6亿美元，折合超300亿元人民币（见表1）。

---

① 作者简介：苏如飞，现供职于中国工商银行总行。本文为作者学术思考，不代表所在单位意见。

② 境外主要金融区，本文界定为美国、加拿大、欧盟、英国、澳大利亚、新加坡、中国香港、日本八大金融区。

表 1　　2018 年境外主要金融区典型反洗钱罚单表

时间	国家/地区	主要违规事由	备注
2018.1	美联储	台湾兆丰银行的纽约分行、芝加哥分行及硅谷分行业务未能有效遵守银行保密法和反洗钱法	罚款 2 900 万美元
2018.1	美国货币监理署（OCC）	对花旗银行未遵循 2012 年同意令做好整改行为进行罚款	罚款 7 000 万美元
2018.2	美国司法部，美国货币监理署	荷兰国际银行（Rabobank）在 2013 年的监管检查当中，被发现没能建立起要求的反洗钱合规程序，同时客户尽职调查与可疑交易存在较大问题，提供监管信息不及时	美国司法部罚款 50 万美元，没收3.7 亿美元；美国货币监理署罚款 5 000万美元
2018.2	美联储、美国金融犯罪执法局、美国货币监理署、美国司法部	美国合众银行存在反洗钱控制不力以及制裁合规风险管控不善的问题，并违反了此前 2015 年与美国司法部达成的延迟起诉协议，洗钱人员配置和系统投入不足，存在系统性反洗钱框架缺陷。被美国司法部没收 5.28 亿美元	美国货币监理署罚款 7 500万美元； 金融犯罪执法局罚款 7 000万美元； 美联储 1 500 万美元
2018.3	新加坡金融管理局	新加坡渣打银行涉嫌违反反洗钱和打击资助恐怖主义行为。位于英国根西岛的渣打信托将一笔资金汇至新加坡渣打银行账户，汇款时间恰好赶在根西岛采用 CRS 报告标准之前。对新加坡渣打银行及信托罚款640 万新加坡元	合 468 万美元
2018.4	美联储	美联储在 2017 年 6 月 30 日的检查当中发现台湾华南银行及其纽约分行在风险管理和反洗钱合规方面的明显缺陷，对美国银行保密法及相关规定遵守不够，公司在可疑交易报告方面和反洗钱合规程序方面存在不足	美联储出具反洗钱合规禁止令，暂没有罚款
2018.6	澳大利亚证券与投资委员会	澳大利亚联邦银行在 2012 年推出了一款“智能存款机”，允许匿名现金存款，没能及时上报 53 506 起通过智能存款机存款超过 1 万澳大利亚元以上的交易记录；在 2012 年 10 月至 2015 年 10 月之间，自动预警系统没能按照预期运作	罚款 7 亿澳大利亚元，折合 5.3 亿美元
2018.6	英国金融行为监管局（FCA）	2015 年印度卡纳拉银行的英国分行被监管检查发现反洗钱缺陷，整改不力。鉴于未遵守英国当局要求的反洗钱合规计划，存在反洗钱缺陷。被禁止 147 天内禁止吸收客户存款	罚款 89 万英镑，折合 120 万美元
2018.8	中国香港金融监管局	上海商业银行没有持续监察其与 33 名客户的业务关系，没能够设立及维持有效措施以履行《打击洗钱条例》的责任，客户的尽职调查措施不充分	处罚 500 万港元，折合 64 万美元

续表

时间	国家/地区	主要违规事由	备注
2018.9	荷兰财政信息和调查处、荷兰检察机构	荷兰国际集团（ING Groep N. V.，ING）在实施反洗钱和反恐融资政策方面存在结构性缺陷。ING在未充分识别部分客户相关的洗钱风险的情况下，轻易接受客户，并且这些客户的银行账户未得到充分监控，并在必要时未及时终止	支付7.75亿欧元，约8.998亿美元罚金，达成反洗钱调查和解
2018.10	美国纽约金融服务局	阿联酋的马士里格银行（Mashreqbank）及其纽约分行因在美元清算交易当中违反美国银行保密法（BSA）及反洗钱法被处罚	罚款4 000万美元
2018.10	美国货币监理署	第一资本集团和第一资本银行存在银行保密法和反洗钱程序上的缺陷，根据2015年OCC与第一资本集团及第一资本银行达成的同意令（Consent Order）被处罚	罚款1亿美元
2018.11	美国司法部	速汇金公司因公司自身在反欺诈和反洗钱程序上的明显缺陷，导致违反与美国司法部在2012年达成的延迟起诉协议	被没收1.25亿美元
2018.11	美联储、美国司法部、美国纽约金融服务局、美国财政部	法国兴业银行在2003年至2013年期间，未能采取足够措施遵守美国的制裁法律法规。以不正当不透明的方式执行了超过数万笔跨境美元付款，其中大部分涉及被美国制裁的国家，暴露出合规反洗钱管理框架的巨大缺陷	罚款13.4亿美元，含制裁罚款5 390万美元
2018.12	美国金融犯罪执法局、美国证监会、美国金融业监管局（FINRA）	瑞银金融服务公司因反洗钱控制不力及未能够遵守美国《银行保密法》的要求，被美国金融犯罪执法局、证券交易监督委员会（SEC）和美国金融业监管局联合处罚1 450万美元	其中，500万美元支付给金融犯罪执法局
2018.12	美国金融业监管局	摩根士丹利公司对交易警报进行审查投入资源不足；对低价股潜在的可疑交易没进行合理的监测	罚款1 000万美元
2018.12	中国香港金融监管局	摩根大通香港分行在客户尽职调查上存在缺失，对295份高风险客户没有进行持续的可疑交易监测；电汇转账违反反洗钱规定	罚款1 250万港元，折合160万美元

注：相关罚单来自主要金融区监管官网公开披露信息，统计口径以罚单披露时间为限。

2018年典型反洗钱罚单相关特点有：

一是从地域看，反洗钱执法趋同化，处罚趋严趋重。美国监管依旧保持着全球最严格和惩罚力度最大的态势，而欧洲、澳大利亚地区对反洗钱执法的力度也进一步趋严加重。如美国监管超过1亿美元罚单就有5起。欧洲荷兰国际集团被罚约9亿美元，澳大利亚联邦银行被罚5.3亿美元。

二是从时间看，反洗钱执法追溯既往，后续整改漫长。违规事项大部分为在此前年份暴露出来的，如美联储对台湾兆丰银行的处罚与2016年纽约金融监管局对该行开出的1.8亿美元罚单的反洗钱违规一脉相承。美国对法国兴业银行、澳大利亚对联邦银行等都是对此前反洗钱义务承担不力的追责。在监管整改上，各金融机构为满足监管要求均投入了一定的资源，但是整改耗时漫长，效果较差。如美国花旗银行2012年的禁止令，耗时6年最后被罚7 000万美元。

三是从性质看，反洗钱执法成为金融监管手段，重点监管整体履职有效性。境外主要金融区对反洗钱执法，已经从打击违反客户尽职调查、可疑交易规定、制裁规定等违规事项转向重点监管金融机构在反洗钱方面整体履职有效性上，这强调的是反洗钱机制及体制的有效性，是对洗钱风险的防范。如荷兰国际集团被监管认为在实施反洗钱和反恐融资政策方面存在结构性缺陷及其他违规被罚7.75亿欧元、美国速汇金公司因公司自身在反欺诈和反洗钱程序上存在明显缺陷被罚1.25亿美元。

四是从机构看，对大型金融机构的要求更高，反洗钱执法延伸到总部成为常态。2018年境外主要金融区反洗钱执法不仅牵涉高盛集团、德意志银行、花旗银行、摩根大通银行等老牌金融机构，也涉及第一资本、荷兰国际集团等新兴金融机构。而且越是金融机构规模庞大，集团层面的反洗钱机制健全与否往往作为该集团反洗钱工作评价的关键。美国的反洗钱长臂管辖，在国际法上无法律效力，但美元清算的现实需求，产生出反洗钱执法延伸到总部的问题，并被他国效仿。

二、2018年境外主要金融区反洗钱执法监管关注要点

通过剖析境外机构公布的相关典型罚单，我们可以从中发现执法的监管关注要点有以下几个方面。

（一）公司治理的有效性

对于公司治理在反洗钱履职上的有效性，在巴塞尔银行监管委员会发布的《洗钱和恐怖融资风险管理指引》[①]（以下简称《指引》）第17~18条提到，董事会应当清晰明了洗钱与恐怖融资风险，及时了解风险评估结果，便于做出相应决策。董事会要通过恰当的治理安排分配洗钱/恐怖融资风险管理责任。这反映了反洗钱合规

① 截至2018年12月，巴塞尔银行监管委员会最早在2014年发布的《洗钱和恐怖融资风险管理指引》已经更新，最新版本为2017年6月发布的版本。

管理的高层责任，体现了注重金融机构的治理有效性及充分性。

2018 年反洗钱典型罚单也反映了这种要求，1 月美联储对台湾兆丰银行的罚单要求董事会提交书面计划，对公司董事和美国高管监督美国机构的反洗钱反恐融资合规进行规定，同时，公司董事和每一个美国分行的高管要提交单独的个人书面计划加强对反洗钱合规的监督。在 6 月英国 FCA 对印度卡纳拉银行英国分行指出，“监管认为，这是卡纳拉公司高管最终的责任，在银行内部建立一种各业务条线给予反洗钱足够关注的文化，这也是他们的责任，确保反洗钱制度与控制足够管理相关风险”。

公司高层对反洗钱的监督不力，被视为反洗钱管理的重要缺陷。在美国第一资本集团的罚单当中，早在 2015 年 OCC 就要求该公司组成至少三名董事组成的合规委员会来监督执行该集团与 OCC 达成的同意令（Consent Order），但该集团没能够及时完成全部整改要求，最终与其他违规一并导致被处罚 1 亿美元。而高级管理层对反洗钱的重视，往往被视为整改的效果之一。在澳大利亚联邦银行与澳大利亚金融交易报告分析中心达成的《承认的事实声明》（Statement of Agreed Facts，以下简称《声明》）当中，澳大利亚联邦银行承认该行董事与高管在反洗钱合规上的集体责任缺失，2018 年减少非执行董事 20% 的费用，这被澳大利亚监管机构认可。

（二）反洗钱合规风险管理框架完整

金融企业反洗钱反恐融资管理框架当中，国际上存在三道防线模型。根据《指引》，第一道防线是业务部门，负责识别、评估和控制其业务风险，执行政策和程序。第二道防线包括反洗钱反恐融资的合规人员及相关部门，负责履行反洗钱合规管理职责。第三道防线是内部审计部门，负责定期评估反洗钱反恐融资政策与程序的合规性，这要求各部门职责明确，分工清晰，能够各司其职。

1. 公司各部门反洗钱合规职责明确

美联储对华南银行禁止令要求华南银行在建立可持续治理框架时，“在涉及银行反洗钱合规要求时，要清晰定义机构的业务管理、合规人员和内审职员的角色和职责。”英国 FCA 指出，在 2015 年，印度卡纳拉银行英国分行内部管理就存在无效的三道防线模型。业务前台部门不执行反洗钱职责，缺少政策与程序的书面文件对职责进行明确，二道防线部门不进行合规监测，三道防线部门不对合规履职进行确认。荷兰央行提出荷兰国际集团（ING）对合规风险管理的关注不足，反洗钱三道防线（业务、合规、审计）都没有监督整个情况。

2. 政策与程序明确

缺乏明确书面规定，往往难以表明合规政策与程序的有效。根据 12 月美国金融犯罪执法局公布的评估，瑞银金融服务公司被认定为“未能够根据风险为本的原则制定和实施适当的反洗钱合规政策与程序，以充分解决那些包括传统经纪和类似银行账户服务在内的洗钱风险”。英国 FCA 指出，卡纳拉银行没有制定合规手册对合规人员的任务进行明确，虽然在 2015 年设置了反洗钱监测清单，但是该清单不符合要求。香港金融监管局认为，上海商业银行未设立及维持有效措施以履行香港《打击洗钱条例》附表 2 第 5 条所指的持续风险监测的责任，属于政策与程序缺陷。

3. 合规部门履职有效

根据《指引》规定，合规部门要持续监控银行履行反洗钱/反恐融资义务的情况，报告可疑交易，能够保持一定的独立性。在履职时具有独立性，避免潜在利益冲突，可以直接向高级管理层或董事会报告。

（1）投入充足合规资源。充分的合规资源投入指的是合规部门的人员配备要适当，而且要能够可持续履职。

第一，合规官职能要设置到位，资源保障要充分。美国纽约金融业监管局对马士里格银行纽约分行开出的罚单，在涉及合规整改计划提到“要配置一名适格的合规官管理分行的反洗钱计划，合规官要被给予充分、独立和责任来执行和维持有效的反洗钱计划，并且配置足够人员和资源支持履职”。

第二，合规人员要配置到位。美国货币监理署检查合众银行子公司全美银行发现，“全美银行在人员配置水平上远远不够，直至 2012 年，在全美银行超过 3 400 亿美元资产的时候，全美银行仅仅有 30 个调查员。合规官和反洗钱官也认识到该问题，也跟人力资源提出该关切的问题，但多年来一直没有解决。”美国金融犯罪执法局提出，“瑞银金融服务公司也未能提供足够的资源来支持日常的反洗钱工作，人员配置不足导致大量的可疑交易警报积压，降低了该公司及时甄别与提交可疑交易活动报告的能力”。12 月美国金融业监管局①指出，摩根士丹利公司在自动交易系统形成的可疑交易警报调查上投入资源不足，常有没有进行电汇的可疑交易业务。

欧洲的监管机构也强调合规人员的重要性，荷兰监管机构指出，ING 集团由于合规部门人手不足、培训不足，错误地采取了不作为的方式，导致银行对账户的监控措施不足。英国 FCA 指出，卡纳拉银行英国分行没配置专业的人员在合适的岗位来执行有效的合规监测计划，开展合规审查。

（2）合规能力与业务发展匹配。鉴于洗钱与恐怖融资风险管理的专业性，这要求所有银行应持续开展充分的培训，以保障员工履职能力。美联储给华南银行的禁

① 美国金融业监管局（FINRA）为美国证券行业的自律组织，具备法律给予的执法权，享有在美国证券行业开展反洗钱执法的权力。

止令指出，要“从反洗钱和银行保密法的各方面对合规相关职责的人员进行有效培训”。

对于充分培训的，一般被认为保障了合规能力。如在澳大利亚金融交易中心对澳大利亚联邦银行的减轻处罚因素考虑时指出“联邦银行自从2010年开始投入超过4亿澳元开展合规活动，含更新反洗钱技术、流程文件与加强培训个人”。此外，充分培训指培训是具备资源和时间保障的，内容具备针对性，并具备相关效果。英国FCA指出，“必须采取合适的措施保障相关的职员清晰了解反洗钱相关法律并按规定给予培训，卡纳拉银行经证实对于职员从印度分行外派（含总行外派）的依赖印度分行提供反洗钱培训，这种反洗钱培训实际的内容或质量缺乏监督，构成违规”。

（3）适当合规报告路线。为了保障合规部门在反洗钱反恐融资上履职的独立性，一般要求合规部门可以直接向高级管理层或董事会报告。在美联储对台湾兆丰银行的处罚单当中就指出，“台湾兆丰银行要建立美国每一个分行合规官与银行董事会或其类似代表的直接报告联系关系。”

4. 内审部门进行监督确认

内审部门具有独立性，主要是独立评估风险管理与控制，并向董事会或者类似监督机构负责，发挥监督作用。

一是内审部门整体履职有效。美联储对华南银行的整改令指出，“内审部门要制定全面覆盖合适业务领域的风险为本的审计计划，评估和解决审计发现并审查整改措施的完成，并将审计检查与整改提交董事会”。

二是具体审计业务开展有效。如美联储要求法国兴业银行进行整改，确保内审部门对银行满足制裁（OFAC规定）合规要求进行监督确认。

三是内审职能进行外包，应保障外包职责有效。英国FCA对卡纳拉英国分行的三道防线进行检查，发现该行的内部审计职能进行外包，由外部审计师每月根据印度卡纳拉银行总行提供的检查清单进行，但是并不含对金融犯罪内部控制与程序的评估，也不对遵守英国监管规定及法律进行确认，FCA经过检查认为，这种由总行提供检查单限制范围和遗漏具体事项的内审做法，不过就是进行打钩式样（Tick Box）的审查，根本无法起到内审作用。

各国金融监管机构在反洗钱合规风险管理框架上是否采用三道防线模型的提法有差异，但本质上是要求金融企业建立反洗钱反恐融资内控制度，实现合规部门对前台的监督，内审部门进行独立确认。

（三）客户尽职调查

FATF 40条反洗钱建议当中指出，金融机构在出现建立业务关系、业务存续期间或与一次性客户交易等情形时要开展客户的尽职调查，通过风险为本的方法，决定采取措施的程度。《指引》体现了银行跨境业务的FATF标准，要求银行应制定和实施明确的客户受理政策与程序。客户尽职调查在各国的反洗钱法律制度处于核心地位，监管关注的要点有以下几方面。

1. 按照规定开展客户尽职调查

客户尽职调查为反洗钱的基石，各国监管机构对此严加要求。澳大利亚联邦银行在2011年12月15日到2018年2月1日期间，没有根据澳大利亚反洗钱法的要求，没有或者未及时识别80个客户的身份，被认定违规。12月28日香港金融监管局公开谴责摩根大通香港分行在客户尽职调查上存在缺失。

2. 客户风险监测与风险评级程序要有效完善

美国OCC指出，全美银行对高风险顾客的风险监测存在缺陷，银行的客户风险评级没能够对全面的客户关系进行审查。例如，没有从各个产品线对客户风险进行全面审查，对关于客户风险评级重要的信息包括公民的国籍身份信息及职业进行审查。

3. 做好受益所有人身份识别

客户尽职调查不仅限于客户，还适用于他们的代表人与受益所有人。荷兰金融犯罪检察官表示，ING银行没有正确地审查客户账户的受益所有人，也没有注意到通过他们进行的异常交易。根据调查显示，一家国际电信提供商通过ING的银行账户将数千万美元贿赂款转让给时任乌兹别克斯坦总统女儿拥有的公司。但是ING没有充分调查公司受益所有人的身份，严重违反荷兰反洗钱规定。

（四）可疑交易监测与报告

所有银行应当建立适当的制度来监测异常或者可疑交易活动，并足以与其规模大小、经营活动和复杂性及风险相适应。

1. 应该开展持续的交易监测

香港金融监管局认为上海商业银行没有“持续监察其与33名客户的业务关系，即对于被识辨为复杂、款额大得异乎寻常或进行模式异乎寻常及并无明显经济或合法目的的交易，审查该等交易的背景及目的，并借书面列明其审查所得”。美国金融犯罪局认为瑞银金融服务公司“未能够实施适当的政策与程序，以确保实现所有的账户被监测和提交可疑活动，尤其是那些几乎没有证券交易的账户”。

2. 对新产品、新业务的风险进行评估和监测

各国反洗钱法对于新产品或者新服务类型要求采取预防措施，识别相关风险并持续监测。澳大利亚联邦银行在2012年5月新推出5台智能存款机，可以存入现金

并转入指定受益人账户不受限制的转移。但是澳大利亚联邦银行没有依据要求进行风险评估和采取相应的措施降低风险。直到 2017 年 10 月，才对其固有风险进行评估，设定每日限额，到 2018 年 4 月才设置现金存款 10 000 澳大利亚元的限制。这种做法被澳大利亚监管机构视为未采取足够、适当的风险控制措施。

3. 具备适当的反洗钱交易监控系统

《指引》指出，信息系统必须使银行能够进行交易活动的趋势分析，识别异常的业务关系和交易，防止洗钱与恐怖融资。

第一，交易监控系统参数必须适当。反洗钱系统采用的参数存在不同的标准，《指引》认为系统参数必须基于国内与国际上处理与预防反洗钱和恐怖融资的已有经验，反映与兼顾银行自身的风险状况。在美国 OCC 的罚单当中指出，“从至少 2009 年到 2014 年 7 月，在每个月当中，全美银行设定这个自动交易监测系统形成一定数目阈值的预警。此外，在全美银行设定的 22 个反洗钱场景当中，全美银行在 6 个最多预警的场景设置了掩盖，对这些场景进行掩盖甚至在低于阈值测试显示出现明显的遗漏掉可疑交易也如此。由于预警阈值的限制，原本可以依据风险为本的方法形成的许多可疑交易被遗漏掉了，最终，银行压制了很多数量的预警，阻止调查和报告可疑交易”。摩根士丹利公司的罚单显示，该公司的反洗钱自动交易监测系统没有从本集团的系统采集到足够的数据，导致大量的可疑交易没有被注意到。

第二，IT 系统的监测要能够运行有效。被采用的 IT 系统应该能够有效地按照预期方式运行。澳大利亚监管指出，2012 年澳大利亚联邦银行在合并系统数据的过程中出现错误，导致部分账户交易自动监控未按照预期的方式运作，由于上述错误，2012 年 10 月 20 日到 2015 年 10 月 12 日，并未按照预计产生自动交易监控预警，出现 778 370 个账户遗漏监控。

第三，内审部门应当评估 IT 系统。美国合众银行在 2008 年 OCC 对其反洗钱软件 Searchspace 进行审查的时候，OCC 就发现经理层没有对 Searchspace 进行过审计评估确认，在 2010 年也没有进行独立审计确认，一直延续到 2013 年，这被视为严重违规行为。

4. 及时提交可疑交易报告

可疑交易的提交是反洗钱法律规定遵循的核心内容之一，荷兰 ING 银行被认为“建立的交易监控系统只对数量有限的可疑交易提出了预警，向金融情报机构提交的报告数量很少，有些报告上报时间也过晚”，严重违反相关规定。新加坡金融管理局判定渣打银行涉嫌故意逃避报送义务，未做风险评估，未及时提交可疑交易报告。

（五）制裁合规

在制裁合规上，《指引》要求银行应当定期检查其客户数据库，筛选出外国政治公众人物及其他高风险账户，并对其采取更加严格的尽职调查程序。

第一，要严格遵守 OFAC 规定。美联储对台湾华南银行开出的罚单要求，华南银行要加强制裁合规管理，对警报进行审查与处置，改进 OFAC 风险的评估体系，加强政策与程序确保遵守 OFAC 规定。

第二，严禁与受制裁实体交易。美国纽约金融服务局指出，2003 年到 2013 年之间法国兴业银行从事了涉及伊朗、苏丹、古巴和利比亚数十亿美元的非法和非透明交易。法国兴业银行在处理相关交易时，对受制裁实体的信息进行了删除、省略、隐藏等处理，未将完整和透明的信息包含在交易指令中提交给代理清算银行，从而严重影响了美国制裁项目的执行。

第三，做好政治公众人物账户尽职调查。英国 FCA 指出，卡纳拉银行英国分行在其清单当中没有对其顾客进行政治公众人物的分类。政治公众人物的制裁筛选与不同种类的制裁客户不一致，进行核查也不一致。

（六）交易审查

银行应针对高风险客户建立相关的交易回溯审查制度，开展持续监测。在美联储对台湾兆丰银行的罚单当中指出，“台湾兆丰银行和纽约分行应该引进独立的第三方对纽约分行在 2015 年 1 月 1 日到 2015 年 6 月 30 日期间的美元清算进行审查，来决定其可疑活动是否涉及高风险客户或者交易”。美国 OCC 指出，“在进行交易回溯审查分析，抽样调查的时候，发现全美银行先前没有适当调查涉及的高风险顾客，例如从 2014 年 5 月到 2015 年 4 月期间，出现银行延迟提交 136 份可疑交易报告的情形。”

（七）提交现金交易报告

各国反洗钱法规定了一定额度的现金交易报告应该及时提交。澳大利亚联邦银行在 2012 年 11 月到 2015 年 9 月期间，联邦银行未能在交易发生之日起向澳大利亚金融交易与报告中心提交 53 506 份报告，该 53 506 份报告均为通过智能取款机的现金存款业务，违反澳大利亚反洗钱法。

三、主要金融区执法趋势分析

（一）境外反洗钱执法高压态势不变，要求更高

美国反洗钱严监管执法趋势不变，因美元在全球货币体系的地位及美国反洗钱

域外管辖权的存在，美国反洗钱执法将影响全球绝大多数主要银行。英国虽然脱欧，在目前过渡阶段将与欧洲保持一致，而欧盟反洗钱 5 号令的生效，将是欧盟新一轮严执法的开始。目前在欧美地区正办理的马来西亚 1MDB 案、丹麦丹斯克银行涉嫌洗钱案、巴拿马天堂文件案等反洗钱大案也将影响到反洗钱执法趋势倾严。

（二）境外执法重点不同，但逐渐从事后追责转向事前预防不力追究

就反洗钱法律制度而言，如果不设立相关的洗钱控制目的，理论上不存在洗钱风险，如果将控制目标设定为消灭洗钱现象，则金融机构的反洗钱机制将存在巨大风险。内部控制机制能够为反洗钱提供合理的保证，境外主要金融区 2018 年反洗钱执法始终强调反洗钱内控合规制度建设及执行有效性，具体体现为监管对于反洗钱内控机制的缺失、资源投入不足、故意忽视反洗钱机制漏洞等事前防范事项处罚相当严厉，这反映了监管在反洗钱执法上的事后追责向事前防范不力追究的态势。

（三）开展反洗钱将深化技术使用，紧跟金融科技发展

2018 年境外主要金融区监管机构对人工智能、大数据等新技术在反洗钱执法、反洗钱监测等工作上使用多采取肯定态度。2018 年 FATF 建议 15 修订带来的对虚拟货币反洗钱要求，将进一步强化对金融科技与洗钱防范的关系。目前各国在反洗钱可疑交易监测、客户尽职调查上都是采用信息系统，使得整个监测过程自动化。未来在反洗钱合规管理上，金融科技技术的使用将是空前的，在一定程度上，合规科技将是反洗钱合规管理的发展方向。

四、应对境外反洗钱执法的对策建议

（一）中资银行海外反洗钱遭受困境反思

近年来，中资银行海外分行在海外屡屡遭受反洗钱执法困境。[①] 国有大行在海外居然屡屡涉嫌违反属地的反洗钱法律制度（见表 2）。

① 岳留昌．反洗钱与合规管理洞见［J］．中国金融，2018（7）．

表2　　近年来中资银行遭受到的海外反洗钱案件情况

年份	国家地区	违规事由	备注
2015	意大利	中国银行米兰分行在2015年被意大利检察院控告涉嫌洗钱，经历两年后于2017年2月达成和解	支付60万欧元罚款，并有4名员工因洗钱罪获缓刑2年
2016	美国	2016年11月，农业银行纽约分行因违反该州反洗钱法及掩盖可疑金融交易	被美国纽约金融服务局处罚2.15亿美元
2016	西班牙	2016年工商银行马德里分行被指控涉嫌洗钱，西班牙警方对马德里分行开展调查	相关结果尚未最终公布
2018	南非	2018年2月，建设银行约翰内斯堡分行未能遵守南非的反洗钱法律，在反洗钱、反恐融资和制裁的控制措施上存在缺陷	被南非央行罚款7 500万兰特，约合3 600万元人民币

透过2018年境外主要金融区的反洗钱执法形势及监管关注要点，我们可以发现目前中资银行海外反洗钱困境当中存在的三大矛盾。

1. 境外监管眼中的大机构与中资银行眼中海外小分行的矛盾

2018年我国四大行均进入金融稳定委员会（FSB）公布的全球系统性重要银行名单，资产、业务规模与利润在全球银行业位居前列，因此，原来不入各国监管者"法眼"的中资银行已经成为各国监管者密切监控的对象。① 对大机构而言，境外反洗钱执法实践是从整个集团角度看待反洗钱工作。而目前我国四大行主要业务在境内，即使个别境外资产规模较大银行，其海外分行相比国内，人员、规模、利润都存在距离，即在中资银行自身眼中，海外分行始终都是小机构。从而出现东道国监管机构定位与中资银行对海外分支机构监管定位存在矛盾的情况。

2. 境外主要金融区监管在反洗钱工作上的主动合规要求与中资银行海外分行的被动合规的矛盾

目前美国反洗钱法律制度将公司治理有效性、内部控制制度、投入充足合规资源、合规能力与资源发展相匹配等作为银行反洗钱工作的基础，并作为监管机构重点检查的项目，这种做法在各主要金融区获得较大认可，本质就是强调反洗钱工作开展的事前防范，是主动合规行为。而中资银行在反洗钱工作上更多地强调对可疑交易报告要求、大额交易报告或者客户身份识别规则的遵循上，这种做法更多立足于事后追责，即只要银行不违反相关反洗钱的可疑交易报告、大额交易报告等具体规则，就是实现合规，这产生了主动合规要求与中资银行海外分行的被动合规的管理矛盾。

3. 海外监管的属地业务要求与中资银行海外分行业务模式的矛盾

目前我国中资银行海外分行在开展具体业务上，在很大程度是国内市场业务的

① 岳留昌．反洗钱与合规管理洞见［J］．中国金融，2018（7）．

延伸，各中资银行海外分行虽然已经招聘大量当地雇员，但是业务模式还是不可避免地受到国内银行业务模式的影响或者在业务上与国内业务、集团业务具有很大的关联性，而国内银行业反洗钱、反恐融资仍处于起步阶段，相关的反洗钱意识、制度、机制均有待提高，这就导致母公司业务需求与属地反洗钱需求的业务矛盾。

（二）加强中资银行反洗钱工作的建议

目前中资银行反洗钱定位、管理、业务三大矛盾的存在，导致中资银行海外合规反洗钱压力短期之内是巨大的。参考巴塞尔委员会《指引》，结合 2019 年 1 月中国银保监会《关于加强中资商业银行境外机构合规管理长效机制建设的指导意见》（银保监办发〔2019〕13 号，以下简称《长效机制》）与《银行业金融机构反洗钱和反恐融资管理办法》（银保监会令 2019 年 1 号）等规定，建议有：

1. 强化总部的合规管控能力，做好洗钱风险的全球管理

《指引》对董事会的要求是要通过恰当的治理安排分配洗钱、恐怖融资风险管理责任。《长效机制》明确了境外合规的总部各部门条线管理和监督责任，这要求在境外设立机构的各中资银行要加强总部对境外机构的管控力度，加强公司高层对境外反洗钱合规的监督力度，有针对性地加大内部审计及全球合规资源的投入。

要做好集团内部各分支机构之间监管规则的匹配与衔接，防止洗钱风险管理要求不同出现违规现象，考虑建立制度对集团内客户相关风险开展评估，并根据地理位置与交易活动、业务模式，建立相关标准确定高风险客户，明确整个集团风险水平与性质，强化高风险客户的集团内部识别。

2. 强化集团信息共享，加强洗钱风险的全球监测

目前金融风险的全球化，以及海外机构的信息不对称性，银行应该能够确保监测整个客户集团的潜在活动，注意信息共享的协调。

对于中资银行而言，首先要建立健全信息报送机制。推动子公司与分支机构能够提供总行与涉及高风险客户和相关全球反洗钱反恐融资标准的活动信息，并完善响应机制，确保能够从总行获得回应。其次要严格按照属地要求做好信息保护。开展反洗钱集中监测，对相关信息开展存储、检索、分类、处理等数据活动时，中资银行必须要严格遵守相关个人信息保护要求，完善相关的技术措施。

3. 依据风险为本加强海外分行反洗钱基础性工作

中资银行必须要根据风险状况，做好主要金融区分支机构或者子公司的反洗钱基础工作。一是加大合规反洗钱资源投入。做到合规人员配置、合规能力与业务发展的匹配。参考同业做法、监管要求与第三方咨询公司建议，精准实现合规反洗钱人员配置。加强合规反洗钱培训针对性，特别是要增强对前台部门反洗钱培训的针

对性，根据监管要求及最佳实践，及时完善反洗钱制度手册。二是建立健全相关制度与程序。根据目前国际最佳实践与监管要求，对客户身份识别与尽职调查、受益所有人制度、客户分类、风险评估、可疑交易报告、外资代理行、监督与检查整改等制度进行完善优化。三是做好反洗钱风险评估。优化反洗钱风险分类方法，进行反洗钱风险定期审核，采取不同的客户调查措施，并对高风险客户采取持续关注措施。对于洗钱风险过大的机构，应该做好评估，并根据评估结果，加大反洗钱检查力度，甚至考虑关闭分支机构，以保障集团整体安全。四是做好客户身份识别。建立客户身份识别的定期审阅制度，提升客户身份识别的完整性与准确性，做好受益所有人身份核实，利用科技手段完善客户身份尽职调查，采购专业数据库进行客户身份过滤与背景身份核查，强化制裁名单与政治公众人物的筛查。五是持续开展可疑交易监测。提升可疑交易系统有效性，优化可疑交易系统相关筛查算法，并完善报警信息甄别与处理，做好异常交易分析调查与处理。

参考文献

［1］蒙晓丽．顾资银行反洗钱处罚案给我国私人银行发展的启示［J］．金融会计，2012（11）：69－72.

［2］汪雨．美联银行反洗钱处罚案对我国反洗钱监管的启示［J］．浙江金融，2011（12）：19－22.

［3］许井荣，马伟利．西联公司反洗钱处罚事件的原因分析和启示［J］．金融会计，2018（7）：67－72.

［4］岳留昌．反洗钱与合规管理洞见［J］．中国金融，2018（7）：60－61.

［5］尚微，蔡宁伟．美国巨额监管处罚的主体、对象、内容与趋势［J］．西南金融，2018（5）：3－12.

［6］巴塞尔委员会官网：Sound management of risks related to money laundering and financing of terrorism［R］．Basel Committee on Banking Supervision Publications，2017. 6.

观察思考

对北京市居民消费与经济增长的关系研究

陈　娇[①]

摘要：当前促进消费对发展经济的意义越来越重要，也得到了社会各界更多的重视和关注；研究北京市居民人均消费的基本情况以及居民消费与经济增长之间的关系，对于保持北京市经济增长具有现实而积极的意义。本文首先对近年来北京市人均消费支出和消费支出结构等情况进行了国内外对比分析，然后对北京市居民消费水平与经济增长的关系进行了分析，通过研究文章提出了相应的政策建议。

关键词：消费　经济增长　聚类分析　协整

一、北京市居民人均消费基本情况

北京市经济的平稳发展和收入的较快增长带来人均消费的增加以及居民消费的升级。北京市统计局公布数据显示，2018 年全年北京市居民人均消费支出 39 843 元，同比增长 6.5%，占居民人均可支配收入的 63.89%（见图 1）。其中，城镇居民人均消费支出 31 592 元，同比增长 6.7%，占城镇居民人均可支配收入的 63.14%。

从八项消费支出的构成看，2018 年，全市居民人均食品烟酒支出 8 065 元，同比增长 6.8%，占人均消费支出比重的 20.24%；人均衣着支出 2 176 元，同比下降 2.8%，占比 5.46%；人均居住支出 14 110 元，同比增长 14.8%，占比 35.41%；人均生活用品及服务支出 2 372 元，同比下降 4.8%，占比 5.95%；人均交通和通信支出 4 767 元，同比下降 5.3%，占比 11.96%；人均教育、文化和娱乐支出 3 999 元，同比增长 2.1%，占比 10.04%；人均医疗保健支出 3 275 元，同比增长

---

① 作者简介：陈娇，现供职于中国人民银行营业管理部。

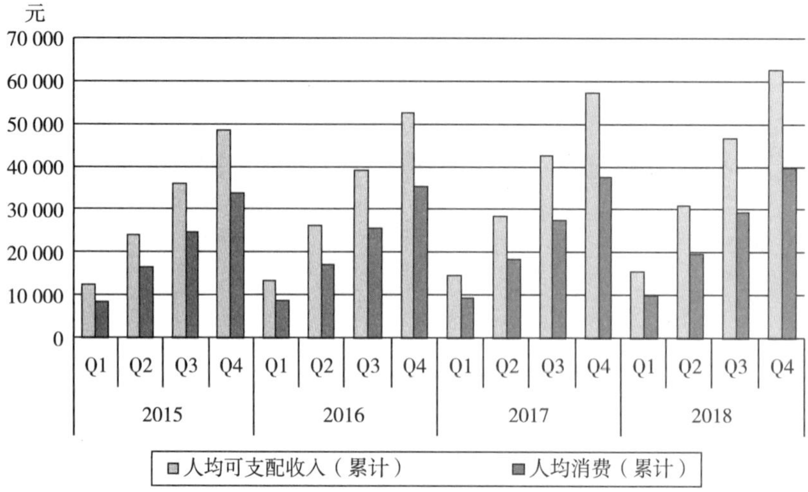

图1 北京市居民人均可支配收入及人均消费情况

12.9%，占比8.22%；人均其他用品及服务支出1 079元，同比增长7.9%，占比2.71%（见表1）。可见，食品烟酒类和衣着类支出占比基本是持续下行的，而居住类以及医疗保健类的支出占比则在不断提升。

表1 八大类消费支出占北京市人均消费支出的占比 单位:%

八大类消费结构	2015年	2016年	2017年	2018年
食品烟酒	22.44	21.48	20.17	20.24
衣着	7.18	6.87	5.98	5.46
居住	30.62	31.59	32.85	35.41
生活用品及服务	6.21	6.57	6.66	5.95
交通和通信	13.28	13.28	13.45	11.96
教育、文化和娱乐	10.75	10.41	10.47	10.04
医疗保健	6.59	6.93	7.75	8.22
其他用品及服务	2.93	2.87	2.67	2.71

八大类消费支出引起居民人均消费支出变动的百分比，居住类支出一直是推动人均消费支出增长的重要因素，尤其是2018年居住类支出推动居民人均消费支出增长了4.86%。此外，医疗保健类支出对人均消费支出增长的推动作用也在增加，交通和通信类支出的下降则拉低了居民人均消费支出的增长幅度。

二、北京市居民人均消费的国内外比较分析

（一）北京市居民人均消费的国内比较

1. 各地居民人均收入及人均消费的聚类分析

我们采用聚类分析方法对北京市近年来居民人均消费情况与其他地区进行比较分析，了解北京居民消费情况与国内其他地区的对比。聚类分析的基本原则是将有较大相似性的对象归为同一类，而将差异较大的个体归入不同的类。我们对 2013～2016 年各地居民人均可支配收入、人均消费的绝对数值进行聚类分析，全国 31 个省市主要聚成三类，聚类结果见表 2。

表 2　　2013～2016 年各地居民收入与消费聚类结果

类别	人均可支配收入聚类	2016 年均值（元）
第一类	上海、北京	53 417. 85
第二类	浙江、天津、江苏、广东、福建、辽宁	31 436. 17
第三类	山东、内蒙古、重庆、湖北、湖南、海南、江西、安徽、吉林、黑龙江、河北、山西、陕西、宁夏、四川、河南、新疆、广西、青海、云南、贵州、甘肃、西藏	19 224. 25
	人均消费支出聚类	2016 年均值（元）
第一类	上海、北京	36 437. 00
第二类	天津、浙江、广东、江苏、福建、辽宁、内蒙古	22 189. 54
第三类	重庆、山东、湖北、湖南、宁夏、四川、青海、吉林、安徽、黑龙江、海南、河北、新疆、陕西、江西、河南、山西、广西、甘肃、贵州、云南、西藏	13 873. 35

注：2017 年部分省份数据暂缺，未用。

从聚类结果看，北京与上海居民的人均可支配收入以及人均消费支出水平均居于全国前列，属于同一类；天津、辽宁、江苏、浙江、福建、广东等沿海省市经济发展状况较好，居民收入以及消费水平居于中位，内蒙古自治区虽然人均可支配收入未进入中间水平，但其人均消费支出的聚类结果属于中位；其他 22 个省市从人均可支配收入和人均消费支出两方面的聚类结果看，均归入第三类。

2. 各地居民人均消费支出结构的聚类分析

同时，依据八大类消费支出的划分，我们对 2017 年各地人均消费支出的结构进行聚类，结果见表 3。

表 3　　2017 年各地人均消费支出结构聚类结果

类别	人均消费支出八大类（绝对数值）聚类
第一类	北京、上海
第二类	天津、江苏、浙江、福建、广东
第三类	河北、山西、内蒙古、辽宁、吉林、黑龙江、安徽、江西、山东、河南、湖北、湖南、广西、海南、重庆、四川、贵州、云南、西藏、陕西、甘肃、青海、宁夏、新疆
	人均消费支出八大类（结构占比）聚类
第一类	北京、上海
第二类 a	天津、江苏、浙江、安徽、福建、江西、广东、广西、重庆、四川、云南
第三类 b	河北、山西、内蒙古、辽宁、吉林、黑龙江、山东、河南、湖北、湖南、贵州、陕西、甘肃、青海、宁夏、新疆
第四类	海南
第五类	西藏

从八大类消费支出绝对数值的聚类结果看，北京和上海仍然并入同一类，天津、江苏、浙江、福建、广东居于中间一类；按消费内部结构划分，辽宁、内蒙古不再居于中位，与另外 22 个省市处于同一类。从八大类消费支出占比的聚类结果看，北京、上海仍然属于同一类；第二类为包括天津在内的 11 个省市；第三类包含 16 个省份；海南和西藏由于八大类消费结构与其他地区差异较大，单独归入不同类别。

北京、上海这两个城市的居住支出占比已经远超其食品烟酒支出比例，在居民消费支出中占比最大，占到居民总消费支出的三分之一左右。第二类与第三类地区我们取平均值作为该组的消费结构，对这两类地区的八大类消费占比均值进行比较，发现这两类地区在“食品烟酒”“衣着”“教育、文化和娱乐”以及“医疗保健”这四方面的支出占比区别明显（在 95% 的置信区间显著），两类地区在“居住”方面的支出占比区别较为明显（在 90% 的置信区间显著）；第二类地区在“食品烟酒”和“居住”方面的消费占比较第三类地区略高，在“衣着”“教育、文化和娱乐”以及“医疗保健”等方面的消费占比较第三类地区稍低；而在“生活用品及服务”“交通和通信”“其他用品及服务”这三方面两类地区的支出占比区别不大。海南、西藏两地在“食品烟酒”方面消费占比显著高于全国其他省市，“居住”“交通和通信”占比差异均不大，西藏在“教育、文化和娱乐”以及“医疗保健”方面的消费占比则明显偏低（见表 4）。

表 4　　不同地区八大类消费支出的结构占比情况　　单位:%

八大类消费结构	北京	上海	第二类 a	第三类 b	海南	西藏
食品烟酒	20.17	25.15	31.89	27.59	38.54	46.40
衣着	5.98	4.36	6.12	8.08	4.10	10.15
居住	32.85	34.45	22.12	19.74	18.99	17.08
生活用品及服务	6.66	4.59	5.92	6.23	4.99	5.98
交通和通信	13.45	10.20	13.75	14.04	12.95	11.40
教育、文化和娱乐	10.47	11.78	10.73	12.20	11.41	4.28
医疗保健	7.75	6.54	7.12	9.68	7.15	2.63
其他用品及服务	2.67	2.95	2.34	2.44	1.87	2.07

（二）北京市居民人均消费的国际比较

将北京目前的人均消费结构与澳大利亚、日本、新加坡、中国香港等发达国家或地区对比来看，香港居民 2014 ~ 2015 年在“食品烟酒”和“居住”两类支出方面的比重均高于目前的北京居民；北京居民的居住支出占比远高于澳大利亚、新加坡、日本居民的居住支出占比，“医疗保健”支出比例高于澳大利亚、新加坡、日本居民，北京居民在“交通和通信”“教育、文化和娱乐”方面的支出占比则明显低于澳大利亚、新加坡以及日本居民（见表 5）。

表 5　　北京与其他地区/国家的居民消费支出构成情况　　单位:%

八大类消费结构	北京（2018 年）	中国香港（2014 ~ 2015 年）	澳大利亚（2015 ~ 2016 年）	新加坡（2017 年）	日本（2018 年第三季度）
食品烟酒	20.24	27.89	19.76	16.00	25.97
衣着	5.46	3.46	3.08	2.96	3.17
居住	35.41	38.49	22.42	19.26	13.88
生活用品及服务	5.95	3.23	7.22	4.73	3.91
交通和通信	11.96	9.86	17.80	16.93	15.24
教育、文化和娱乐	10.04	5.26	15.14	15.27	13.09
医疗保健	8.22	3.38	7.78	7.79	4.52
其他用品及服务	2.71	8.44	6.80	17.05	20.22

注：消费构成数据来源于各地区/国家统计局网站，指标经过合并整理得到、可能存在误差。

日本公布的统计数据细化到不同规模城市的消费支出构成情况可以看出，日本的大中城市与小城市或町村的消费结构差异并不算大。在“居住”方面日本大城市的“居住”占比稍高，值得注意的是，由于日本能源价格较高，水、电、气等支出在居民居住总支出中所占比例已接近一半；在“教育、文化和娱乐”支出占比上大中城市高于小城市；而大中城市的“交通和通信”支出占比则明显低于小城市，主要原因在于小城市自有汽车的支出比例略高。相比之下，北京居民人均消费结构与全国居民人均消费结构的差异比日本大都市居民与其全国居民消费结构之间的差异要更加明显（见表6）。

表6　日本2018年第三季度消费支出构成情况　单位：%

八大类消费结构	大都市	中都市	小都市A	小都市B・町村
食品烟酒	26.61	25.94	25.31	25.57
衣着	3.46	3.07	2.94	3.09
居住	14.37	13.81	13.69	13.12
生活用品及服务	3.48	4.02	4.26	4.10
交通和通信	13.79	14.98	16.71	17.18
教育、文化和娱乐	14.70	13.38	11.57	10.73
医疗保健	4.57	4.47	4.56	4.49
其他用品及服务	19.02	20.34	20.96	21.71

三、北京市居民消费与经济增长的关系

（一）指标选取与模型建立

为了解北京市居民消费与经济增长的关系，我们选择北京市统计年鉴公布的1978～2017年北京市居民消费水平和人均GDP时间序列数据加以分析。由于自然对数能够较好地反映事物发展的长期趋势，并且能消除时间序列中的异方差现象，因此我们对原序列进行了自然对数变换。

时间序列数据的平稳性检验是进行实证分析的前提，如果直接对变量进行回归分析，可能会出现“伪回归”现象。因此，对于时间序列数据的变量进行回归处理之前，可以通过单位根检验判断序列的平稳性，对于同阶单整时间序列可以继续判断变量之间是否存在协整关系。

（二）单位根检验与协整检验

首先利用ADF方法对时序数据进行单位根检验，判断序列的平稳性；对不平稳时间序列进行一阶或高阶差分，使其转变为平稳时间序列，以下为变量的单位根检验结果（见表7）。

表 7 单位根检验结果

序列名称	检验类型（c，t，k）	ADF 统计值	P 值	序列平稳性
LN（人均 GDP）	（0，0，3）	1.1330	0.9304	不平稳
LN（人均消费）	（0，0，1）	2.5711	0.9969	不平稳
ΔLN（人均 GDP）	（c，t，0）	-3.9339	0.0201	平稳
ΔLN（人均消费）	（c，t，0）	-4.5299	0.0045	平稳

注：1. c 为常数项，t 为趋势项，k 为滞后阶数。

2. Δ 表示变量的一阶差分。

由表 7 中的 ADF 检验结果可知，没有经过差分的人均 GDP 和人均消费序列都是非平稳变量，这两个变量经过一阶差分之后都变为平稳序列，因此它们都属于一阶单整序列。

通过差分可使原本不平稳的时间序列变得平稳，但是变换之后的时间序列仅仅是经济增量之间的关系，忽视了水平序列所包含的有用信息。协整理论及方法由 Engle 和 Granger 于 1987 年提出，他们指出，经济变量虽然各自具有各自的长期波动规律，但是如果它们是协整的，则它们之间存在着一个长期稳定的均衡关系。因此，我们可以进一步检验变量之间是否存在协整关系（见表 8）。

表 8 Johansen 协整检验结果

序列名称	特征值	检验统计量	P 值
无协整关系	0.3176	19.1129	0.0136
至多 1 个	0.1139	4.5935	0.0321

Johansen 检验是用来分析变量之间是否存在长期均衡关系的检验，利用 Johansen 协整检验方法发现，人均 GDP 与消费时序数据存在长期稳定的均衡关系。

（三）Granger 因果检验

Granger 因果关系检验用来确定经济变量之间是否存在因果关系以及影响的方向，我们对人均 GDP 和人均消费支出序列进行 Granger 因果检验，滞后期选择 1 期（见表 9）。

表 9 Granger 因果检验结果

原假设	观察值	F 统计量	P 值	结论
人均 GDP 不是人均消费支出变动的 Granger 原因	39	0.33615	0.5657	接受
人均消费是人均 GDP 变动的 Granger 原因		7.06183	0.0117	拒绝

从 Granger 因果检验的结果看，人均 GDP 不是引起人均消费支出变动的 Granger

原因，接受原假设；而在5%的显著性水平下，可认为人均消费支出是引起人均GDP变动的Granger原因，应该拒绝原假设。

（四）协整模型及ECM的建立

下面以人均消费为解释变量、人均GDP序列为被解释变量，使用最小二乘法拟合模型，得到如下回归结果（见表10）。

表10 线性模型回归结果

Variable	Coefficient	Std. Error	t - Statistic	Prob.
ln_CON	0.945616	0.011033	85.70987	0.0000
C	1.453835	0.096557	15.05669	0.0000
R - squared	0.994854	Akaike info criterion		-1.504122
Adjusted R - squared	0.994718	F - statistic		7346.182
Durbin - Watson stat	0.193153	Prob （F - statistic）		0.000000

$$\ln（人均GDP）=0.9456\times\ln（人均消费）+1.4853$$

协整模型表明，长期内人均消费与GDP变动存在稳定的均衡关系，北京市居民人均消费支出每增长1个百分点，人均GDP增长约0.95个百分点。

误差修正模型是协整分析的一个延伸，协整检验判断的是变量之间是否存在长期稳定的均衡关系，误差修正模型则将变量的短期波动与长期均衡结合进一个模型中。根据前述的协整检验结果，可以建立起反映人均消费与GDP变动短期波动关系的误差修正模型（见表11）。

表11 误差修正模型回归结果

Variable	Coefficient	Std. Error	t - Statistic	Prob.
D（LN_ CON）	0.487620	0.074665	6.530789	0.0000
RESID000 （-1）	-0.164200	0.048632	-3.376348	0.0018
C	0.055141	0.011078	4.977690	0.0000
R - squared	0.618369	Akaike info criterion		-3.897780
Adjusted R - squared	0.597167	F - statistic		29.16593
Durbin - Watson stat	1.418820	Prob （F - statistic）		0.000000

$$\Delta\ln（人均GDP）_t=0.4876\times\Delta\ln（人均消费）_t-0.1642\times ECM_{t-1}+0.0551$$

结果显示，人均GDP的短期变动可分解为两部分：一部分来自人均消费变动的影响，在其他条件不变的情况下，人均消费变动1个百分点，将引起人均GDP变动0.49个百分点；另一部分来自偏离长期均衡的影响，式中ECM为误差修正项，系数大小衡量了变量偏离均衡位置时重新回到原有均衡关系的调整速度，系数符号为负符合反向修正机制，说明当短期波动偏离长期均衡时，将以 -0.1642 的调整力度将非均衡状态拉回到均衡状态。

四、存在的问题以及政策建议

（一）北京市居民消费目前存在的问题

1. 北京市居民消费倾向持续走低

居民消费的增加对地区经济增长有促进作用，但是当前北京市居民消费倾向持续走低的现象值得关注。居民的名义消费能力由可支配收入决定，实际消费意愿则反映为居民消费支出占可支配收入的比重，居民平均消费支出占可支配收入的比重已由 2015 年的 69.76% 降至 2018 年的 63.89%，平均消费倾向不断走低，大约以每年 2 个百分点的速度下降。

2. 部分商品/服务价格上涨使得居民消费能力下降

2018 年北京市居民消费价格总指数较上年上涨 2.5%，其中，“居住”价格指数、“教育、文化和娱乐”价格指数以及“医疗保健”价格指数较上年分别上涨 3.2%、3.6% 和 3%；从各类别的细项看，2016~2018 年三年来租赁房房租价格累计上涨 10.9%，2017 年和 2018 年医疗服务价格分别上涨 18.8% 和 5.8%，2018 年教育服务价格、家庭服务价格分别上涨了 7% 和 5.5%，北京市居民实际购买力随着房价和物价的上涨出现了不同程度的下降。

（二）相关政策建议

一是继续完善社会保障体系、增加居民可支配收入，减少居民在消费支出方面的顾虑。扩大居民消费需求需要完善的社会保障体系与较强的收入水平作为支撑和保障。改革开放四十年来，我国，尤其是北京的社会保障制度改革一直在向前推进，社会保障体系也在不断改善，但是目前我们的保障体系仍然不够完善。居民在居住、养老、看病等方面仍然存在诸多顾虑，不敢放心消费。而人均消费的增长对促进人均 GDP 增加具有显著影响，因此，建立完善的社会保障体系以及有效增加居民可支配收入对于保证人民生活水平、稳定居民消费支出预期进而推动地区经济增长具有十分重要的意义。

二是稳定居住类产品价格，防止其对居民其他消费支出造成挤出效应。目前北京市居民的居住消费支出占比在全国居于前列，与香港相差不大，与新加坡、日本等国家对比来看偏高；为防止居民在居住支出上的进一步增加，影响到居民在其他方面的消费支出，阻碍居民的消费升级，有必要保持当前住房以及租房价格水平的稳定，以此稳定居民在居住消费支出方面的预期。

三是提高居民消费产品和服务的质量，加强高品质、高标准产品和有效的服务供给。具体包括：第一，结合全国文化中心建设，充分释放历史文化名城、古都风韵、时代风貌的城市特色，积极探索旅游、文化、体育休闲、娱乐跨界融合提升发展的新模式，培育新消费增长点；第二，积极扶持健康、休闲度假等消费业态，培育多层次的服务性消费市场；第三，继续降低奢侈品消费税收，将居民的海外奢侈品消费有效向国内转移，建议在中心城区建立免税店；第四，强化服务业发展监测研究工作，针对服务业日新月异的发展态势，要准确把握全球服务业发展动态和趋势，进一步加强服务业发展监测及分析研究工作。

参考文献

[1] 鲁峰华，马俊炯，刘强. 北京市居民消费与经济增长关系研究［C］. 科学发展：社会管理与社会和谐——2011 学术前沿论丛（下）［M］. 北京：北京师范大学出版社，2001.

[2] 武翠萍. 我国城镇居民消费结构对比与分析［J］. 商场现代化，2018（17）：1－4.

[3] 徐斌. 我国居民消费结构变动的国际比较［J］. 统计与决策，2014（2）：93－97.

[4] 段小红. 中国农村居民消费结构的变动趋势及其国际比较［J］. 世界农业，2010（8）：20－24.

[5] 宋毅. 消费结构升级与经济增长互动关系分析——以广东省为例［J］. 改革与战略，2018（9）：49－52.

[6] 晏国祥. 中国城镇居民消费结构发展趋势及其对内需影响的实证分析［N］. 太原理工大学学报（社会科学版），2015 年 12 月（第 23 卷第 4 期）：30－33.

金融结构对全要素生产率的影响研究

李 康[①]

摘要： 我国经济的高质量发展需要着重加强自主创新，提高以技术进步为主的全要素生产率。本文从金融支持创新发展的角度，首先利用内生经济增长理论进行分析推演，探讨金融结构影响全要素生产率的内在机理；然后构建状态空间计量模型，基于2002～2016年的数据资料，对我国金融结构和全要素生产率的关系进行实证研究，考察金融结构影响全要素生产率的动态变化轨迹。研究表明，提高直接融资比重，能够降低企业研发成本、提高研发成功概率，激励更多企业从事研发活动，促进全要素生产率的提高。2002～2016年，金融结构提升对我国全要素生产率增长具有显著的促进作用，金融结构每提高10个百分点，将促进全要素生产率的增长率提高1.5～2个百分点。但金融结构并不随经济金融总量的发展而自发提高，需更多依赖改革等外力因素推进。基于分析结果，对优化我国金融结构、促进全要素生产率提升提出政策建议。

关键词： 金融结构　全要素生产率　状态空间模型　直接融资

一、引言

随着经济全球化和市场快速发展，金融在经济活动中的作用愈发凸显，逐步成为现代经济体系运行的中枢神经。尤其是20世纪80年代，美国、英国等发达经济体通过金融自由化改革，促进了金融衍生品和资本市场的繁荣，为世界经济增长做出了突出贡献。关于金融对经济发展的重要性已无须赘言，但何种金融制度安排及其所体现出的金融结构更有利于经济发展，成为学界长期讨论的议题。于我国而言，经济由高速增长进入了高质量发展的新时代，这个阶段我国人口、资源等要素禀赋

① 作者简介：李康，现供职于中国人民银行营业管理部。

发生显著变化，后发优势消失，经济发展需要转到依靠全要素生产率（TFP）[①]，特别是与技术进步有关的生产率基础上（蔡昉，2013）。同时，我国金融市场化程度还有待提高，金融资源存在一定程度错配，金融改革面临着金融业扩大开放和金融风险防范并重的新格局。在此背景下，分析研究契合我国经济高质量发展的金融结构，大力促进全要素生产率提升，具有重要的理论意义和实践价值。

金融结构，狭义上从金融活动是否需要金融中介划分，指经济体中直接融资同间接融资的比例。金融结构的类型主要有两种，第一种为银行主导型，如日本、德国；第二种为市场主导型，如美国、英国。关于金融结构对经济增长的影响，相关文献研究主要呈现四种观点：一是银行主导型体系在动员储蓄、信息搜集、企业监督、风险管理等方面具有优势，更有利于资源配置和经济发展（Stiglitz，1985）；二是市场主导型体系能够节约融资成本，提供多样化金融服务，更好地激励创新发展（Jensen 和 Murphy，1990）；三是金融结构并无优劣之分，最优金融结构需与一国发展的实际金融需要相适应（林毅夫等，2009）；四是对于经济增长，金融体系的整体功能才是最重要的，金融结构只是次要问题（Merton 和 Bodie，1995）。针对以上观点，彭俞超（2015）认为金融结构对经济发展的作用取决于金融功能的状态：如果金融功能完备，则银行和金融市场功能都达到最优，金融结构对经济增长不应有实质性影响；但对于绝大多数国家来说，金融功能并不完备，银行和金融市场仍然存在功能性差异，金融体系的整体功能就会受到金融结构的影响。进一步，基于46个国家的面板数据研究发现，金融结构市场导向对经济增长的影响呈现倒“U”形关系。

尽管两种金融结构在发达经济体中都各有表现，但考虑到金融市场的脆弱性、法律法规的不完善等因素，中东欧以及中国等转轨国家都在改革初期选择了银行主导型金融体系（应展宇等，2008）。自改革开放以来，随着金融市场化改革的稳步推进，我国金融资产总量快速增长，逐步形成了以国有商业银行为主体、多种金融机构并存的金融组织体系。特别是债券、股票资本市场的建立和发展，为企业融资开辟更多渠道的同时，也成为我国金融结构演变的主导力量。2002～2017 年，我国金融机构贷款余额增长 9.1 倍，债券市值增长 17.6 倍，上市公司总市值增长 14.8 倍，市场力量日益强大。但无论从金融机构资产规模还是企业融资规模来看，商业银行仍然在我国金融体系中占据绝对地位，间接融资仍然是企业的主要融资渠道。2017 年末，我国银行业金融机构资产规模达 252 万亿元，是证券业机构资产规模的

① 全要素生产率，指各种要素投入水平既定的条件下所达到的额外生产效率，通常包括科技、知识、教育、管理、结构等方面的改善。

41倍；社会融资规模存量中，企业债券和境内股票融资等直接融资占比仅为14.3%，同比出现下滑。

当前，我国金融功能尚不完备，存在着明显的金融抑制。一方面，商业银行信贷规模和存贷款利率水平受到监管部门指导，“双轨制”现象隐性存在；另一方面，直接融资市场还不成熟，企业发债、上市条件严苛。由此，银行信贷投放主要面对风险较低、抵押品充裕的大型企业或具有政府背景的融资平台，中小企业融资更多依赖于资金紧俏、成本高企的非正规渠道，导致部分受青睐企业融资过度，而受歧视企业“融资难、融资贵”问题（王彦超，2014）。这种政府高强度干预下的金融体制过去为我国工业企业提供了充足的信贷支持，解决了后起经济体发展初期资本积累不足的格申克龙难题，实现了经济增长和金融发展的良性互动（张磊，2010）。但随着我国经济发展接近世界前沿，自主创新需求逐步加大。此时，银行主导型金融结构由于受制于预算软约束、刚性兑付、风险防控等因素而不能充分实现投融资项目的差别化定价，资源动员和控制风险之间的矛盾日益突出，无法有效满足技术创新和产业升级的需要，因而提升直接融资比重、扩大金融市场在金融体系中的相对重要性将对新时代下我国经济的高质量发展尤为关键（张成思和刘贯春，2015）。

因此，本文将从金融服务创新发展的角度，利用经济内生增长理论，分析金融结构影响全要素生产率的内在机理。然后构建状态空间计量模型，对我国金融结构和全要素生产率的关系进行实证研究，考察经济发展进程中金融结构对全要素生产率影响的动态变化轨迹，为促进高质量发展提供理论支持和决策参考。

二、金融结构影响全要素生产率的理论分析

（一）基于经济增长理论的内在逻辑

什么促进经济增长，是众多学者和政客关心的一个古老而重大的问题。20世纪60年代，以Solow模型为代表的新古典经济增长理论详细说明了人口和资本对经济增长的推动作用，并基于资本边际收益递减的假设得出经济增长的长期收敛性，成功解释了新兴经济体高速增长、发达经济体增长平缓的现象。但新古典理论假定技术是外生的，无法根本解释技术进步的原因以及不同国家发展的持久性差异。20世纪80年代，随着信息技术所引发的巨大变革，人们逐渐认识到经济的长期增长需要靠科技的进步来推动，以内生增长理论为核心的新经济增长理论迅速发展起来。内生增长理论将技术进步内生化于模型之中，认为技术进步是企业投资生产活动促进经验总结、劳动生产率提高的结果，或者是企业追逐垄断利润而不断开发新产品高

质量产品的结果。这种源于企业生产自身需要而内发的技术进步会使生产要素边际产出递减规律失效，从而经济能够在有限的资源约束中因技术的不断进步而实现长期增长。无论是经典的AK模型、还是产品种类增加模型（Romer，1990）、产品质量提升模型（Aghion和Howitt，1992），都用资本集聚溢出共享或研发投资（R&D）创新活动来解释技术进步的驱动力。可见，资本不仅可以通过要素投入的方式直接获得经济产出，还可以通过推动技术进步来促进更高的经济产出与质量。这种金融对技术进步的推动作用，已经得到King和Levine（1993）、Beck等（2000）、Brown等（2009）等大量实证研究的支持。

金融结构中不同金融要素金融功能的差异性，使其对全要素生产率的影响机制和作用效果也产生不同。银行主要通过动员储蓄为企业提供信贷支持和金融服务，在严格的资金监管和风险控制要求下，资金投放更偏向于风险较低或抵押品充足的项目。企业利用银行贷款进行日常生产经营或产品局部改进等低风险研发活动，温和地促进全要素生产率提高。较银行贷款，直接融资市场拥有更多“高风险高收益”的融资工具，可以为企业提供更多的创新研发资金。其中，债券市场可提供不同期限、不同风险种类的融资工具，在便利企业融资、节约融资成本的同时，允许企业将更多资金用于研发投入；股票市场则通过入股的方式可以让投资者直接分担企业创新的不确定性并分享研发成功后的高额回报。企业将直接融资资金用于重大创新研发项目，一旦成功，将促进全要素生产率大幅提高。比较两种融资方式，鞠晓生（2013）发现，中国企业的研发资金主要来源于企业内部资金和股权融资，银行贷款在企业创新融资中的占比常年维持在较低水平。张一林等（2016）指出，银行对技术创新的支持相对缺乏效率，股权融资是创新型企业更加偏好的融资方式。后发经济体初期，企业创新密度较低，主要通过购买生产设备、专利使用权等方式引进技术，银行较易提供金融支持；而随着后发优势消失，经济增长方式转变，亟须由技术产品的模仿跟随转向自主创新阶段，此时企业将对直接融资产生巨大需求。很多国际实证研究也表明，对于技术创新密度越高的经济体，直接融资比银行贷款更能服务技术创新发展（Hsu等，2014；Brown等，2013）。因此，在我国经济发展进入新时代的阶段，直接融资将比间接融资更能促进全要素生产率的提高，推动经济高质量发展。

（二）基于内生增长模型的理论推演

我们将从金融驱动创新发展的角度出发，利用两类技术变革的内生增长模型——产品种类增加模型和产品质量提升模型，说明金融结构促进全要素生产率提高的内在机理。

1. 提高直接融资比重，将降低新产品研发成本，激励更多企业创新产品种类，促进全要素生产率提高。

产品种类增加模型中，最终商品厂商利用劳动和多种中间品投入进行生产，生产函数为：

$$Y = AL^{1-\alpha}\sum_{j=1}^{N} X_j^{\alpha} = AL^{1-\alpha}X^{\alpha}N^{1-\alpha} \tag{1}$$

其中，Y 为产出，A 为外部生产率，X_j为第 j 种中间品的量，X 为中间品总量，N 为中间品种类（Romer，1990）。在此模型中，产出随着产品种类 N 的增多而增加，N 的提高则是由厂商通过研发开创新产品实现的。因此，N 反映了内生的技术水平。将式（1）等号两边取对数，再对时间求微分，可得到产出的增长率为：

$$\frac{\dot{Y}}{Y} = \frac{\dot{A}}{A} + (1-\alpha)\frac{\dot{L}}{L} + \alpha\frac{\dot{X}}{X} + (1-\alpha)\frac{\dot{N}}{N} \tag{2}$$

从产出增长率中减去劳动和中间品总量投入所拉动的增长率，那么，全要素生产率的增长率可表示为：

$$g = \frac{\dot{Y}}{Y} - (1-\alpha)\frac{\dot{L}}{L} - \alpha\frac{\dot{X}}{X} = \frac{\dot{A}}{A} + (1-\alpha)\frac{\dot{N}}{N} \tag{3}$$

可见，全要素生产率的变化由外部生产率和产品种类的变化组成。

设创造一种新产品的研发成本为 η，新产品可以为企业带来长期的垄断收益 V，则企业决定是否研发新产品的条件为：

$$V \geqslant \eta \tag{4}$$

而且，研发成本越高，能够获得相应研发融资或负担得起相应研发投入的企业越少。设有能力研发新产品的企业个数为 E，满足 $E'(\eta) < 0$。

研发成本包含劳动力工资、场地设备租赁等实际研发过程中投入的费用 C 和融资成本费用。假设 C 来源于直接融资和间接融资，其中直接融资占比为 τ。设 1 单位直接融资的成本为 c_S，1 单位间接融资的成本为 c_B。则有：

$$\eta = c_S\tau C + c_B(1-\tau)C + C \tag{5}$$

从宏观层面来看，假定产品种类的增加与研发总投入（RD）成比例，即 $\dot{N} = \frac{RD}{\eta}$。由于 $c_S \leqslant c_B$，从式（5）中可以看出，τ 上升将通过减少融资成本而促使 η 下降。在总投入 RD 不变的情况下，将促进新产品种类 $\dot{N}$ 的增加，进而提高式（3）中全要素生产率的增长率 g。此外，由式（4）可知，研发成本 η 的下降，还会放宽企业研发新产品的条件，让更多企业 E 有能力投入研发领域创新产品。

2. 提高直接融资比重，将提高企业研发高质量产品成功的概率，激励更多企业提高产品质量，促进全要素生产率提高。

产品质量提升模型中，最终商品厂商也利用劳动和中间品进行生产，但中间品种类 N 固定不变，每个中间品具有一定质量，其生产函数为：

$$Y = AL^{1-\alpha}\sum_{j=1}^{N}\left(q^{\kappa_j}X_j\right)^{\alpha} = AL^{1-\alpha}X^{\alpha}Q^{1-\alpha} \qquad (6)$$

其中，q^{κ_j} 为中间品质量，κ_j 为质量等级，q 为相邻等级之间的质量比例，$Q = \sum_{j=1}^{N} q^{\kappa_j\alpha/(1-\alpha)}$ 为总质量指数（Aghion & Howitt，1992）。企业通过研发投入促进中间品质量等级提升，技术进步体现为中间品质量 Q 的改善。在此模型下，全要素生产率为：

$$g = \frac{\dot{Y}}{Y} - (1-\alpha)\frac{\dot{L}}{L} - \alpha\frac{\dot{X}}{X} = \frac{\dot{A}}{A} + (1-\alpha)\frac{\dot{Q}}{Q} \qquad (7)$$

全要素生产率的变化由外部生产率和产品质量的变化组成。

不同于产品种类增加模型，产品质量提升意味着较低质量的产品将被淘汰，企业对于产品的垄断权只存在于更高质量产品被研发出之前。设 p 为研发部门单位时间内将产品质量等级从 κ_j 提升到 κ_j+1 的概率。研发投入为 $Z(\kappa_j)$，研发成功的垄断收益为 $V(\kappa_j+1)$。则企业决定是否进行研发的条件为：

$$pV(\kappa_j+1) \geqslant Z(\kappa_j) \qquad (8)$$

同样，需要的研发投入越高，能够进入研发领域的企业越少。

由 Q 的定义，单位时间内产品总质量的预期变化率为：

$$\frac{\dot{Q}}{Q} = p\left[q^{\alpha/(1-\alpha)} - 1\right] \qquad (9)$$

为探讨金融结构的影响，与产品种类增加模型类似，将研发投入分解为：

$$Z(\kappa_j) = c_S\tau C(\kappa_j) + c_B(1-\tau)C(\kappa_j) + C(\kappa_j) \qquad (10)$$

其中，τ 为直接融资占比，c_S 为 1 单位直接融资的成本，c_B 为 1 单位间接融资的成本，$C(\kappa_j)$ 为实际研发过程中投入的人力、场地设备等费用。

假定研发成功概率 p 与实际研发投入费用 $C(\kappa_j)$ 成正比。那么，由 $c_S \leqslant c_B$ 和式（10）可以看出，在 $Z(\kappa_j)$ 固定时，提高直接融资比例 τ，将降低融资成本费用，提高实际研发投入费用 $C(\kappa_j)$，促使研发成功概率 p 提高。进而由式（9），产品质量增长率 $\dot{Q}/Q$ 提高，从而促进式（7）中的全要素生产率 g 提高。此外由式（8）可知，研发成功概率 p 的提高将会放宽企业研发高质量产品的条件，激励更多企业提升产品质量。

三、金融结构影响经济高质量发展的实证分析

我们将利用实际数据对我国金融结构和经济高质量发展之间的关系进行实证分析。以全要素生产率增长率作为因变量，以金融结构作为自变量，并选取相关控制变量后，构建状态空间模型，分析金融结构对全要素生产率影响的动态变化轨迹。

（一）我国全要素生产率和金融结构的演变趋势

1. 经济新常态下，我国全要素生产率增速呈现趋势性下降

美国企业联合会（Conference Board）利用生产函数法对全球123个经济体的全要素生产率（TFP）进行了测算，具体方法如下：

根据索罗增长模型，经济产出（Y）为TFP（A）、资本（K）和劳动（L）的函数，即 $Y = A K^{\alpha_K} L^{\alpha_L}$ ，其中 α_K 为资本产出份额，α_L 为劳动产出份额，满足 $\alpha_K + \alpha_L = 1$ 。那么，经济增长率可以表示为资本增长率、劳动增长率和TFP增长率的线性加总：

$$\Delta\ln(Y) = \alpha_K\Delta\ln(K) + \alpha_L\Delta\ln(L) + \Delta\ln(A)$$

进一步，资本可以分解为信息通讯技术资本（ICT）K_{it} 和非ICT资本 K_{nit} ，劳动可以分解为劳动力数量 H 和劳动力质量 LQ 。由此，经济增长率可改写为：

$$\Delta\ln(Y) = \alpha_{it}\Delta\ln(K_{it}) + \alpha_{nit}\Delta\ln(K_{nit}) + \alpha_L\Delta\ln(H) + \alpha_L\Delta\ln(LQ) + \Delta\ln(A)$$

其中，α_{it} 和 α_{nit} 分别为两类资本的产出份额，满足 $\alpha_{it} + \alpha_{nit} = \alpha_K$ 。

1991～2016年我国TFP增长率的结果如图1所示。可以看出，2010年以来，我国TFP增速呈现趋势性下降。2012年后TFP增速低于除1998～2001年之外的其他年份，处于历史阶段性低点。从投入要素的增长率来看，2010～2016年，劳动力数量增长率由0.37%下降至0.20%，劳动力质量增长率由0.50%提高至0.51%，资本增长率由9.6%下降至7.4%。其中，非ICT资本增长率由8.8%下降至7.0%，ICT资本增长率由19.5%上升至23%后回落至10%。

2. 我国直接融资占比稳步上升，金融结构显著改善

随着经济的发展和资本的积累，我国社会融资规模不断增长，社会融资规模增量由2002年的2.0万亿元上升至2017年的19.4万亿元，年均增长率达16.3%。其中，直接融资（企业债券融资和非金融企业境内股票融资）占比由2002年的4.9%上升至2016年的23.8%，直接融资同间接融资（人民币贷款、外币贷款、委托贷款、信托贷款和未贴现银行承兑汇票）的比值由5.3%上升至32.7%。2017年，由于企业债券融资下滑幅度较大，直接融资占比只有6.8%。从社会融资规模存量来

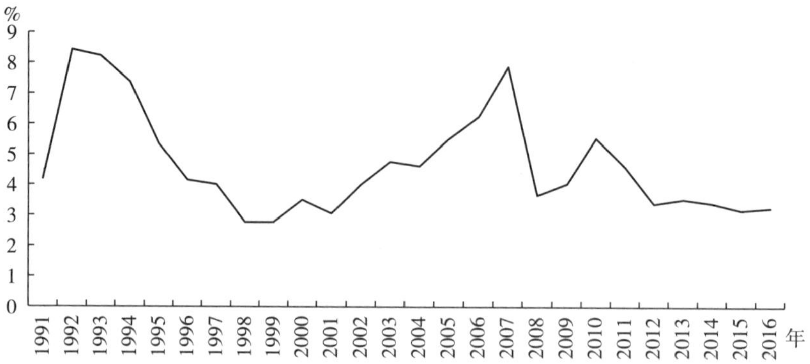

数据来源：美国企业联合会（2017年5月发布）。

图1 1991～2016年中国TFP增长率

看，由2002年的14.9万亿元上升至2017年的174.6万亿元，年均增长率为17.9%；直接融资占比由2002年的4.9%上升至2016年的15.2%左右；直接融资同间接融资的比值由5.6%上升至18.1%，金融结构显著改善（见表1）。

表1 2002～2017年我国社会融资规模结构

年份	社会融资规模（新增）				社会融资规模存量			
	总额（万亿元）	间接融资（万亿元）	直接融资（万亿元）	直接融资/间接融资（%）	总额（万亿元）	间接融资（万亿元）	直接融资（万亿元）	直接融资/间接融资（%）
2002	2.0	1.9	0.1	5.3	14.9	13.2	0.7	5.6
2003	3.4	3.3	0.1	3.2	18.2	16.1	0.9	5.4
2004	2.9	2.7	0.1	4.2	20.4	18.5	0.9	5.0
2005	3.0	2.7	0.2	8.7	22.4	20.9	1.2	5.5
2006	4.3	3.8	0.4	10.1	26.5	24.4	1.5	6.1
2007	6.0	5.2	0.7	12.7	32.1	29.3	2.1	7.3
2008	7.0	5.9	0.9	14.9	38.0	34.9	3.0	8.6
2009	13.9	12.1	1.6	13.0	51.2	46.5	4.5	9.8
2010	14.0	12.0	1.7	14.0	65.0	58.5	6.3	10.7
2011	12.8	10.6	1.8	17.0	76.7	68.3	8.1	11.8
2012	15.8	12.7	2.5	19.7	91.4	80.3	10.6	13.2
2013	17.3	14.6	2.0	13.9	107.5	94.1	12.6	13.4
2014	16.5	13.0	2.9	21.9	122.9	106.5	15.5	14.5
2015	15.4	11.2	3.7	33.1	138.1	118.0	19.2	16.2
2016	17.8	13.0	4.2	32.7	156.0	131.1	23.7	18.1
2017	19.4	18.1	1.3	7.2	174.6	148.3	25.0	16.7

数据来源：Wind数据库。

（二）模型构建与分析

为探讨金融结构对全要素生产率的动态影响，我们将2002～2016年我国TFP增长率 *TFPGR* 作为因变量，以社会融资规模存量计算的金融结构（直接融资/间接融资）*FINSTR* 作为自变量，选取社会融资规模存量的对数 *LNFIN* 和 GDP 增长率 *GROW* 作为控制变量，构建具有时变系数的状态空间模型。

1. 平稳性及协整检验

使用ADF单位根检验方法对相关变量进行平稳性检验。结果表明（见表2），原始数据都是非平稳的。经差分变换后检验，在0.1的检验水平下，序列 *TFPGR* 和 *GROW* 是一阶单整的，*FINSTR* 和 *LNFIN* 是二阶单整的。

对变量进行协整检验，回归方程为：

$$TFPGR = -2.56 + 0.20 \times FINSTR - 0.55 \times LNFIN + 0.76 \times GROW + resid$$

回归的 R^2 为0.95，残差 *resid* 是平稳的。可见，变量之间具有协整关系。

表2　　变量的平稳性检验（ADF方法）

变量	D（0）	D（1）	D（2）
TFPGR	-2.1（0.25）	-3.8（0.02）**	
FINSTR	2.7（0.99）	-1.8（0.37）	-4.3（0.01）***
LNFIN	-0.4（0.89）	-2.0（0.27）	-4.0（0.01）***
GROW	-1.0（0.71）	-3.0（0.06）*	

注：D（0）、D（1）、D（2）分别表示变量原始值、一阶差分、二阶差分。表中数据为变量平稳性检验的t值（p值）。*、**、***分别表示在10%、5%、1%显著性水平下显著。

2. 格兰杰因果检验

对变量进行Granger因果检验，结果见表3。在0.1的检验水平下，*FINSTR* 是引起 *TFPGR*、*LNFIN*、*GROW* 变化的格兰杰原因，反之不成立。同时，*TFPGR* 和 *GROW*、*GROW* 和 *LNFIN* 互为格兰杰原因，*TFPGR* 是引起 *LNFIN* 变化的格兰杰原因。可见，金融结构对我国全要素生产率、融资规模和经济增长具有单向的影响力，而金融结构并不随经济发展而自发变化。提升我国金融结构效率，需更多依赖政策改革等外力因素。

表3　　变量之间的Granger因果检验

原假设	F值	p值
FINSTR 不是 *TFPGR* 的格兰杰原因	4.15	0.06*
TFPGR 不是 *FINSTR* 的格兰杰原因	1.28	0.33

续表

原假设	F值	p值
LNFIN 不是 *TFPGR* 的格兰杰原因	2.62	0.13
TFPGR 不是 *LNFIN* 的格兰杰原因	8.15	0.01***
GROW 不是 *TFPGR* 的格兰杰原因	22.58	0.00***
TFPGR 不是 *GROW* 的格兰杰原因	41.68	0.00***
LNFIN 不是 *FINSTR* 的格兰杰原因	1.75	0.23
FINSTR 不是 *LNFIN* 的格兰杰原因	3.59	0.07*
GROW 不是 *FINSTR* 的格兰杰原因	1.39	0.30
FINSTR 不是 *GROW* 的格兰杰原因	4.95	0.04**
GROW 不是 *LNFIN* 的格兰杰原因	10.23	0.01***
LNFIN 不是 *GROW* 的格兰杰原因	3.13	0.10*

注：*、**、*** 分别表示在10%、5%、1%显著性水平下显著。

3. 状态空间模型分析

建立因变量 *TFPGR* 与自变量 *FINSTR*，控制变量 *LNFIN*、*GROW* 之间的状态空间模型。模型形式如下：

量测方程：

$$TFPGR_t = c(1) + a_t \times FINSTR_t + c(2) \times LNFIN_t + c(3) \times GROW_t + u_t$$

状态方程：

$$a_t = c(4) + c(5) \times a_{t-1} + \varepsilon_t$$

其中，下标 t 表示时间，a_t 为金融结构的时变系数，假设 a_t 满足一阶自回归方程，如状态方程所示。u_t 和 ε_t 为独立随机变量，设 $Var(u_t) = e^{c(6)}$，$Var(u_t) = e^{c(7)}$。这里，$c(1) \sim c(7)$ 为固定参数。

使用EViews软件对模型进行求解，估计结果如表4所示。可以看出，a_t 和 *GROW* 对 *TFPGR* 具有显著的正向作用，*LNFIN* 对 *TFPGR* 具有负向影响，但显著性不高。这说明金融结构提升对全要素生产率的增长具有明显的促进作用，而融资规模的效应不明显，体现了结构性因素对经济高质量发展的影响。模型对于因变量的一步向前预测结果显示（见图2），预测值与真实值很接近，平均误差只有0.2个百分点，说明模型的准确性与可靠性。

表 4　　状态空间模型估计结果

参数	估计值	标准误差	z 统计量	p 值
$c(1)$	-1.90	1.52	-1.25	0.21
$c(2)$	-0.55	1.06	-0.52	0.60
$c(3)$	0.72	0.07	10.69	0.00***
$c(4)$	0.19	0.27	0.70	0.49
$c(5)$	-0.13	0.34	-0.39	0.70
$c(6)$	-28.68	2.28E+11	0.00	1.00
$c(7)$	-6.87	1.43	-4.79	0.00***
时变系数	末态	标准误差	z 统计量	p 值
a_t	0.17	0.03	5.12	0.00***

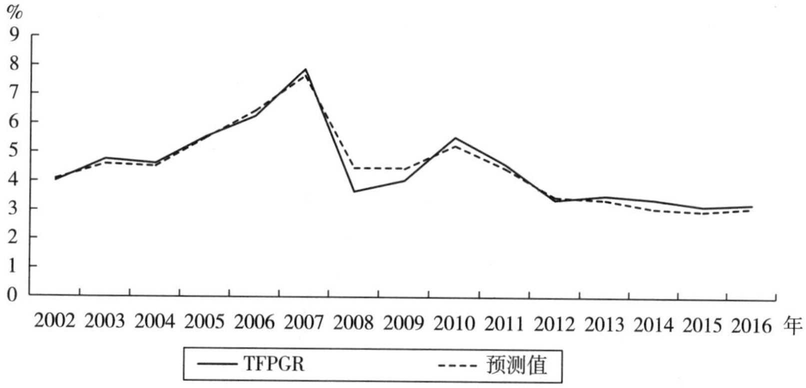

图 2　全要素生产率增长率的模拟结果

考察金融结构系数 a_t 的动态变化（见图 3），2002～2016 年中的大部分时间，a_t 都较为平稳，处于 0.15～0.2 之间。2008 年，受国际金融危机影响，a_t 出现急剧下滑，而后快速回升趋稳。2014 年后，a_t 小幅下降，符合我国经济新常态特征，且仍处在合理区间。2016 年末，$a_t = 0.17$，意味着金融结构 *FINSTR* 每提高 10 个百分点，TFP 增长率将提高 1.7 个百分点。

从上述分析中，可以看出：直接融资占比的提升对全要素生产率增长具有显著的促进作用，而融资规模总量的效应不明显。金融结构不会因经济增长、融资规模等总量因素的变化而自发提高，需更多依赖政策改革等外力因素的推进。金融结构对全要素生产率的影响系数具有一定的时变特征，除 2008 年受金融危机影响外，基本在 0.15～0.2 之间波动，2014 年后受新常态影响，出现小幅下降。

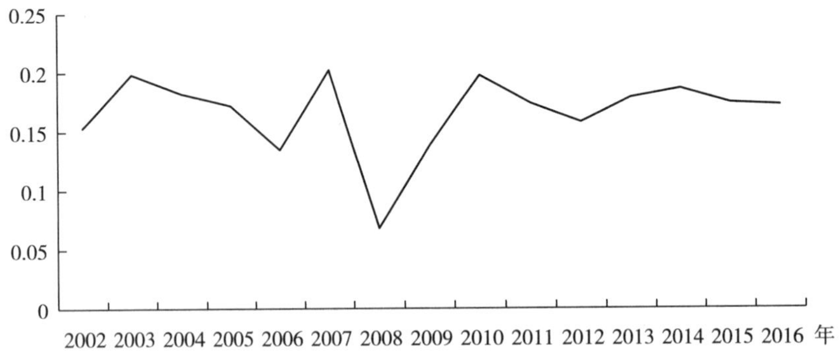

图3　金融结构对全要素生产率增速影响的动态变化

四、结论与政策建议

（一）结论总结

本文从经济增长理论和内生增长模型层面推演了金融结构提升促进全要素生产率增长的内在机理，并构建状态空间模型实证分析我国金融结构对全要素生产率影响的动态轨迹，为优化我国金融结构，更好地发挥金融服务实体经济作用，推动经济高质量发展的政策决策提供有益参考。本文主要结论为：

第一，金融结构提升对全要素生产率增长具有显著促进作用。随着我国经济发展由“模仿赶超”转为“自主创新”模式，企业创新需要直接融资的有效支持。提高直接融资比重，能够降低企业研发成本、提高研发成功概率，激励更多企业从事研发活动，促进全要素生产率的提高。

第二，我国金融结构对全要素生产率的影响具有一定的时变特征。2002 年以来（除 2008 年金融危机时期外），我国金融结构每提高 10 个百分点，将促进全要素生产率增长率提高 1.5 ~2 个百分点。2014 年后，这种正向影响力有所减弱，经济增长的内生动力有待进一步加强。

第三，金融结构的提升需要通过改革等外力因素推进。2002 年以来，我国直接融资规模增速较快，金融结构显著提升。但金融结构对我国全要素生产率、融资规模和经济增长的作用是单向的，并不随总量方面的经济金融发展而自发地提高，需更多依赖改革等外力因素推进。

（二）政策建议

发展多层次资本市场，提高直接融资比重，对推动我国经济高质量发展具有重要意义。但当下我国资本市场尚不完善，存在炒作投机、监管套利、主体结构失衡等问题，经济基本面还面临着贸易战冲击、地方债务高企、僵尸企业问题、房地产泡沫等多重风险。在这样的现实背景下，应以不发生系统性、区域性金融风险为底线，审时度势，持续加强直接融资市场的服务功能和监管力度，以及推进金融市场制度环境基础性建设。具体而言，需关注以下方面内容。

一是加强资本市场法制建设和监管措施。完善信息披露制度、退市制度以及企业造假违规的惩戒制度，推进股票发行、交易制度改革，进一步加大监管资源配套，利用大数据、人工智能等技术对内幕交易、价格操纵等不法行为进行实时监测，营造基础制度扎实、市场监管有效、投资者权益充分保护的资本市场环境。

二是积极拓展直接融资渠道和服务。发展壮大债券市场，完善“新三板”和区域性股权市场，拓展创业创新投融资渠道。推动债券市场品种创新，扩大信贷资产证券化规模。提高直接融资中介服务水平，加强风险投资、私募股权、证券基金机构服务中小企业融资的能力，提升评级机构、担保机构、会计师事务所、律师事务所的专业性和规范性。

三是稳妥扩大境内外投融资双向开放。扩大合格境内外机构投资者的范围，并提高投资额度与上限。进一步开放境外个人投资境内资本市场，以及境内个人直接投资境外资本市场。推动境内外交易所市场的连接，推进境内外基金互认和证券交易所产品互认，并建立跨境监管合作机制。

参考文献

[1] 蔡昉. 中国经济增长如何转向全要素生产率驱动型［J］. 中国社会科学，2013（1）.

[2] 林毅夫，孙希芳，姜烨. 经济发展中的最优金融结构理论初探［J］. 经济研究，2009（8）.

[3] 鞠晓生. 中国上市企业创新投资的融资来源与平滑机制［J］. 世界经济，2013（4）.

[4] 彭俞超. 金融功能观视角下的金融结构与经济增长——来自1989~2011年的国际经验［J］. 金融研究，2015（1）.

[5] 王彦超. 金融抑制与商业信用二次配置功能［J］. 经济研究，2014（6）.

[6] 应展宇. 存在金融体制改革的“中国模式”吗［J］. 世界经济，2008（2）.

[7] 张成思，刘贯春. 经济增长进程中金融结构的边际效应演化分析［J］. 经

济研究，2015（12）.

［8］张磊. 后起经济体为什么选择政府主导型金融体制［J］. 世界经济，2010（9）.

［9］张一林，龚强，荣昭. 技术创新、股权融资与金融结构转型［J］. 管理世界，2016（11）.

［10］Aghion，P.，Howitt，P. A Model of Growth Through Creative Destruction［J］. *Econometrica*，1992，60.

［11］Beck，T.，R. Levine，N. Loayza. Finance and the Sources of Growth［J］. *Journal of Financial Economics*，2000，58（1）.

［12］Brown，J. R.，S. M. Fazzari，B. C. Petersen. Financing Innovation and Growth：Cash Flow，External Equity and the 1990s R&D Boom［J］. *Journal of Finance*，2009，64（1）.

［13］Brown，J. R.，G. Martinsson，B. C. Petersen. Law，Stock Markets and Innovation［J］. *Journal of Finance*，2013，68（4）.

［14］Hsu，P. H.，X. Tian，Y. Xu. Financial Development and Innovation：Cross－Country Evidence［J］. *Journal of Financial Economics*，2014，112.

［15］Jensen，M. C.，Murphy，K. J.. Performance Pay and Top－Management Incentives［J］. *Journal of Political Economy*，1990，98（2）.

［16］King，R. G.，Levine，R. Finance and Growth：Schumpeter Might Be Right［J］. *Quarterly Journal of Economics*，1993，108（3）.

［17］Merton，R. C.，Bodie，Z. A Conceptual Framework for Analyzing the Financial Environment［J］. *Harvard Business School Working Paper*，1995，No. 95－062.

［18］Romer，P. Endogenous Technological Change［J］. *Journal of Political Economy*，1990，14（3）.

［19］Stiglitz，J. E. Credit Markets and the Control of Capital［J］. *Journal of Money Credit & Banking*，1985，17（2）.

资产价格、泡沫与通货紧缩预期

——以美国房地产价格经验数据为例[①]

李　倩[②]

摘要： 货币政策是否需要盯住资产价格一直是学界和政界争论的焦点。美国次贷危机爆发后，资产价格才开始成为货币政策调控参考的重要指标。而政策调控参考的关键在于货币政策如何对资产价格变化做出及时、准确、有效的反应。Phillips，Wu 和 Yu（2011）提出的 supADF 泡沫检验提供了一个参考依据，该方法有效测度了泡沫程度，并给出泡沫出现的政策参考依据。为此，我们以美国房地产市场数据为例，考察资产价格泡沫对物价变化的影响，并重点结合后危机时代特点得出资产价格泡沫对物价在通缩时期发生逆转，与泡沫上升期呈现非对称的结论。

关键词： 资产价格　通货紧缩　后危机时代　supADF 泡沫检验

资产价格是否是通货膨胀的先行指标，其变化能否反映通货膨胀预期？这一直是众多经济学者的争论焦点。Fisher（1911）是最早提出资产价格可以作为消费物价先行指标的学者，他认为货币供应量首先带动了资产价格上涨，进而推动消费物价上升。Goodhart 和 Hofmann（2000）比较了不加入资产价格与加入资产价格的两种 CPI 预测模型，发现股票价格的信息含量并不大，而且并非所有的资产价格都可以强化对 CPI 的预测；而加入不动产价格后，对 CPI 的预测能力显著增强。相应地，也有许多学者认为资产价格对通货膨胀并没有“先行”“预示”等稳定关系。Bordo 和 Wheelock（2004）发现在历史上股市几次出现泡沫时，美国物价既出现过通货膨胀，也出现过通货紧缩。那么，资产价格与通货膨胀之间到底是否存在确定的关系？或者，相对于通货膨胀时期，资产价格在通货紧缩状态时是否影响更大？相对于股

① 本研究得到国家社科基金面上项目（15BJY157）“新常态下的货币政策转型问题研究”以及国家自然科学基金应急项目（71541016）“资本市场健康发展对通货紧缩预期的影响机制研究”的资助。

② 作者简介：李倩，现供职于中国人民银行武汉分行。

票市场而言，房地产市场上下游牵涉行业面较广，房价的波动甚至可能影响到整个经济面的波动，因此，本文借鉴了美国房地产市场的经验数据，重点关注通货紧缩前后房地产价格对物价的影响机制，并构造泡沫指标衡量资产价格泡沫对物价的影响。

一、货币政策对资产价格变化的反应机制发展

历史经验表明，美联储通过降息并未明显带动 CPI 的上涨，反而大幅推升了房地产价格泡沫，这种未盯住资产价格的货币政策以一场浩大的次贷危机的到来而备受争议。由此引发了各界反思：货币政策到底该如何干预资产价格？干预方式应该是事前干预，还是事后干预？市场自行消化泡沫的成本更大，还是泡沫破裂后的危机救助成本更大？目前学术界仍持对立观点。

部分学者认为货币政策不应对可能出现的资产价格泡沫实施干预，应更关注物价和产出。Bernanke 和 Gertler（1999a）认为，可以通过资产价格变动是否给宏观经济带来通货膨胀压力来判断货币政策是否需要做出反应。Vickers（1999），Bernanke 和 Gertler（1999a），以及 Mishkin（2008）提出，除非资产价格膨胀影响通货膨胀变化率或者预期，货币政策才有必要做出反应，否则不应该直接对资产价格做出反应。Wadhwani（2008）认为，若资产价格突然下跌，央行才应通过降低利率等措施防止经济衰退和通货紧缩，否则货币政策应该更关注通货膨胀和产出预期，不应对未来可能出现的资产价格泡沫做出反应。

而另一部分学者认为事后救助的成本更大，货币政策应当及时关注资产价格变化并做出事前反应。Cecchetti 等人（2000），Goodhart 和 Hofmann（2000），以及 Palley（2008）认为，中央银行作为金融危机的最终处理责任人，有责任先发制人，在资产价格泡沫生成时，及时干预刺破泡沫，防止进一步扰动宏观经济波动。部分学者认为资产价格波动的原因多样复杂，但并不能说这就可以忽略资产价格变化的原因，可以通过推断和提取资产价格波动的主要因素或特征，如信贷快速增长和资产价格快速上涨等，纳入影响总需求和通胀预期的预测中，中央银行应对此采取更加积极的态度做出反应而不是完全忽略资产价格的变动（Kohn，2009；Bean，2003）。

两种观点争论的焦点在于诊断资产价格泡沫的难易程度，测度资产价格变化对产出，尤其是对物价的变化压力。但实际操作表明，危机后的事后救助成本远远超过事前积极干预成本。美国政府为此次金融危机付出了高昂财政救助成本，布什政府的 1 500 亿美元减税方案、7 000 亿美元的问题资产救助计划（TRAP）、奥巴马政

府的7 870亿美元刺激计划及减税政策等，使得危机的财政救助成本不断累积，美国财政赤字占GDP的比重由2008年的3.2%上升到2010年的10.6%。因此，经济学家更倾向于考察如何测度资产价格泡沫以及对物价、产出等宏观经济指标的影响，而要想干预资产价格，央行必须比市场有更好的预知力和理解力（Cecchetti，etc.，2000；Goodhart和Hofmann，2000）。如果央行缺乏足够的信息，就很难了解资产价格泡沫发展到什么程度才变得不可持续。等清楚地看到泡沫已经形成时，收紧货币政策就变得太冒险，面临资产急剧下跌和经济大幅衰退的风险，对实体经济产生不利的影响（Taylor，2009）。因此，聚焦于资产价格和泡沫程度作为货币政策调控的"锚"是十分必要的。

二、后危机时代美国房价及其泡沫对通缩预期的实证研究

（一）价格泡沫的测度

本部分使用了Phillips，Wu和Yu（2011）提出的supADF泡沫检验方法测度泡沫程度。由于泡沫程度的判定需要部分前列数据特征的描述，而supADF泡沫检验对产生泡沫之后的泡沫程度测定的误差会随着时间序列的延长而增大。因此我们聚焦的是危机前后的数据变化特征，选取了2001年1月至2015年8月这一历史时期的月度房地产价格指数检验是否存在泡沫及其程度变化。

由表1可知，在95%的显著性水平下，该时期房地产价格指数右侧ADF单位根检验统计量为-2.1833，小于对应的临界值-0.08，因而无法拒绝原假设。而supADF（r_0）统计量为7.6747，显著大于其对应95%的有限样本临界值1.4682。这说明该时期美国的房地产市场存在明显的泡沫。

表1　95%显著性水平下房地产价格指数supADF的渐近临界值

统计量	房地产价格指数	有限样本临界值
ADF	-2.1833	-0.08
$supADF(r_0)$	7.6747	1.4682

进一步，对房地产价格指数进行泡沫检验的点估计，即得到如图1所示的递归估计量和临界值。对该时期房地产价格指数而言，房价泡沫产生和破灭的时间分别是2003年6月和2006年11月。

（二）金融危机时期资产价格变化对物价的影响测度

为探讨该时期房地产价格变化对物价的影响，在泡沫时期和泡沫破灭后的通缩

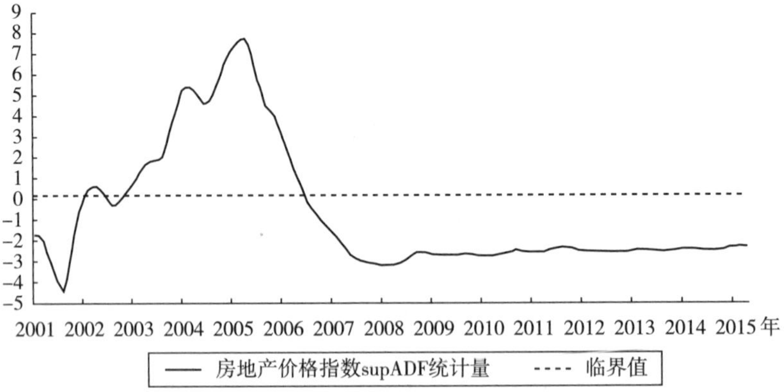

图 1　2001—2015 年房地产价格指数 supADF 检验泡沫出现和破灭的时点

时期，分别将房地产价格及其泡沫程度对 CPI 进行建模分析。

1. 主要指标检验

本文的主要回归变量有物价水平（*CPI*）、房地产价格（*HP*）、货币供应量（*M2*）、工业总产值（*IND*）、利率（*INT*）、就业人数（*EMP*）七个变量。其中房地产价格为标准普尔/CS 房价指数，工业总产值作为衡量社会经济总量、替代 GDP 的指标，利率为联邦基金利率，就业人数是将农业及相关部门与非农部门的就业人数的总和。所有变量均为月度值，各指标平稳性检验结果如表 2 所示。

表 2　主要回归变量平稳性检验情况①

变量	泡沫时期（2003. 6 至 2006. 11）		通缩时期（2006. 12 至 2012. 12）	
	ADF test statistic	PP test statistic	ADF test statistic	PP test statistic
CPI	−0. 0053	−0. 8475	−1. 1968	−0. 3453
SP	−2. 3629	−2. 2818	−1. 2009	−1. 3426
SPM	0. 6719	1. 0705	−1. 9518	−2. 1022
HP	0. 6535	1. 1919	−0. 8485	−0. 7971
HPM	0. 5676	0. 2430	−4. 2988 ***	−5. 7881 ***
M2	—	—	−0. 7067	−0. 7125
IND	—	—	−0. 3713	−0. 6890
INT	—	—	−0. 8076	−0. 8372

① 各变量一阶差分的平稳性检验结果均为平稳序列。

续表

变量	泡沫时期（2003.6 至 2006.11）		通缩时期（2006.12 至 2012.12）	
	ADF test statistic	PP test statistic	ADF test statistic	PP test statistic
EMP	—	—	-1.5528	-1.1385

注：表中 ***、**、* 分别代表统计量在 1%、5%、10% 的显著性水平下显著。

可以看出，除了通缩时期的房价泡沫数据外，其余变量的水平值均无法拒绝存在单位根的假设，而其一阶差分在 10% 的置信区间内是平稳的。房价泡沫的数据呈现平稳性的原因可从图 1 看出，这与选取通货紧缩时期的特定数据有关，但整个泡沫的数据还是呈现非平稳的状态，故本文将其水平值与其他变量一同进行建模分析。建立时间序列模型后，仍需要检验方程的残差项是否平稳来判断所有变量的协整关系。

2. 房地产价格及其泡沫对物价的影响

房地产价格变化对物价的影响程度的协整模型如下：

$$CPI_i = a_i + b_i HP_i + \varepsilon_i \quad (*)$$

$$CPI_i = c_i + d_i HPM_i + \gamma_i \quad (**)$$

其中，HP_i 是第 i 期房地产价格（标准普尔房价指数）；HPM_i 是该房地产价格的泡沫程度，它是房地产价格变化的衡量指标；a、b、c、d 分别是模型相应的截距和斜率系数，反映了房地产价格及泡沫程度对物价的影响程度。两时期的模型结果如表 3 所示。

从表 3 可以看出，在金融危机期间房价的解释力度更强，并且泡沫出现的时期房地产价格与物价的关系更紧密，模型的拟合效果更好。而在通货紧缩时期，各回归系数与泡沫时期刚好相反。这也说明泡沫时期房地产价格与物价的传导机制更为有效，说明泡沫时期和通缩时期货币政策和经济整体的反应程度不对称；同时，通缩时期系数的负号说明房地产市场与实体经济可能出现了脱离的态势。

表 3　金融危机期间房价对物价两时期的模型结果

	泡沫时期（2003.6 至 2006.11）				通缩时期（2006.12 至 2012.12）			
模型（*）	*a*	*b*	R^2	*F* 统计量	*a*	*b*	R^2	*F* 统计量
	-389.48***	3.34***	0.86	238.44***	3 026.96***	-13.31***	0.53	79.54***
模型（**）	*c*	*d*	R^2	*F* 统计量	*c*	*d*	R^2	*F* 统计量
	191.04***	4.65	0.02	0.62	531.15***	-169.45**	0.08	6.38**

注：表中 ***、**、* 分别代表统计量在 1%、5%、10% 的显著性水平下显著。

3. 资产价格、宏观经济因素对物价的影响

除了资产价格的影响，本文还进一步分析了加入宏观变量后的多因素影响。实

证思路是通过分步加入变量指标，对比和筛选回归模型，分析在美国金融危机前后的通缩时期影响 CPI 的主要因素。回归结果如表 4 所示。

表 4　　金融危机前后通缩时期 CPI 的主要影响因素

模型	通缩时期（2006. 12 至 2012. 12）						
	常数项	*HP*	*HPM*	*M2*	*IND*	*INT*	*EMP*	R^2
模型 1	-6 735. 95 ***	—	—	0. 43 ***	0. 16 **	-24. 81 ***	0. 02 ***	0. 99
模型 2	-6 715. 04 ***	-0. 21 *	—	0. 43 ***	0. 16 **	-22. 91	0. 03 ***	0. 99
模型 3	-6 693. 40 ***	—	-0. 02 **	0. 44 ***	0. 30 ***	-19. 03 **	0. 02 ***	0. 99
模型 4	-6 610. 09 ***	-0. 82 *	-0. 02 ***	0. 44 ***	0. 31 ***	-11. 36	0. 02 ***	0. 99
模型 5	-6 510. 86 ***	-0. 74 *	-0. 02 ***	0. 47 ***	0. 22 ***	—	0. 02 ***	0. 99

注：表中 ***、**、* 分别代表统计量在 1%、5%、10% 的显著性水平下显著。

从各模型的回归结果来看，在 1% ~10% 的显著性水平下，大部分变量系数均通过了显著性检验。模型 1 中，宏观变量各项系数均十分显著，并且拟合优度高达 99%，说明这四个宏观变量对 CPI 的解释力度非常高。在加入资产价格因素（即房价及其泡沫变量）之后（模型 2、模型 3、模型 4），拟合优度略有提高①，说明资产价格对 CPI 也具有一定的解释作用，但作用相对较小。同时，在模型 2、模型 4 中，房价指标显著性在 10% 以内，而房价泡沫指标的显著性则在 1% ~5%，说明房价泡沫相对于房价数据而言，对 CPI 的影响更大，也可能房价影响被部分泡沫数据特征所代替而显著性降低。在模型 2、模型 4 中，利率变量不显著，在模型 5 中将利率指标去掉后进行回归，各回归系数相对稳定且十分显著。这说明，对于美国金融危机后的通缩期，货币供应量、工业总产值、就业人数、房价及其泡沫程度是影响 CPI 的主要因素。

模型 1 -5 的方程显著性检验、异方差检验以及协整检验如表 5 所示。从结果来看，所有模型的方程均十分显著，并且通过了异方差检验和协整检验。这说明模型整体上具有显著的意义，并且回归中干扰项的性质也较好，使得模型结果很有意义。

表 5　　各模型的主要检验

	回归方程 *F* 统计量	Heteroskedasticity Test *F* 统计量	EG test
模型 1	2 127. 62 ***	2. 37 *	-4. 34 ***
模型 2	1 677. 75 ***	1. 93	-4. 31 ***
模型 3	1 848. 35 ***	0. 80	-4. 61 ***
模型 4	1 527. 34 ***	0. 67	-4. 50 ***
模型 5	2 162. 63 ***	1. 85	-4. 09 ***

注：表中 ***、**、* 分别代表统计量在 1%、5%、10% 的显著性水平下显著。

① 由于本文所有拟合优度均只保留两位小数，这里五个模型的拟合优度的差异仅在千分位之间。

三、结论

从美国政府在金融危机中对资产价格波动所采取的态度和对策可以看出，货币政策仅仅盯住通货膨胀是有局限的，虽然货币政策对资产价格做出及时、准确、有效的反应有很大难度，但即使没有严重的通货膨胀或通货膨胀预期，在货币政策操作中如果忽视资产价格变化，任由资产价格泡沫膨胀和破裂将会对宏观经济和金融稳定带来严重的负面影响。尽管很难判断什么是泡沫、泡沫的规模、泡沫如何演化、什么时候泡沫会破裂、泡沫破裂时对经济发展、通货膨胀、金融稳定的影响如何、货币政策和资产价格的关系，但货币政策制定者对未来的通货膨胀、经济发展、GDP 缺口、失业预测、均衡的实际利率面临着同样的不确定性。中央银行总是在不确定的环境下制定货币政策，甚至可以说，没有不确定性就没有货币政策。所以，中央银行在制定货币政策时考虑资产价格没有什么本质的不同，是否作出相应的决策取决于央行的判断和权衡。

从上述分析可知，当通货膨胀出现时，资产价格的泡沫已经十分严重，对于消费价格及批发价格都很平稳而只有资产价格急剧上升这一现象，被多数人认为这只是房地产市场等特定市场的问题，未必是整体经济的问题。可是回顾历史，同样的泡沫已重复了无数次，当亲临者经历时却都无法辨认到底是经济利好还是经济泡沫，因此判断资产价格对通货紧缩的影响不仅要判断资产价格本身的走势对物价的影响程度，还要看经济的泡沫程度对物价的影响。

参考文献

[1] Bean C R. Asset prices, financial imbalances and monetary policy: are inflation targets enough? [J]. 2003.

[2] Bernanke B S, Gertler M, Gilchrist S. The financial accelerator in a quantitative business cycle framework [J]. Handbook of macroeconomics, 1999, 1: 1341 - 1393.

[3] Bernanke B, Gertler M. Financial fragility and economic performance [J]. Quarterly Journal of Economics, 1990, 105 (1).

[4] Bordo M. D., Wheelock D. C., Monetary Policy and Asset Prices: A Look Back at Past U. S. Stock Market Booms [J]. Federal Reserve Bank of St Louis Review, 2004, 86 (Nov): 19 - 44.

[5] Cecchetti S. Making monetary policy: Objectives and rules [J]. Oxford Review of Economic Policy, 2000, 16 (4): 43 - 59.

[6] Goodhart C, Hofmann B. Asset prices and the conduct of monetary policy [C] //Sveriges Riksbank and Stockholm School of Economics conference on Asset Markets and Monetary Policy, Stockholm, June. 2000.

[7] Kohn D L. Monetary policy and asset prices revisited [J]. Cato J., 2009, 29: 31.

[8] Mishkin F S. How should we respond to asset price bubbles? [J]. Banque de France Financial Stability Review - Valuation and Financial Stability, 2008 (12): 65-74.

[9] Palley T I. Keynesian models of deflation and depression revisited [J]. Journal of Economic Behavior & Organization, 2008, 68 (1): 167-177.

[10] Phillips P. C. B., Y. Wu and J. Yu, Explosive Behavior in the 1990s Nasdaq: When Did Exuberance Escalate Asset Values? International Economic review, 2011, 52 (1): 201-226.

[11] Taylor B N. Guidelines for Evaluating and Expressing the Uncertainty of NIST Measurement Results [M]. DIANE Publishing, 2009.

[12] Vickers J. Inflation targeting in practice: the UK experience [R]. CFS Working Paper, 1999.

[13] Wadhwani S. Should monetary policy respond to asset price bubbles? Revisiting the debate [J]. National Institute Economic Review, 2008, 206 (1): 25-34.

风险管理

流动性管控：净稳定资金比例能否替代存贷比

——基于黄冈辖内10家农村商业银行数据

罗其琦　朱文胜[①]

摘要：本文以黄冈辖内10家农村商业银行近3年资产负债扩张数据为基础，比较净稳定资金比例和存贷比对农村商业银行流动性管控的替代性与互补性，通过非平衡面板模型探究基于两种流动性指标干预的信贷供给异质性，得出加强流动性管控与稳定地方法人机构信贷增长相关结论和启示。

关键词：净稳定资金比例　存贷比　信贷供给　有效性

一、问题的提出

加强流动性风险管控，以此稳定和促进农村商业银行信贷有效增长，是人民银行分支机构传导稳健货币政策、加强和改进区域金融服务、促进地方经济高质量发展的重要职责。现阶段，加强银行流动性风险管控仍存在核心指标之争：是聚焦新兴的净稳定资金比例（NSFR），还是着眼于传统的存贷比（LDR）？

净稳定资金比例起源于2010年的《巴塞尔协议Ⅲ：流动性风险计量、标准和检验的国际框架》，指可用的稳定资金与业务所需的稳定资金之比，一般要求大于或等于100%。可用的稳定资金是指在持续压力情景下，能确保在1年内都可作为稳定资金来源的权益类和负债类资金。净稳定资金比例管控的核心思想是综合考虑银行资产流动性和融资稳定性，以稳定性为核心标准对各类资产、负债权重进行再赋值，从稳定资金和业务所需稳定资金的角度衡量融资来源与资金运用的错配程度。由于净稳定资金比例能从中长期角度衡量金融机构资金来源和结构能否满足业务健

① 作者简介：罗其琦、朱文胜，均供职于中国人民银行黄冈市中心支行。

康发展需要，该指标经巴塞尔银行监管委员会正式提出后，日益成为各国中央银行、监管部门以及银行内部加强流动性管控的重要指标。2011 年，《中国银监会关于中国银行业实施新监管标准的指导意见》（银监发〔2011〕44 号）正式定义“净稳定资金比例”监管指标；2016 年，净稳定资金比例成为人民银行宏观审慎评估（MPA）银行机构流动性的重要指标，占百分量化考核的 40%；2018 年，净稳定资金比例纳入央行内部评级监管体系，成为影响评级结果的重要因素。在我国，净稳定资金比例的应用和推广在加强货币政策和宏观审慎政策双支柱调控、强化银行机构监管中走过了“初步观察、逐步修订、正式生效”三个阶段。

存贷比（LDR）是银行某一时点各项贷款余额与存款余额之比，作为巴塞尔协议框架下流动性指标之一的历史更早，一般要求小于或等于 75%。如果说净稳定资金比例主要用于监测金融机构较长期限内稳健开展资产业务的能力，则存贷比主要反映银行短期流动性水平和存贷款匹配状况。其优点是简洁直观，缺点是没有考虑银行非贷款资产的流动性贡献，也难以深入反映各项存款和各项贷款的不同流动性状况或对流动性的不同要求。长期以来，存贷比是监管部门“以存定贷”的重要监管指标，设有不得高于 75% 的红线。近年来，存贷比在银行监管中重要性下降。2009 年，银监会允许资本充足率和拨备覆盖率良好的中小银行有条件地适当突破存贷比红线。2017 年，国务院常务会议通过《中华人民共和国商业银行法修正案（草案）》，删除了贷款余额与存款余额的比例不得超过 75% 的规定，存贷比由法定监管指标转为流动性监测指标。

尽管净稳定资金比例与存贷比均为金融机构流动性监测指标，但各方监测管控着力点仍大多聚焦于存贷比，这对地方法人银行新增信贷供给形成了事实上的制约。中小法人银行“以存定贷”的绩效考核机制也在一定程度上降低了银行增加信贷供给的动力。当前，有必要从理论和实证层面分析比较净稳定资金比例和存贷比对于流动性管控的贡献机理，提出加强流动性管控的政策建议。

二、净稳定资金比例与存贷比的内在关联

净稳定资金比例（NSFR）与存贷比（LDR）指标从不同层面反映银行流动性，具有内在的一致性，表现较强的互补性和一定的替代性。

根据定义，我们有：

$$NSFR = \frac{\text{可用稳定资金}}{\text{业务所需稳定资金}} = \frac{\text{可用稳定存款} + \text{其他可用稳定资金}}{\text{贷款所需稳定资金} + \text{其他业务所需稳定资金}}$$

$$= \frac{(a+b)\times\text{各项存款}}{(c+d)\times\text{各项贷款}} = \frac{(a+b)}{(c+d)}\times\frac{\text{各项存款}}{\text{各项贷款}}$$

若将 $\frac{(a+b)}{(c+d)}$ 定义为资产负债结构权重综合系数 k；令 $\frac{\text{各项存款}}{\text{各项贷款}} = DLR$，则 $DLR = \frac{1}{LDR}$。应有：$NSFR = k \times DLR = k \times \frac{1}{LDR}$。

k 与存款结构（a）、其他负债结构（b）、贷款结构（c）、其他资产结构（d）有关，同时还受资产负债项目的期限、质量、流动性等方面的影响。k 越大，存款及其他负债的稳定性越高，贷款及其他资金的流动性越好。在 k 不变的情况下，NSFR 与存贷比的倒数即 DLR 成正比。

设定地方政府、金融管理部门对地方银行机构净稳定资金比例、存贷比指导标准或监控要求符合一般定义，即对 LDR 和 NSFR 分别按不高于 75% 和不低于 100% 管控，则可对系数 k 做出以下推定：

1. k = 75%，存贷比管控与净稳定资金比例达标具有完全一致性。若 LDR ≤ 75%，则 NSFR = 75%/LDR ≥ 100%，存贷比指标管控可替代净稳定资金比例达标要求；若 LDR > 75%，则 NSFR = 75%/LDR < 100%，存贷比与净稳定资金比例均不达标。即 k = 75% 时，存贷比达标，则净稳定资金比例符合要求；若存贷比不达标，则净稳定资金比例也游离合格范围。

2. k > 75%，存贷比管控与净稳定资金比例要求不完全一致。若 LDR ≤ 75%，则 NSFR = k/LDR > 100%，即净稳定资金比例要求可被存贷比要求替代；若 k 与 LDR 均大于 75%，在 k > LDR > 75% 时，NSFR = k/LDR > 100%，在 LDR > k > 75% 时，NSFR = k/LDR < 100%，即此时管控存贷比的努力目标是 LDR 不能超过资产负债结构权重综合系数 k。

3. k < 75%，存贷比管控与净稳定资金比例要求在有效监测流动性方面的互补和替代程度视情况而定。若 LDR > 75%，则 NSFR = k/LDR < 100%，即应努力降低存贷比，直至 LDR ≤ k，此后 NSFR = k/LDR ≥ 100%；若 LDR ≤ 75%，在 LDR < k < 75% 时，NSFR = k/LDR > 100%，即管控存贷比与满足净稳定资金比例要求有互补性；在 k < LDR < 75% 时，NSFR = k/LDR < 100%，即管控存贷比对净稳定资金比例达标无意义，流动性监测管控着力点应调整转移到 NSFR 指标。

综上所述，流动性管控指标的选择和确定主要依赖于银行机构资产负债结构权重综合系数 k。从提高净稳定资金比例角度看，存贷比 LDR 指标在管控银行流动性方面存在有效区间（见图 1）。

图 1 中，横坐标为银行机构资产负债结构权重综合系数 k，纵坐标为银行存贷比 LDR，直线 AD 下方均满足存贷比红线要求，直线 OB 以下区间均满足净稳定资金比例要求，但 BAD 三角区域不符合存贷比管控红线，即在 k > LDR > 75% 时，对存贷比 LDR 的过度管控可能牺牲净稳定资金支持银行资产扩张的效能；在 k <

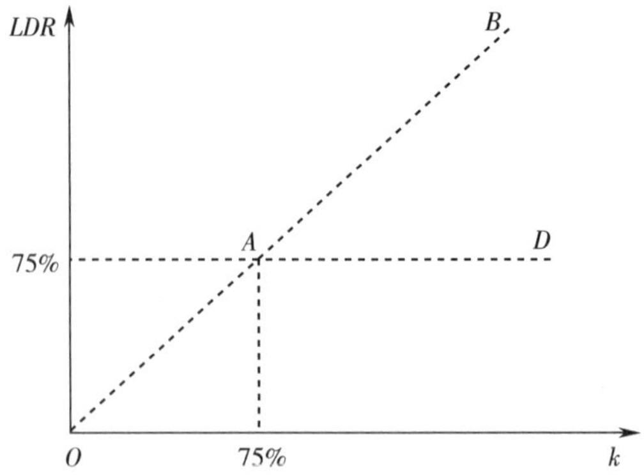

图1　LDR 有效替代 NSFR 区间示意图

LDR < 75% 时，即使存贷比达标，银行净稳定资金比例也不符合流动性管控要求，此时存贷比管控目标应视 k 而定。

三、实证分析

（一）指标构建

1. 净稳定资金比例

$$NSFR = \frac{ASF}{RSF} = \frac{\sum_i w_i L_i}{\sum_j w_j A_j} \tag{1}$$

其中，L_i 和 A_j 分别代表负债方和资产方科目，w_i 和 w_j 分别为负债方和资产方科目的赋值权重。稳定性越高 w 越大，流动性越高 w 越小。进一步测算与 NSFR 相对应的融资稳定性 FS_1 和资产流动性 AL_1。FS_1 越大，机构融资稳定性越高；AL_1 越大，资产流动性越高。

$$FS_1 = \frac{\sum_i w_i L_i}{TotalLiability} \tag{2}$$

$$AL_1 = \frac{TotalAssets}{\sum_j w_j A_j} \tag{3}$$

因农村商业银行初始数据与根据全球通用格式构建的资产负债表进行赋值权重后的计算结果有较大偏差，为保证样本充足，且时间序列上计算口径一致，本文以

10家样本农商行报备业务状况表数据为基础①，参照巴塞尔协议Ⅲ对NSFR计算规则，构建净稳定资金比例计量框架，简化资产负债表模板②，并基于净稳定资金角度进行赋值（见表1），计算净稳定资金比例，得到每家农商行各类流动性指标。

表1　基于业务状况表的农村商业银行资产负债科目赋值　单位：%

资产方	一级科目	二级科目	NSFR权重	DLR权重
1	盈利资产	—	—	—
1. A	—	贷款和垫款	100	100
1. B	—	其他交易性资产	25	0
1. C	—	其他长期投资	100	0
2	固定资产	—	100	0
3	非盈利资产	—	—	—
3. A	—	现金及存放央行	0	0
3. B	—	商誉	0	0
3. C	—	其他资产	100	0
	—	—	—	—
负债方	一级科目	二级科目	NSFR权重	DLR权重
1	存款和短期融资	—	—	—
1. A	—	活期存款	60	100
1. B	—	定期存款	80	100
1. C	—	同业负债	35	0
1. D	—	央行借款	70	0
1. E	—	其他存款和短期借款	70	0
2	其他有息债务	—	—	—
2. A	—	交易性负债	0	0
2. B	—	长期融资	100	0
2. C	—	其他理财产品	40	0
3	其他非息负债	—	100	0
4	贷款及其他损失准备	—	100	0
5	股东权益	—	100	0

其中，在资产方面：固定资产和其他非盈利资产流动性差，赋值权重为100%；现金及存放央行款项包括了存放同业，样本商业银行存放同业皆为一年期内活期及定期存放，流动性高，赋值权重为0；考虑到信贷资产质押和贷款证券化还在试行

① 商业银行资产负债数据源自人民银行金融统计管理信息系统。

② 股权资本在流动性管理层面是稳定性融资，故将股东权益归属在负债类别便于分析。

推广期或起步阶段，设定各项贷款流动性较差，赋值权重为100%；交易性资产包含票据融资和有价证券投资，考虑到交易市场成熟，流动性较好，对其赋值25%。负债方面：长期融资、损失准备金和股东权益等稳定融资赋值权重为100%；同业负债多为农村信用联社系统内上存资金，具有一定的被动性特征，赋值权重为35%；其他理财产品赋值权重为40%；活期存款与定期存款参照Federico和Vazquez（2012）对储蓄存款和定期存款的赋值权重，分别赋值60%和80%。其他存款、短期借款和央行借款为主动负债（财政或非税收入结算款、央行再贷款资金等），流动性强于定期存款、弱于活期存款，取中间值，赋值权重为70%。

2. 存贷比

为与NSFR数值反映流动性趋势一致（数值越大流动性越高），本文改用存贷比LDR倒数即贷存比DLR做计量基准。

$$DLR = \frac{1}{LDR} = \frac{TotalDeposits}{TotalLoans} \tag{4}$$

对应DLR的融资稳定性和资产流动性指标为：

$$FS_2 = \frac{TotalDeposits}{TotalLiabilities} \tag{5}$$

$$AL_2 = \frac{TotalAssets}{TotalLoans} \tag{6}$$

（二）模型设计

本文以银行间7天期央行逆回购利率调整反映流动性冲击，以辖内10家农村商业银行2015年初至2018年中13个季度资产负债数据为基础，引入非平衡面板模型，分别以净稳定资金比例和存贷比指标为干预目标，分析比较流动性冲击对信贷供给的影响程度。

$$Lending_{i,t} = \alpha_i + \beta_1 \times LiquidityShock_t + \beta_2 \times StructuralLiquidity_{i,t} + \beta_3 LiquidityShock_t \times StructurlLiquidity_{i,t} + \gamma_i \times X_{i,t} + Dummy_t + \mu_{i,t}$$

其中，i表示样本银行个体，t表示季度时间序列，α_i代表个体异质性，β_1为流动性冲击系数，β_2为结构流动性指标系数，β_3为存贷比交互项系数，$X_{i,t}$为银行内部层面控制变量的集合（γ_i为其系数），包括资产规模Size（取总资产的自然对数计量）和资本充足率Car，$Dummy_t$为流动性冲击虚拟变量，$\mu_{i,t}$表示个体和时间扰动项。

被解释变量为银行信贷供给$Lending_{i,t}$，以银行贷款同比增速取值。核心解释变量为流动性冲击$LiquidityShock_t$、结构流动性指标$StructuralLiquidity_{i,t}$以及二者的调节交互项$LiquidityShock_t \times StructurlLiquidity_{i,t}$。

结构流动性指标采用净稳定资金比例NSFR和贷存比DLR两类。

以银行间质押式回购利率（*Weekrepo*）作为利率走廊操作对象，以7天期央行逆回购利率作为流动性管理的政策利率度量 *Weekre*，为剔除7天期央行逆回购利率中包含的预期政策利率成分，本文以超额准备金利率 *ERratio* 作为利率走廊下限，反映政策利率的代理变量，使用 *Weekrepo* = *Weekre* − *ERratio* 反映银行间流动性受政策性冲击的强弱。

表2为主要变量的描述性统计。10家样本银行平均贷款增速为23.88%，最小值为−5.26%，说明个别银行近年出现了信贷紧缩情况；净稳定资金比例平均值大于100%，但有个别银行净稳定资金比例小于100%，出现流动性风险；存贷比倒数均值为1.833，最大值为2.472，最小值为1.247，平均存贷比为54.56%，最低存贷比为40.45%，最高存贷比为80.19%。

表2　　全样本变量统计表

变量	变量定义	观测值	均值	标准差	最小值	最大值
Lending（%）	贷款增速	130	23.88	18.16	−5.26	76.57
NSFR	净稳定资金比例	130	1.397	0.239	0.779	1.779
DLR	存贷比倒数	130	1.833	0.276	1.247	2.472
Weekrepo（%）	流动性冲击力	13	2.196	1.041	0.006	0.043
Car（%）	资本充足率	130	11.902	1.729	0.944	17.33
Size（log）	总资本自然对数	130	6.007	0.157	5.651	6.394
FS_1	融资稳定性	130	0.745	0.066	0.495	0.789
FS_2	融资稳定性	130	0.826	0.154	0.265	0.912
AL_1	资产流动性	130	1.869	0.228	1.239	2.319
AL_2	资产流动性	130	2.338	0.763	1.538	6.787

（三）回归分析

本文使用个体固定效应（FE）估计模型对样本银行进行回归分析，所有回归均采用聚类稳健标准差。表3列示了在不同类型的流动性指标控制下，流动性冲击对信贷供给的影响。

表3　　个体固定效应模型估计结果

变量	(1)	(2)	(3)	(4)
	NSFR	NSFR	DLR	DLR
Weekrepo	−4.356***	−5.751	−2.957***	−13.826***
	(−2.827)	(−1.504)	(−2.855)	(−4.066)
Weekrepo × NSFR		1.176		
		(0.565)		

续表

变量	(1)	(2)	(3)	(4)
	NSFR	NSFR	DLR	DLR
Weekrepo × DLR				5.789*** (3.276)
NSFR	-0.596*** (-10.271)	-0.609*** (-7.366)		
DLR			0.122*** (3.334)	0.001 (0.026)
Size	-0.417*** (-4.857)	-0.431*** (-4.643)	-0.674*** (-7.682)	-0.675*** (-7.385)
Car	-2.467*** (-5.083)	-2.324*** (-4.683)	-2.898*** (-6.033)	-2.735*** (-5.749)
常数	3.964*** (7.786)	4.047*** (7.046)	4.473*** (8.479)	4.686*** (8.486)
个体固定效应	[18.67]***	[12.152]***	[7.071]***	[7.33]***
观测值	130	130	130	130
样本数量	10	10	10	10
调整后 R^2	0.677	0.597	0.442	0.472

注：( ) 为估计系数 t 值，[ ] 为虚拟变量联合显著性的 F 统计值。***、**、* 分别代表在 1%、5%、10% 显著性水平下显著。

其中，第（1）、第（3）列未加入交互项，结果显示流动性冲击系数 β_1 显著为负，说明商业银行在流动性紧缩时会减缓信贷供给。结构流动性指标系数 β_2 虽然显著，但系数值较小，说明结构流动性指标管控对信贷供给的直接影响有限。在第（2）、第（4）列加入交互项变量后，结果显示，一是贷存比（DLR）指标可通过调节流动性冲击间接影响银行的信贷供给。存贷比交互项系数 β_3 显著为正，且系数值增大，说明受到同一系统流动性紧缩冲击时，贷存比（DLR）水平越高的银行信贷供给收缩程度越小；二是净稳定资金比例（NSFR）在加入交互项变量后 R^2 解释能力反而下降，说明中小型农村金融机构净稳定资金比例指标不适合用于调节流动性冲击对信贷供给的影响。在未加入交互项变量的情况下，净稳定资金比例系数 β_2 显著为负，说明中长期结构流动性指标越高的银行，在系统流动性充裕时期，信贷供给越稳健；在受到短期系统性流动性紧缩冲击时，越会通过收缩信贷供给来维持较高的融资稳定性比率以获取一贯性政策监管考核红利。

控制变量资本充足率 Car 的系数 λ_2 同样也显著为负，说明自 2016 年以来，宏观审慎评估框架对地方商业银行形成了有效的政策指引效果，印证了收缩信贷供给以获取一贯性政策监管考核红利的说法。控制变量 Size 的系数 λ_1 显著为负，说明总资产规模较大的银行由于信贷余额基数大，信贷供给增速总是低于总资产规模较小的银行，出现“小银行发展快，大银行吃老本”情况。

1. 稳健性检验

替换流动性冲击指标。一是参照 Thornto（2009）用 $Weekrepo = Weekre - ERratio$ 反映流动性风险和信用风险差值思路，将 *Weekrepo* 直接替换为包含了各种风险溢价的央行 7 天期逆回购利率；二是基于逆回购利率构建流动性冲击虚拟变量 $Dummy_t$，当 7 天期逆回购利率超过全样本中位数 3.25% 时 *Dummy* 取值为 1，否则为 0。估计结果表明，流动性冲击指标的替换不改变原基本结论。

表 4　　替换流动性冲击量估计结果

流动性冲击指标	(1)	(2)	(3)	(4)
	NSFR	NSFR	DLR	DLR
Weekre	-4.356***		-13.826***	
	(-2.827)		(-4.066)	
Dummy		-0.144***		-0.341***
		(-4.494)		(-12.286)
NSFR		-0.343***		
		(-5.738)		
Weekre × DLR			5.789***	
			(3.276)	
Dummy × DLR				5.147***
				(3.276)
DLR			0.001	0.10***
			(0.026)	(3.294)
Size	-0.417***	-0.232***	-0.675***	-0.110
	(-4.857)	(-2.820)	(-7.385)	(-1.191)
Car	-2.467***	-1.891***	-2.735***	-1.036***
	(-5.083)	(-4.575)	(-5.749)	(-4.405)

2. 进一步分析

结构流动性的变化受资产和负债及其互动影响。在人民银行分支机构加强地方信贷调控、加强政策窗口指导工作中，是应该优先专注于信贷资产的流动性还是更加关注融资稳定性？将基准模型中的 Structural Liquidity 替换为反映融资稳定性的 FS 或反映资产流动性的 AL。估计结果如表 5 和表 6 所示，分别对比第（1）、第（3）、第（5）、第（7）列与第（2）、第（4）、第（6）、第（8）列，加入了交互项影响

的 FS_1 和 AL_1 的显著性降低了，FS_2 和 AL_2 的显著性增高了，再次印证了农村商业银行净稳定资金比例（NSFR）指标不适合用于调节流动性冲击对信贷供给的影响，而贷存比（DLR）指标可通过调节流动性冲击影响银行的信贷供给。融资稳定性方面，FS_1 与 FS_2 显著性较高；资产流动性方面，AL_1 显著性较差，AL_2 显著性较高。

表 5　　资产流动性和负债稳定性的单独影响（NSFR 口径下）

影响指标	(1)	(2)	(3)	(4)
	FS_1	FS_1	AL_1	AL_1
Weekrepo	-2.328*** (-5.182)	5.177 (0.96)	-2.747*** (-3.038)	-9.785*** (-2.631)
Weekrepo × FS_1		-10.033 (-1.442)		
Weekrepo × AL_1				3.749 (-1.769)
FS_1	-6.287*** (-31.446)	-6.055*** (-24.652)		
AL_1			0.064 (1.854)	-0.037 (-0.638)
观测值	130	130	130	130
样本数量	10	10	10	10
调整后 R^2	0.925	0.921	0.603	0.589

表 6　　资产流动性和负债稳定性的单独影响（DLR 口径下）

影响指标	(5)	(6)	(7)	(8)
	FS_2	FS_2	AL_2	AL_2
Weekrepo	-1.675 (-1.348)	5.290*** (3.608)	-2.694*** (-3.082)	-6.152*** (-4.797)
Weekrepo × FS_2		9.000*** (-4.856)		
Weekrepo × AL_2				1.915*** (-6.449)
FS_2	-2.048*** (-10.983)	-1.962*** (-11.653)		
AL_2			0.151*** (8.33)	0.116*** (-7.345)
观测值	130	130	130	130
样本数量	10	10	10	10
调整后 R^2	0.562	0.720	0.534	0.705

综合来看，净稳定资金比例（NSFR）的调节效应主要是其分子部分融资稳定

性（FS_1）在发挥调节作用，提示我们应加强商业银行融资稳定性的管理，充分运用货币政策工具调整商业银行融资结构；存贷比（DLR）的调节效应是资产流动性（AL_2）和融资稳定性（FS_2）共同作用。

结合辖内10家样本农村商业银行融资特点与本文构建的净稳定资金比例计量框架分析，FS_1 虽然涵盖了各类负债项目，并对各项负债项目进行了权重赋值，但其核心融资来源单一，存款加股东权益占比非常大，同业借款、央行借款、政策性存款等其他资金补充占比较小；如果农村商业银行信贷供给更多地依赖于其吸收存款能力，则综合加权后的融资稳定性指标对信贷供给的解释力将会减弱。本文样本银行内的存款占全部负债（即 FS_2）的比重均值是82.6%，而经过加权赋值后的稳定性融资（即 FS_1）样本均值是74.5%。样本银行融资结构的单一性在一定程度上削弱了净稳定资金比例对模型的解释能力，而更加简单、直接的存贷比指标对样本银行信贷供给的解释能力反而更高。也就是说，在目前农村商业银行资产负债结构、风险质量和流动性管控密切相关情况下，加强存贷比管控应优先于聚焦净稳定资金比例要求。

四、结论和启示

（一）结论

1. 农村商业银行特殊的资产负债结构特征有可能造成基于NSFR指标管控的失效。从黄冈市农村商业银行近3年情况看，存贷比指标管控对流动性冲击影响信贷供给更具有解释力，净稳定资金比例管控标准及细则还需进一步细化。

2. 当存贷比管控覆盖净稳定资金比例要求时，流动性越高的银行贷款增速受流动性冲击影响越小；当净稳定资金比例达标覆盖存贷比管控要求时，在逆周期情况下，流动性越高的银行贷款增速受流动性冲击的影响反而越大。

3. 在宏观审慎评估（MPA）管理框架下，资本充足率、杠杆率考核与流动性管控等可能对信贷供给造成重叠性影响。MPA对信贷供给影响与其他银行内部特征指标存在多期滞后性。对资本充足率和杠杆率的考核会形成商业银行提高资本充足率满足监管的预期，在稳定性融资资源稀缺的情况下，叠加框架内流动性考核项目对净稳定资金比例的约束，农村商业银行更加倾向于收缩高流动性信贷资产以满足考核要求。

（二）启示

1. 人民银行投放低成本再贷款资金是宏观审慎监管框架下改善农村商业银行信

贷供给稳定性的重要动因。人民银行分支机构要进一步探索完善支农、支小、绿色、扶贫等信贷政策支持再贷款和再贴现业务拓展路径，不断提高农村商业银行融资的稳定性。

2. 虽然存贷比指标不再作为流动性管理考核的硬性要求，但对资产负债结构单一的农村商业银行仍具有很强的解释、指导意义。人民银行分支机构宜继续将存贷比作为管控商业银行流动性的重要参考指标，引导农村商业银行加强支农、支小、绿色、扶贫等重点或薄弱领域的信贷供给。

参考文献

［1］杨迪川．利率走廊的国际经验与我国利率走廊构建研究［J］．金融监管研究，2016（11）：43－64.

［2］中国人民银行货币政策司．货币政策调控转型策略研究［R］．中国人民银行研究局重点课题获奖报告，2012.

［3］Federico，P.，Vazquez，F. Bank Funding Structures and Risk：Evidence from the Global Financial Crisis［R］．IMF，Working Paper，No. 29，2012.

［4］Thornton，D. What the LIBOR－OIS Spred Says［R］．Fed. Bank. St. Louis，2009（24）：1－2.

中国 PPP 井喷式发展下潜在财政风险分析与应对策略探讨

喻　强[①]

2013 年，中国经济步入了发展新常态，三期叠加[②]下经济进入下行周期。为缓解地方政府财政压力，同时激发社会资本活力，中国政府开始统筹布局 PPP 制度建设，并由财政部和发改委分别牵头推进公共服务与基础设施投资领域的 PPP[③] 项目，通过资本运作、资源整合、资金配置，全面提升公共产品与公共服务综合效益水平，以此推进国家治理能力与治理体系现代化建设。

此后，中国各地 PPP 项目出现"井喷式"增长。财政部发布的数据显示，截至 2018 年 9 月，中国 PPP 综合信息平台项目管理库累计入库项目 8 289 个、投资额 12.3 万亿元。另外，中国国家发改委共向社会推出 3 批次 3 764 个 PPP 项目，拟投资总额约 6.37 万亿元。中国一跃成为全球最大的 PPP 市场。然而，中国 PPP 项目发展异化明显，即地方政府将 PPP 作为前期已被清理的政府融资平台融资的替代工具，而未站在公共产品或服务融资、建设、运营与移交等全生命周期角度，将 PPP 视为推进公共治理现代化的重要工具。大部分项目出现了落地难、融资难、退出难等多种问题。财政部对不符合要求的 PPP 进行了清理，截至 2018 年 4 月，全国被退库或整改的 PPP 项目达到3 700个，占目前管理库项目总数的约 51%；清减或整改涉及投资资金 4.9 万亿元，占入库项目投资总额比重的约 36%。财政部统计数据显示，截至 2017 年 12 月底，地方政府债务余额为 16.47 万亿元，比年初增加 1.15 万亿元，地方政府债务率（债务余额/综合财力）为 80.5%，仍然处于高位。而在财

① 作者简介：喻强，现供职于北京银保监局。

② 增长速度换挡期、结构调整阵痛期、前期刺激政策消化期。

③ 财政部《关于推广运用政府和社会资本合作模式有关问题的通知》指出，政府和社会资本合作模式是在基础设施及公共服务领域建立的一种长期合作关系。通常由社会资本承担设计、建设、运营、维护基础设施的大部分工作，并通过"使用者付费"及必要的"政府付费"获得合理投资回报，政府部门负责基础设施及公共服务价格和质量监管，以保证公共利益最大化。

政部 PPP 项目管理库中，政府付费和可行性缺口补助两类项目比重已超过 80%，投资额占投资总额的 85% 以上，2015 ~2045 年，PPP 项目涉及财政支出责任总计 9.9 万亿元，年均 3 194 亿元，呈现先升后降的趋势，预估在 2024 年达到5 891亿元的峰值。在地方政府债务高企下，PPP 项目引致的潜在财政风险①不容忽视。

一、PPP 财政风险国内外研究综述

国际上，对 PPP 财政风险研究是近 20 年才开始的，国际货币基金组织、世界银行等多边金融机构形成了一些研究成果。如 Hemming，Richard（2006）指出，在 PPP 项目中政府除了承担直接支付责任外，还会因政府担保行为产生或有债务，形成财政风险。世界银行金融与私营部门发展网络、世界银行学院编写的《PPP 财政承诺管理框架的实施》报告中，定义了 PPP 财政承诺，指出管理 PPP 财政承诺的重要意义，对财政承诺管理框架进行了讨论，并研究了与之相关的识别评估、预算安排、职能划分等问题。亚洲开发银行专题报告《PPP 的财政效应》认为导致财政风险的因素有：政府部门签署固定收益率合同、接受不恰当的无条件支付安排或者为项目提供担保而过度承担项目风险；未安排项目的长期预算，将政府的财政责任转移到预算外；项目信息披露不充分，风险责任边界划分不清晰及监管有效性不足等。

中国国内方面，曾小慧、战岐林（2013）与世行观点相似，认为政府的各种隐性、或有负债问题将会使政府承担较多的财政风险，并采用了量化分析的方法得到了财政风险各项组成因素的影响权重，指出政府担保是 PPP 模式财政风险的主要因素。周小付（2013）从产权视角分析指出，当前 PPP 模式财政风险的根源在于法律形式的所有权与经济实质分离，要合理、清晰界定产权，从主要风险承担者的角度确定所有权的归属。白璐瑶、王春成（2014）指出了 PPP 模式中公共负债管理的隐性风险，即政府承担的合同以外的法定保证责任、基于对 PPP 项目的产品需求保障而产生的支出责任、政府对 PPP 项目的救济责任。温来成、刘洪芳和彭羽（2015）认为，由于 PPP 模式中参与主体较多、信息不对称、参与目的不一致等原因，其中隐含的财政风险较高。另外，我国现阶段法律和道德约束不足，导致财政风险进一步加大。对此建议：控制投资规模，设置专项管理机构，细化财政风险管控措施，健全 PPP 法律体系等。王玺和夏强（2016）指出，PPP 项目中的财政承诺面临诸多问题，如长期的财政承诺与短期的一般公共预算不匹配、或有负债成本导致测算偏

① 主要包括：直接财政承诺风险项下的建设期预付投资补贴风险、持续性支付风险，以及或有负债风险项下的特定风险担保、不可抗力补偿、合同终止补偿、信用担保所带来的相应风险和合同条款之外等形成的隐性风险。

差、缺乏明确清晰的财政承诺制度导致 PPP 项目落地难、经济财政因素对 PPP 项目造成冲击等。对此，应构建财政承诺测算方式、健全财政监管体系、及时披露信息和加强财政承诺管控，以防范 PPP 项目财政承诺的风险。樊轶侠（2017）指出，在编制预算未充分考虑风险的情况下，PPP 模式将出现“财政幻觉”，存在不能向社会资本足额支付费用的风险，因此需基于资产管理权和运营经营权分离，明确政府的资产、支出和偿付义务等责任，以合理分担风险。

综上所述，国内外主要从法律视角、监管视角、发展视角、预算视角对 PPP 财政风险进行了相关研究。

二、PPP 引致潜在财政风险的成因分析

PPP 引致的财政风险具有隐蔽性、不确定性、复杂性等特点。当前，中国 PPP 项目引致财政风险的成因既有微观层面——地方政府考核驱动下的异化认知，又有中观层面——短期预算管理带来的财政幻觉、风险管理体系与 PPP 监督管理架构不完善，还有宏观层面——PPP 法律制度体系不完善等诸多方面的原因。

（一）地方政府对 PPP 认知异化

党的十八大提出，要建立不唯 GDP 科学全面的政府绩效考核体系，但新的考核制度体系要形成统一认识并付诸行动，需要转换成本与时间，同时新的考核体系重点解决的结构性发展失衡问题，如环保、扶贫等，仍需要强有力的经济实力支撑，这些又都取决于 GDP。因此，当前地方政府的理性选择仍然受唯 GDP 考核的旧制度惯性驱使，通过固定资产投资拉动地方经济快速发展。在中央自 2014 年提出强化预算硬约束、清理规范地方政府债务、推进以 PPP 为重点的投融资创新渠道后，地方政府将 PPP 作为一种为满足地方政府融资需求与中央政府博弈的一种新的融资工具，出现了认知异化。为了快速上项目取得融资，出现了一系列违规形式。如违法违规举债，主要表现为合同中存在政府方或者政府出资代表向社会资本回购投资本金、承诺固定回报或者保证最低收益等“明股实债”条款；先由社会资本垫资施工、再将项目运营责任反包政府方或政府出资代表方，或政府支出事项与项目产出绩效完全脱钩；本级政府所属的未按规定转型的融资平台公司作为社会资本方参与本级 PPP 项目。

从社会资本介入看，以 2016 年为例，成交的 2.35 万亿元 PPP 项目中，国有企业中标的项目总金额占比约为 74%，民营企业占比约为 26%，这与国际发展模式不符，也背离了我国引入社会资本在弥补资金缺口的同时，更好地发挥其资金集约管理优势、项目运营管理经验优势、公共产品及服务质量管理与客户关系维护优势等。

主要原因在于：一是我国社会民间资本与大型国有资本相比，资产实力偏弱，相应的融资能力也就不足，在当前地方政府重项目建设投资轻后续运营管理的异化认知形势下，难以成为地方政府的主选目标；二是当期 PPP 项目操作流程包括储备、准备、采购、执行、移交五个阶段 19 个步骤，涉及多个管理部门与监管部门，流程复杂、程序烦琐，制度成本较高，特别是部分地方政府官员任期制下涵盖利益狭隘化背离契约精神，使民营资本望而却步；三是 PPP 项目期限长，收益率与市场平均收益率相比尚有差距，民间资本基于风险与收益匹配原则考虑，现行的较低收益水平难以实现商业化可持续运作。

（二）取向性的项目选择引致财政支付压力积聚

地方政府将公共产品与服务按照预期现金流的规模与稳定性分为经营类、准经营类与非经营类三类。对于具有较大规模预期现金流且有稳定回流预期的经营类项目，由政府直接提供，而将后两类纳入 PPP 项目，预期收益率在 6% 左右，甚至低于社会平均融资成本，使未来的财政支付压力逐步积聚。根据财政部发布的全国 PPP 综合信息平台项目库第 9 期季报，截至 2017 年底，管理库中使用者付费项目 1 323个，投资额 1.6 万亿元，分别占管理库的 18.5% 和 14.7%；政府付费项目 2 884个，投资额 3.3 万亿元，分别占管理库的 40.4% 和 30.6%；可行性缺口补助（即政府市场混合付费）项目 2 930 个，投资额 5.9 万亿元，分别占管理库的 41.1% 和 54.7%。政府付费和可行性缺口补助两类项目比重逐步提高到超过 80%，投资额占管理库项目投资总额的 85% 以上（见图 1 和图 2）。

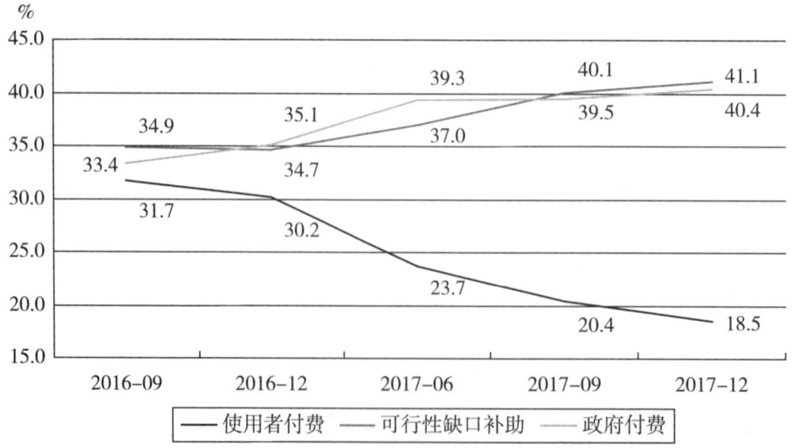

图 1　管理库 PPP 项目数量按回报机制占比统计对比

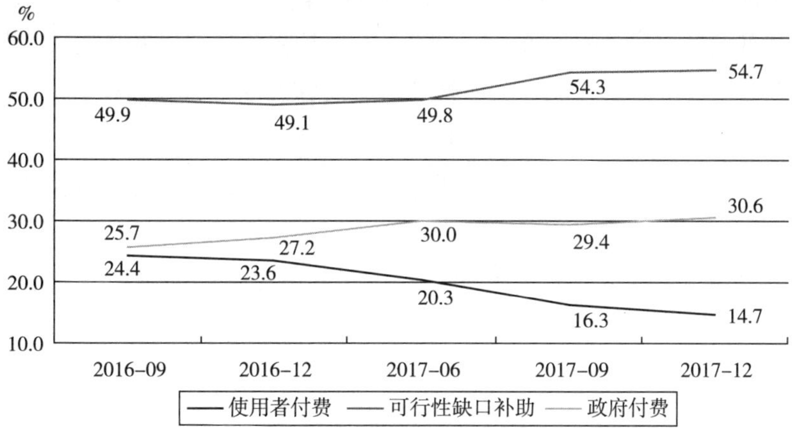

图2　管理库PPP项目金额按回报机制占比统计对比

（三）短期预算管理带来的财政幻觉

中国的年度财政预算采用的是收付实现制，即预算支出只计入实际发生的，而不会计入或有及隐性的债务性支出。PPP项目具有建设周期较长、运营期跨多个财政年度、建设资金集中投入、预期现金流在运营期分期回流等特征，与传统政府采购模式相比，财政支出由一次性支付改为跨多个财政年度分期支付，形成财政幻觉。在预算的短期化、预算支出刚性化（缺乏弹性）、预算收入能力弱化（富有弹性）等客观因素与地方政府官员任期制下涵盖利益变化的主观因素共同作用下，官员短视行为的选择引致过度投资。为避免PPP项目直接财政支出的大幅增加，通过拆分合同，将部分支出转为传统政府采购项目；通过单一来源采购替代招投标方式，压低标价，而后给予投资运营商未来的隐性担保或通过不合理的补贴、补偿等游离于政府资产负债表之外，没有纳入预算管理，这直接导致或有及隐性的财政风险不断积累，一旦表外负债失控，可能诱发系统性的债务危机。

（四）多头监督管理体系有效性不足

当前，中国PPP项目监督管理体系是财政部与国家发改委负责总体管理，涉及19个领域的行业主管国家部委负责具体监管，如交通部、水利部、民政部、生态环境部等。从两个总体管理部门职责看，财政部主要负责管理公共服务类PPP项目，发改委主要负责基础设施类，但从实际运作看，两个部门管理的PPP项目高度重合，主要集中在市政基础设施、交通运输、水利、环保、能源、农业、林业七大领域。从审批要点看，发改委实际工作中更注重工程的审批与投资管理，对于财政部要求的前置评估、论证并不能很好地贯彻执行。从各部门颁布的政策文件看，相互不协同、不配套甚至相互冲突时有发生，对具体操作方式、流程等的把控存在偏差。

从上述部门博弈的分析结果可以看出，在监管机构过多，并且监管机构之间职能交叉的前提下，势必会在职能交叉领域造成监管混乱，当监管成本过大时，监管机构之间会相互推诿责任，从而造成监管缺失，而当监管成本很小时，监管机构之间又会争相对该领域进行监管，从而造成监管重叠，整体上增加了管制成本，降低了监管效率。

另外，作为市场一方——负责 PPP 项目方案设计的咨询机构专业能力良莠不齐，在商业利益驱动下，与社会资本、地方政府共谋在多主体的监管体系下博取套利空间，将一些不合规的项目向部委申报，潜在财政风险积聚。仅从财政部 PPP 项目管理库①落地率看，2013～2017 年，落地率分别为 56%、58%、52%、40% 和 13%，呈现快速下降趋势，特别是在 2017 年呈现断崖式下降。

（五）风险管理体系薄弱

在项目识别阶段，物有所值②评价由于实践中缺乏充足的数据积累，难以形成成熟的定量模型，定量评价处于探索阶段，目前以定性评价为主，涉及全生命周期整合程度、风险识别与分配、绩效导向、潜在竞争程度、政府机构能力、可融资性六项基本评价定性指标。而发达国家普遍采用定量为主、定性为辅，紧密结合的评价体系，如加拿大评价体系中有 18 个定性指标，对定量指标与相应权重已细化到不同行业。与之相比，我国指标体系设计过于简陋，缺乏实操性，各地的物有所值评价流于形式。

对于财政承受能力，财政部要求“每一年度全部 PPP 项目需要从预算中安排的支出责任，占一般公共预算支出比例应当不超过 10%”，但对于 PPP 单个项目财政支出能力的判断主要是利用定性方法，而很少使用定量方法，原因在于缺乏数据——在 PPP 模式利用的初始阶段，项目的投资额与收益额、给政府带来的新增负债与收益等数据都存在统计上的难度。从而，出现了财政总量控制与分项目控制偏离。为了加大 PPP 项目上线力度，一些财政收入能力薄弱的地区采取各种违规手段掩盖 PPP 项目财政支出总量，尽管如此，还有不少地方超越了 10% 的红线。据财政部报告显示，年度最大支出占比超过 10% 限额的市县，保守估计已达到 253 个，主要分布在四川、湖南、河南等地。

① 管理库处于准备、采购、执行、移交阶段的 PPP 项目，落地指处于执行阶段。储备库处于识别阶段，正在进行债务能力评估与物有所值评估。

② VFM（Value For Money）最优化利用可用资源以获取想要的结果，包括节约、效率和效果三方面——英国审计署。

在项目建设、运营阶段，尚未建立动态的全生命周期风险监控体系，不能有效地进行风险识别和整体评估，对购买服务项目数量、质量和资金使用绩效等不能科学地进行考核评价，并以此确定及调节政府付费水平。同时缺乏动态的跟踪机制，不能及时跟踪、发现问题，将评价结果向社会公布，发挥社会公众的监督作用，不利于对财政风险进行及时预警、化解和处置。

（六）PPP法律制度体系不完善

当前，中国尚未制定PPP专门法，涉及PPP的上位法规定分散于《预算法》《政府采购法》《合同法》《招标投标法》《会计法》《税收征收管理法》《商业银行法》《价格法》等，对于PPP全生命周期管理中的若干核心问题存在法律盲区，如价值评估、绩效评估与监督、各流程风险边界与划分原则等。从PPP成熟市场国家经验看，基本都有一个完善的法律体系。如日本在1986年制定《利用民营资源加速建设公共设施法》，并与1991年制定的《关于促进以民间资金进行公共建设之整备法》形成了日本的PPP上位法律体系。韩国于1994年颁布实施了《促进私人资本参与社会投资法案（PPP法案）》。德国于2005年颁布《公私合作制促进法》。这些法律都对政府职责、风险分摊等做了约束性规定。

由于中国缺乏上位法原则约束，各主管部委和地方政府名义发布的涉及PPP的政策文件呈现分散性、衔接性差、过于原则、实操性差等特点。如现有的市政公用相关领域价费体系和财政补贴政策尚不健全，未形成城镇供水、供气行业上下游价格联动机制。再如，大部分PPP项目边界条件模糊、采购需求复杂，实践中更适合用竞争性谈判或竞争性磋商方式，但相关法律规定过于简略、缺乏透明度，导致实践运用五花八门，背离初衷，甚至滋生腐败。

法律体系不健全对潜在财政风险积累的主因在于没有通过法律清晰界定政府与社会资本方在PPP项目识别准备、设计、融资、施工、运营、政府采购、维护、移交等全生命周期阶段各个环节流程中的职责边界、风险划分，难以按照市场化原则，形成法律硬约束下政府与社会资本的风险最优配置。由于大部分PPP项目属于公共服务范畴，均不同程度地涉及国计民生，政治属性、社会属性较强，社会资本在全生命周期的任何一个阶段，都有可能基于商业利益考虑调价或选择性退出。如融资阶段融资成本过高，建设阶段遇到重大突发事件，期限延长导致成本大幅上扬，运营维护阶段不确定性风险带来的成本上涨等，社会资本都会与政府启动再谈判程序，拟将风险转移给政府。由于政府是公共服务的最终提供者，在风险分担缺乏法律约束的情形下，社会资本的再谈判调价或选择性退出将倒逼政府继续提供公共服务或同意其调价要求，不确定性风险转移至政府或有财政风险。

三、应对策略探讨

在中国财政预算管理体制不断深化和预算持续强化下，PPP 不仅仅是一种投融资工具的创新，解决传统采购模式下集中式支付带来的财政压力，更是公共治理方式的一种创新，通过引入社会资本参与到公共产品和服务设计、建设、提供运营、维护、移交等全生命周期中，发挥私人资本替代性优势，实现资金节约、数量与质量效率协同、社会效应最优等目标，以此推进国家治理体系和治理能力的现代化。针对当前 PPP 爆发式增长带来的潜在财政风险问题，建议从以下方面协同发力，促进 PPP 步入良性健康持续发展轨道。

（一）建立健全 PPP 法律体系

尽快出台《政府和社会资本合作法》或《特许经营条例》国家立法，明确 PPP 的法律要求和应用范围，政府审批权限、流程和管理程序，政企的核心权利和义务边界，合同框架和风险分担原则，退出机制和纠纷处理机制，财政规则与会计准则，政府监管与公众参与制度等，建立起较为完善的国家层面的 PPP 法律框架。在 PPP 专门法律框架内，按照生命周期环节流程全覆盖、务求操作实效、剔除冲突性条款的思路，对现行的部门规章、规范性文件进行系统梳理，重点关注管辖权划分与协同、财政可承受能力与物有所值评估、不同政府采购方式适用性与流程要件、优惠性的配套措施等。通过法律的完善，降低、化解不确定性，保障参与者合法权益，以使其形成稳定预期，促进市场信心的树立和强化，有效遏制 PPP 市场无序发展下财政风险的积聚。

（二）PPP 项目财政支出纳入中长期预算管理

建议地方政府统筹考虑本地区公共产品或服务项目的规划，全面、发展、统筹着眼于区域未来的整体优化发展，实施投融资，将 PPP 置于中长期规划和预算的框架之下，在宏观制度层面和微观操作层面形成双重预算约束，切实防控政府性债务风险，通过构建约束有效、激励相容、运转协调的治理框架和机制设计，提升公共资源配置效率。

具体建议如下：

一是总量预算约束，遏制系统性政府性债务风险。根据地方政府一般公共预算的总体规模及发展趋势，动态下达各地方政府 PPP 投资规模的上限指标（不包括使用者付费型 PPP），与 10% 红线比例按照孰低法实施约束。

二是地方政府制订未来几年的中期财政目标，包括收支、赤字、盈余规模以及债务水平，并且通过预算约束和控制来实现这些目标。建立直接或有债务基金，与PPP政府支出一起纳入中期预算管理，通过对PPP项目总额和分配比例的统筹安排、预先安排，实现跨年度预算管理，进而实现财政支出由现金收付制转向权责发生制。

三是强化绩效预算管理，防控或有债务、隐性债务风险。在采购方案的选择阶段，以物有所值为标尺对不同的采购方案审慎比较，重视方案中潜在的或有债务、隐性债务；在运营阶段，要关注PPP项目的运营绩效和债务风险，做好成本收益分析，把业绩考核的结果作为补贴或补助支付的标准，从而使相对稀缺的资源得到效用最大化的配置。

（三）建立健全风险监督管理体系

在风险监督管理主体方面，中国现状是财政、发改双头主导多头监管模式，政出多门、协同效果较差。从国际经验看，加拿大、澳大利亚、英国都设立了专门的PPP管理机构，如英国财政部下设英国基础设施投资局负责PPP项目统筹，专门负责PPP项目监管，极大地减少了多部门间的协调成本。建议在财政部、发改委二者中确立一个主导部门或在国务院层面单独建立PPP管理部门，统筹监管资源，提升监管效能。

一是严把入口关，建议建立PPP项目联审机制，按照“多评合一、统一评审”的要求，加强部门协调，对PPP项目进行联合评审，强化PPP项目的风险评估；加强项目可行性研究，依法依规履行投资管理程序；简化操作，进一步提高审核效率。

二是积极引入第三方专业评估机构，对项目进行风险识别和整体评估。可尝试利用PPP项目规模与GDP、国家公共投资额、政府以前年度积累的负债总额、PPP落地项目规模等相关数据，构建合适的PPP项目规模判断模型，并利用该模型，测算PPP项目规模的合理区间，从总量上对PPP项目的规模进行测度和约束。对于单个PPP项目财政支出责任，主要包括股权投资、运营补贴、风险承担、配套投入四个方面。在这四个阶段中分别利用对应的计算公式算出所需的财政支出金额，最后把这四个支出金额进行汇总，就得到了单个PPP项目财政承受的财政支出责任总额。PPP模式复杂、项目风险较多，包括区域、市场、项目层级的各类风险，要有效防范各类风险向财政风险的传导，综合利用专家打分法、敏感性分析法、蒙特卡洛模拟方法等来识别风险，并利用基于Vague①值的风险评估方法等来测算PPP项目的量化风险值。

① Vague集理论在模糊性、不确定性问题中显现出来的优势，被广泛地应用于故障诊断、决策评估、模式识别和模糊控制等领域。风险的发生概率是指风险发生的可能性，可以用（0，1）上的模糊数（概率范围）表示一个Vague值。

三是实行PPP推进工作全生命周期进行监管和考核，对购买服务项目数量、质量和资金使用绩效等进行考核评价。同时，强化对第三方PPP咨询机构的监管治理，从政策层面推出咨询业务导引框架，明确第三方PPP咨询机构的责任，规范PPP咨询准入、监管和退出管理，健全追责机制，规范咨询机构行为。

（四）进一步完善资金融通与退出渠道

当前PPP主要融资模式为传统信贷，金融工具的价格发现与风险分散功能未能有效发挥。建议加快推动PPP创新金融产品与服务。一是发改委、财政部以及金融监管部门等加强PPP项目与融资机构的对接。二是商业银行可以采用资产证券化和项目收益债券等创新融资工具，或利用产业基金、信托等通道对接PPP项目的融资需求，尝试主要靠收费权、合同预期收益、保险权益转让及直接介入权等综合增信担保措施，根据融资项目风险实现差异化定价。三是证券公司可以通过提供IPO保荐、并购融资等投行业务及资产证券化、资管计划、另类投资等方式介入，为PPP项目提供多渠道的融资路径。四是保险公司可开发信用险种为PPP项目的履约风险和营运风险承保，适时推进险资参与PPP基金的长期投资。

同时，在大力推广PPP项目的同时，要逐渐建立PPP项目退出机制，促进PPP市场的良性发展。建议依托各类产权、股权交易市场，丰富PPP项目投资退出渠道，为社会资本提供多元化、规范化、市场化的退出机制，项目发起方、资金供给方、项目管理运营方等利益主体在PPP全生命周期的不同阶段，将各自禀赋优势发挥最大化，实现资本运作、资金配置、资源整合的有机平衡。

四、结束语

PPP模式是作为公共财政职能实现的一种技术途径，在更深层面上，是公共财政以契约角色与社会资本一起参与PPP项目全生命周期各个阶段。当前，中国PPP井喷式发展引致的潜在财政风险问题具有复杂性、隐蔽性、系统性特征，需要从制度、体制、管理、技术等多个层面，协同发力，标本兼治，在整体市场化和法治化大环境的改革下，予以防范和化解，推进PPP市场步入良性发展轨道。

参考文献

［1］马俊．财政风险管理：新理念与国际经验［M］．北京：中国财政经济出版社，2003.

［2］王玺，夏强．政府与社会资本合作（PPP）财政承诺管理研究——以青岛

地铁×号线PPP项目为例［J］．财政研究，2016（9）：64－75.

［3］陈辉．PPP模式手册：政府与社会资本合作理论方法与实践操作［M］．北京：知识产权出版社，2015.

［4］财政部国际司．从国际经验看成功实现PPP项目的关键因素［J］．中国财政，2014（15）：44－45.

［5］陈志敏，张明，司丹．中国的PPP实践：发展、模式、困境与出路［J］．国际经济评论，2015（4）：68－84.

［6］陈红，黄晓玮，郭丹．政府与社会资本合作（PPP）：寻租博弈及监管对策［J］．财政研究，2014（10）：21－24.

［7］白璐瑶，王春成．PPP模式与地方公共财政负债管理［J］．中国财政，2014（14）．

［8］郑志峰．PPP模式为何落地难［N］．中国城市报，2016－01－04（7）．

［9］伍迪，王守清．PPP模式在中国的研究发展与趋势［J］．工程管理学报，2014，28（6）：75－80.

［10］亚洲开发银行．PPP项目的财政效应分析［J］．中国财政，2014（9）．

［11］曾小慧，战岐林．公私合作伙伴模式的财政风险分析［J］．东方文化周刊，2014（4）．

［12］周小化．公私合作模式下的财政风险基于产权的视角［J］．地方财政研究，2013（3）．

［13］樊轶侠．加强PPP模式下政府资产与支出责任管控［J］．中国财政，2017（17）：32－33.

［14］温来成，刘洪芳，彭羽．政府与社会资本合作（PPP）财政风险监管问题研究［N］．中央财经大学学报，2015（12）：3－8.

［15］Li, Hui, and Zhirong Jerry Zhao, "Does Municipal Management Capacity Matter? Competitive Versus Negotiated Procurement in China's Public－Private Partnerships", Working Paper, June 27, 2018. Available at SSRN：http：//papers. ssrn. com/sol3/papers. cfm? abstract_ id＝3198532.

货币政策传导与地方法人金融机构流动性管理的分析研究

——以北京地区为例

张　丹[①]

一、北京地方法人金融机构现状

（一）流动性情况

截至2018年末，北京地区共有地方法人金融机构118家（含北京银行），流动性情况整体平稳。一是流动性资产负债较为匹配。截至2018年末，北京地区法人银行类金融机构流动性比例均超过25%的最低监管要求，平均为63.72%[②]，较上年同期上升3.03个百分点，比全国商业银行流动性比例高10个百分点左右；其中，两家主要中资法人银行流动性比例平均为58.65%，较上年同期上升11.59个百分点。二是优质资产较为充足。截至2018年末，两家主要中资法人银行流动性覆盖率、净稳定资金比例均超过100%，达到监管要求。三是非银行地方法人金融机构流动性保持在较高水平。截至2018年末，北京地区非银行金融机构流动性比例为65.29%，其中，财务公司、汽车金融公司、金融租赁公司和信托公司流动性比例分别为63.69%、155.71%、57.33%和357.49%。

（二）资产负债情况

截至2018年末，北京地区地方法人金融机构总资产7.9万亿元，同比增长

① 作者简介：张丹，现供职于中国人民银行营业管理部。

② 数据来源于北京银保监局。

8.8%；总负债6.9万亿元，同比增长8.5%。

从负债端的流动性管理看，地方法人金融机构主要通过同业拆借、同业借款、吸收同业存款等手段融入资金。从金融机构同业负债占全部负债的比重来看，可以将北京地区金融机构分为三类：一是主要依靠同业负债的地方法人金融机构，包括金融租赁公司和汽车金融公司，同业负债占比超过70%，其他融资方式包括汽车零售贷款资产证券化、发行债券和吸收股东存款等（见表1），此类机构受流动性环境影响最为显著。二是主要依靠单位存款、储蓄存款等核心负债，但同业负债仍是流动性管理的重要手段，这类地方法人金融机构包括银行类金融机构，此类机构面临存款增长乏力的问题。三是同业负债占比较少的地方法人金融机构，包括信托公司、财务公司和村镇银行，信托公司流动性管理手段十分有限，特别是资管新规出台后，信托公司资金端来源受限，财务公司资金主要来源于成员单位存款。

从资产端的流动性管理看，一是地方法人金融机构依据资产负债状况配置流动性资产，财务公司、外资银行和村镇银行流动性资产占比较高，金融租赁公司、汽车金融公司流动性资产占比最低；从流动性资产占比与流动性负债占比的差值看，财务公司、银行缺口较大，而汽车金融、信托公司的期限缺口较小。二是监管新规对地方法人金融机构长期资产负债匹配提出更高要求，《商业银行流动性管理办法》实施后，商业银行拓展长期优质负债，尤其是发展稳定性客户存款显得更为重要；资管新规出台后，对于期限错配的限制、打破刚兑、禁止多层嵌套等条款，使得资管产品募集变得困难。

二、货币政策传导对地方法人金融机构流动性管理的影响

（一）数量传导分析

财务公司作为北京地区主要的地方法人金融机构类型，同时也是存款类金融机构，受货币政策直接和间接的双重影响，本节以财务公司作为主要分析对象。由于对财务公司开展的公开市场交易较少，因此，货币政策直接传导的渠道主要是通过调整财务公司法定存款准备金率以及开展宏观调控得以实现的，间接传导主要是受整体流动性环境影响，这其中既包括流动性环境对存款的影响，也包括对贷款的影响。由于融资手段较少，财务公司通常将存贷比控制在一定范围内，因此，可以将货币政策通过财务公司向实体经济传导的过程用公式近似表达为：

$$财务公司贷款 = a \times (1 - 存款准备金率) \times 财务公司存款 + b \times 货币供应量 + c$$

通过对2014年1月至2018年6月的数据进行分析发现，财务公司贷款受存款的直接影响比受流动性环境的间接影响更为显著，同时，流动性环境对存款的影响比对贷款的影响更为显著（见表1），这似乎与实际情况比较吻合，即财务公司的业务内部性比较强，存贷款两端均更倾向于服务而非盈利，特别是贷款业务（存款利率仍有自律机制约束），服务成员单位企业的短期资金需求具有一定刚性，资金投向实体经济的数量与自身可用资金的多少具有更密切的关系；同时，财务公司信贷投放"应急补漏"的特点比较突出，在贷款方面与银行等其他金融机构的竞争性（银行或其他金融机构主要提供中长期资金支持）并不是太强，因此，当流动性趋松时，成员企业资金充裕，存放在财务公司的资金相对较多，可用于放贷的资金相对增加；当流动性趋紧时，成员企业资金紧张，存放在财务公司的资金相对较少，可用于放贷资金相对减少（见图1）

表1　　财务公司存贷款与M2的表达式检验情况

表达式	检验指标
贷款 =0. 455066 × 存款 +0. 001302 × M2	R - squared =0. 94
贷款 =0. 011774 × M2 -7512. 129	R - squared =0. 98
存款 =0. 019987 × M2 -12 061. 80	R - squared =0. 93

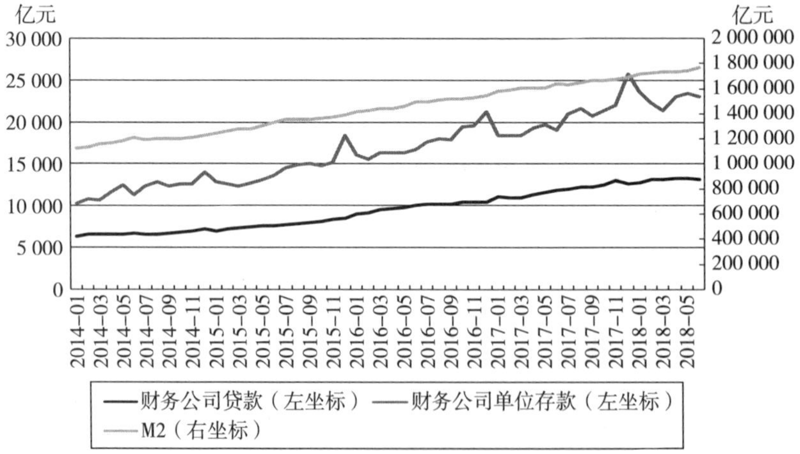

图1　财务公司存贷款与M2的变化情况

（二）价格传导分析

近年来，人民银行加快货币政策从数量传导向价格传导转变，从2012年起，人民银行加大了逆回购利率引导的运用，通过调节逆回购利率水平引导市场利率走势；2015年起上海银行间同业拆放利率（Shibor）与逆回购利率走势基本一致（见图

2)。本节仍以财务公司作为主要分析对象，通过构建简单模型：财务公司单位存款 = a × 7 天逆回购利率 + c，财务公司贷款 = a × 7 天逆回购利率 + c，可以发现逆回购利率通过影响市场利率间接对地方法人金融机构的存贷款产生影响，且对存款比对贷款的影响更大，表明地方法人金融机构负债端受利率传导的影响更为显著（见表2）。

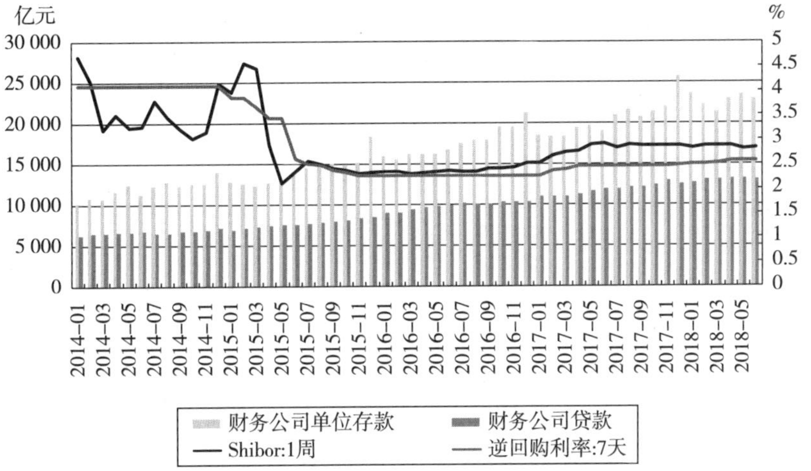

图 2　财务公司存贷款受利率传导影响的情况

表 2　　财务公司存贷款与 7 天逆回购利率的表达式检验情况

表达式	检验指标
存款 = −3 876.095 × 7 天逆回购利率 + 27 950.23	R − squared = 0.52
贷款 = −2 200.487 × 7 天逆回购利率 + 15 819.33	R − squared = 0.51

二、地方法人金融机构流动性管理面临的问题和挑战

（一）在流动性结构性短缺情况下，货币政策传导机制变化增加了地方法人金融机构流动性管理的复杂性和难度

流动性结构性盈余转为流动性结构性短缺后，人民银行开展流动性管理的方式发生较大变化，货币政策数量传导方式也发生改变，由原来的外汇占款被动投放模式转变为调整存款准备金率与创新性工具相结合的主动投放模式。流动性投放机制变化衍生出金融体系流动性分层特征，形成了“人民银行—大型银行—中小银行—非银行金融机构”的流动性分层结构。这种结构性特征抬高了地方法人金融机构的

流动性成本和管理难度，一是资金成本加大，近年来代表银行资金面状况的 DR007 与代表非银行金融机构资金面的 R007 出现明显分化，如 2017 年 12 月末、2018 年 3 月末以及 6 月末，两者偏离达 100～300 个基点（见图 3）。二是非银行金融机构对大型银行依赖程度高，2018 年前三个季度，北京地区财务公司、金融租赁公司两类非银金融机构通过货币市场净融入资金 5.12 万亿元。三是流动性环境波动加大，特别是流动性收紧时，资金链底层环境更加恶化。四是结构性摩擦增加，较长的流动性传导链条容易造成传导中的结构性摩擦和阻碍，从而形成流动性总量水平较高和中小银行及非银机构等资金面局部紧张并存的矛盾局面，增加了以上机构流动性管理的难度。

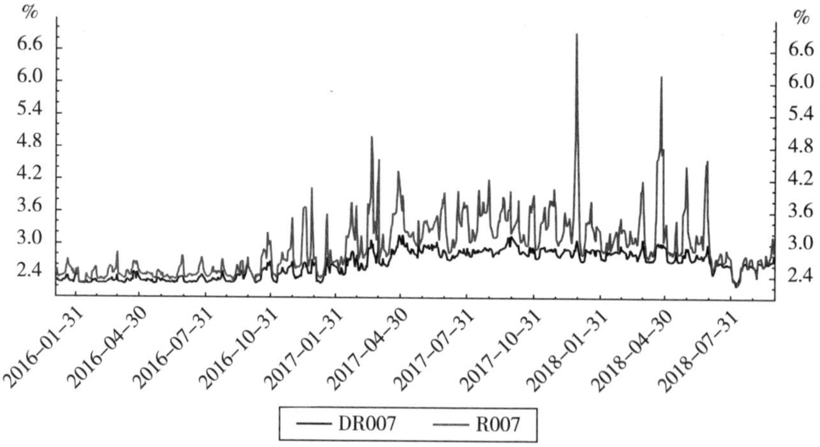

图 3　DR007 与 R007 变化情况

（二）审慎强监管连续出台对地方法人金融机构流动性管理提出新要求和新挑战

2016 年以来，我国进入金融监管严周期，以去同业、去杠杆、去错配为导向的包括 MPA 考核、资管新规、流动性风险管理办法等系列监管措施从资产负债两端入手，通过将同业存单纳入 MPA 考核、压缩非标规模、设定更严格细化的流动性监管指标限制金融机构通过发展同业负债和表外资产业务，采取期限错配方式快速扩张资产负债表的操作模式，有利于推动金融机构优化期限配置，完善流动性管理体系，回归金融服务实体经济本源。但从短期看，在稳健中性的货币政策背景下，各项强监管政策的密集出台和重合叠压，对本来就处于流动性紧平衡状态的地方法人金融机构带来了一定的流动性冲击。

（三）融资结构单一、期限错配严重问题依然是地方法人金融机构流动性风险管理的突出问题

一是融资结构单一问题较为突出。非银行金融机构融资结构过于单一，对批发性融资依赖水平较高，同业借款、信用拆借依然是主要渠道甚至是唯一渠道。二是各类型机构均在不同程度上存在期限错配问题。三是地方法人金融机构流动性应急手段相对匮乏。调研显示，北京地区地方法人金融机构特别是非银行金融机构资金紧张时，主要通过依靠同业拆入和卖出回购弥补缺口，融资渠道狭窄，应急融资能力有限，更易诱发流动性风险。

三、政策建议

（一）进一步完善货币政策传导机制，缓解流动性分层带来的影响

一是建议人民银行在继续提高公开市场操作灵活性和有效性的同时，配合采取降低法定存款准备金率等更为直接的流动性调节工具，实现对所有机构的流动性统一释放。二是扩大公开市场操作对象范围，适当增加中小银行及非银行金融机构数量，扩大 SLF、MLF 等货币政策工具的实施对象和合格抵押品范围，适当降低货币政策工具使用门槛，简化流动性传导流程，从源头上改善流动性投放结构不均衡现状。三是进一步加强对公开市场业务一级交易商的业务指导，充分发挥地方法人金融机构的资金辐射作用，疏通流动性传导的“毛细血管”，确保人民银行提供的流动性充分传导到其他中小银行及非银行金融机构。四是加强货币政策信息披露，增加货币政策披露内容，提升货币政策沟通水平，增加预期性分析，及时向市场公开政策操作利率、操作对象等信息，降低由信息不对称带来的价格偏离和市场波动。五是进一步完善利率走廊机制，逐步由数量型调控框架转向价格型调控框架，培育市场认可的基准利率。

（二）加强监管政策协同，降低监管叠加影响

一是建议改进监管考核方式，弱化月末、季末等时点考核，增加日均流动性考核占比，降低时点考核带来的阶段性流动性紧张局面。二是逐渐完善金融监管协调机制，加强货币政策、宏观审慎监管与微观审慎监管的联动协调，尽可能降低监管叠加共振。三是进一步简化金融债、ABS 审批流程，缩短审批时间，适当降低发债标准，鼓励支持地方法人金融机构特别是金融租赁公司、汽车金融公司等机构利用

资本市场融资，优化资产来源和期限结构。

（三）进一步提升地方法人金融机构的流动性管理水平

一是建议地方法人金融机构进一步建立健全流动性管理长效机制，健全自身流动性管理体系，在做好日常头寸管理的同时，强化对宏观经济金融及市场走势的监测和分析，加强对市场流动性影响因素分析研判，提高对市场资金波动的敏感性，动态测算机构未来现金流以及流动性缺口，提高流动性风险管理的前瞻性。二是提高流动性风险防范意识，积极主动调整资产负债期限结构和组合管理，降低同业负债和同业资产比例，综合运用产品、渠道、服务等多种手段增强客户黏性，提高核心存款稳定性，降低期限错配程度，保持资产和负债期限对称。三是加强风险管理体系建设，根据自身的机构类型及融资特点，建立特色化的流动性风险管理机制，将流动性风险管理纳入全面风险管理体系，在内部资金转移定价中充分考虑流动性成本，定期开展流动性压力测试和应急演练，对可能发生的流动性风险建立完善应急处置预案，建立一套科学的预警机制，形成科学化、规范化和程序化的流动性风险管理体系。

（四）建立信息共享机制，优化和规范金融机构流动性风险互助机制

引导业务发展模式相似的地方法人金融机构建立流动性互助组织，成立流动性互助基金，探索共同研发适用性较强的风险压力测试模板及业务操作系统，提高数据分析、监测及预判水平，从信息、资金、资源等多角度全方位加强成员间合作，提高流动性管理与流动性风险防范水平。

业务交流

经济下行周期缓解小微企业融资难融资贵的信贷实践

邓　辉　董少广①

摘要："融资难、融资贵"是全球中小企业都面临的共性问题，做好小微企业金融服务是一个长期的艰巨过程，面对经济下行压力的不断加大，各种矛盾相互交织、复杂多变，本文结合我们对中小企业授信业务的研究和20多年的授信经验，以务实的角度从深层次分析了小微企业"融资难、融资贵"的根源，对精准发力提升小微企业金融服务能力，加快金融创新，量体裁衣拓展小微企业授信业务的主观能动性，提出了几点浅见，具有较强的操作性。

关键词：小微企业　融资难　融资贵　应对措施

春节过后，中共中央办公厅、国务院办公厅印发了《关于加强金融服务民营企业的若干意见》，如此高规格足见中央对金融服务民营企业工作的高度重视。随着经济下行压力的不断加大，各种矛盾相互交织、复杂多变，部分地区金融生态环境趋于恶化，风险事件频发，银企信息不对称，互不信任等问题较为突出，银行面对不断增加的不良压力，"惜贷""慎贷"甚至"惧贷"的情绪日趋严重，如近年来被广泛关注的两起案例，三家互为担保的中小企业因其中一家企业授信逾期，银行就认定其偿债能力下降，势必会影响其余两家企业的还款能力，遂要求提前收贷将三家企业都告上了法庭。另一起更为典型，贷款人无力偿贷后，寻求过桥资金帮助，银行工作人员明知其不符合再贷款的条件，仍向过桥资金方面作出将向其发放新贷的承诺，最终贷款人没拿到新贷，也没能偿还过桥资金。2017年6月，河北省赞皇县人民法院对该案件进行了审理，除对各相关人员予以惩处外，法院还做出了要求银行把还贷资金返还给过桥资金提供方的判决。小企业害怕银行抽贷，银行害怕企

① 作者简介：邓辉，现供职于中国银行安徽宣城分行。董少广，现供职于中国银行安徽分行。本文为作者学术思考，不代表所在单位观点。

业逃废债，已成为新常态下银企关系的“中国特色”。

一、小企业融资难、融资贵的深层次分析

（一）“融资难、融资贵”是中小企业面临的共性问题

小企业融资难、融资贵的根源在于：小企业在行业的选择上受到很大的限制，大多处于生产链的低端，缺技术、缺品牌，产能过剩、产品同质化严重，一般难以在同类产品上与大企业直接展开竞争。一味拼劳力、拼价格，环境污染重，特别是小作坊式家族企业，在规模比较小的时候有一定的合理性，当企业经营规模达到一定水平时，原有的管理模式越来越不适应企业发展的要求，普遍缺乏良好的公司治理机制和专业化管理人才。数据显示，国内小微企业3年以上的存活率不超过10%，小微企业要熬过平均3年的死亡期后，才会通过银行信贷的方式获得资金支持，且无差别的信贷政策使不同地区发展极不平衡。面对经济下行压力企业资产质量普遍下降，规模小，单笔金额小，对资金需求短、频、快、急，信用风险与市场风险交织，加大了银行风险管理的难度。金融机构小微企业贷款不良率为2.75%，比大型企业高1.7个百分点，单户授信500万元以下贷款不良率更高，面对投入大、产出小的矛盾，金融机构获得的收益较难完全覆盖授信风险。

从国际上看，世界经济深度调整复苏乏力，外部环境的不稳定、不确定因素增加。从国内看，经济增长方式从规模速度型粗放增长转向质量效率型增长的新常态，出口红利与成本红利逐渐消失。如果说，最典型的2008年大多数中小企业陷入困境是由于国际金融危机导致订单不足的话，近年来则主要体现在原材料、能源、土地等要素成本呈持续高位上升的趋势，招工难、用工贵，加之汇率较大幅度的波动。2016年福耀玻璃董事长曹德旺说中国税负高出美国35%，一时间在各类媒体上引起了较为轰动的争议。引用原中国工商银行董事长易会满的观点，这一轮民营企业反映的融资难、融资贵问题有新的特征和成因——融资难是难在流动性的压力，而融资贵是贵在各种新金融、类金融、民间融资等渠道，抬高了整个企业的债务成本。近年来我们在调研中经常遇到，企业拿到订单后难以用合适的成本组织生产，使那些固守静态的产业丧失了比较优势，内忧外患，小企业主要依靠廉价劳动力、廉价资源、廉价环境成本取得可持续发展竞争优势的时代已经过去，这些问题不有效解决，给再多的银行授信也没有用。

（二）小企业关联关系复杂、隐蔽

首先，出于应付各类部门如避税、融资等多种原因财务信息不真实、不完整，

有的企业有多套财务报表或没有财务报表。企业资产与个人财产之间缺乏明显的界限，企业资金和个人财产相互使用，有的企业通过注册关联企业的方式转移、隐匿资产，或者通过关联企业高额负债而本企业低负债的方式美化自身财务报表。其次，小企业投资行为较为短视，一般很重视眼前利益，没有风险意识更谈不上风险防范预案。如一家做棉花收购加工做得风生水起的企业，看到无纺布市场效益很好，就投资了500万元生产无纺布，等工厂建好了市场需求骤降。盲目投资的客户常常一度都是各金融机构争相追捧的“好客户”，很容易通过多头授信产生投资冲动，遇到市场行情变化等因素的制约，当期的现金流难以清偿到期的本金，资金链随时可能被引爆，大部分倒闭的企业，都存在“短贷长投”“三角债务”，加之部分银行风险管理跟不上形势的变化，人员流动较大，“不会贷”现象突出，只能不断强化担保抵押对风险进行缓释，银企关系进一步恶化。

由于社会信用体系建设的不完善，小企业贷款基本都要抵（质）押物，银行对机器设备、应收账款、租赁权、专利权等质押业务开展少，对抵（质）押物不足的企业，通常要求提供担保人，这就造成企业互保、联保现象普遍。小企业融资除去贷款利息，担保、资产评估等非利息成本相对较高。近年来，一些企业缺乏诚信不仅体现在产品质量上，由于实体经济投入成本较高、产出周期偏长，面对相对较高的资金成本，不如做投机赚钱多、赚钱快，个人及企业以经营之名获得贷款，又参与民间的“高利贷”活动，一旦出现经营风险，便借各种名义逃废银行债务，老板集体“跑路”拖累担保公司破产的现象屡屡发生。一些生产正常的企业害怕贷款归还后难以重新获得贷款，也通过多头开户、资金不入账等方式不履行还款协议，使小企业贷款的不良率不断攀升。同时，银行进行不良贷款核销难以做到税前列支，核销成本较大，手续烦琐，面对小企业经营的不确定性及高风险性，在风险管理如何寻求适度的平衡，需要投入更多的人力物力，双方建立信任的成本较高。

（三）激烈的市场竞争和贸易保护下，中小企业经营环境恶化

近年来欧美不断增强“再工业化”战略，在经济萧条，人力成本不断上升，工业创新技术价值增值能力弱化，欧美品牌纷纷将各类代加工工厂搬至东南亚，激烈的市场竞争使贸易保护愈演愈烈，尤其是在全球经济格局分化重组的大环境下，中美贸易战的不断升级，更加剧了我国中小企业的产能过剩，企业利润越来越低甚至没有利润，部分生产经营困难的企业已从“借新还旧”走向“借新还息”。同时，在互联网时代新产品新技术层出不穷，企业保持某项优势的时间较以前大大缩短，“一招鲜、吃遍天”已成为历史，从而导致一些固守传统领域，在产业转移、转型中因“前怕狼、后怕虎”，加之上一轮经济周期中盲目扩张的企业，产能上来后突

遇市场环境恶化，就会不堪一击。尤其是联保与互保这种抱团取暖的业务模式，由一家企业引发的银行信用危机会像水面的涟漪一样由中心向外围呈几何级数扩散，使企业风险演变为行业风险，抱团取暖演变成了“抱团欠债”，“城门失火，殃及池鱼”，不断加大银行的信贷风险。

（四）银行服务中小微企业积极性不够

从银行自身来说，考核企业静态财务指标过多，深入了解和分析企业发展潜力不足，加之商业银行的外部监管和风险责任的追究，服务中小微企业的主动性不强，出于成本和收益的考虑，资本的逐利性导致资金倾向于流入风险更低、回报更高的项目，如地方政府的平台项目，使得以安全性为前提的商业银行缺少发放小企业贷款的内在动力，金融创新不足是商业银行开展小微企业信贷业务的最大短板。面对信用环境的持续恶化，因利率上浮、存款保险制度的实施等，银行吸收存款成本的不断上涨和风险溢价的提升，传统银行的经营模式等因素都导致目前小微企业融资成本难以下降，从而导致小微企业面临息税前利润不能覆盖利息支出的风险，银行业将承担更大的不良资产压力。“晴天送伞，雨天收伞”这是企业对银行最形象的比喻，尤其是今年以来民企在银行信贷、债券发行、股票质押等方面相继出现违约、爆仓等情况，当企业出现风险苗头或实质性风险，一家银行的提前抽贷乃至被依法执行其优质资产，可能导致企业所有贷款银行群体性恐慌，集体争相抽贷，这种流动性危机对任何企业都将是致命的。

二、精准发力提升小微企业金融服务能力的务实思考

（一）信心是一切的基础，有信心才能够渡过难关

每一个经济发展阶段，经济体的要素禀赋结构，比较优势等都有所不同，根据熊彼特的经济周期理论，严重金融危机或经济衰退会产生“创造性破坏”，通过淘汰落后企业产生市场清洗效果，从而优化经济结构，提高生产效率。对同一资产在不同经济背景下的风险判断往往是不同的，并会随着经济条件的变化，甚至发生逆转性的变化。面对互联网金融、利率市场化、金融脱媒的冲击，大银行垄断和低水平竞争的格局产生了银行业规模不经济和对实体经济支持的乏力，实践已经证明“傍大款”、垒大户，80%的贷款集中投放到10%的授信客户上，不仅不能满足不同市场主体对金融差异化的需求，行业风险衍生的信贷风险越来越高，高度集中的国有经济的债务结构也不断加大系统性风险发生的概率。同时，受制于法律和市场环

境，不良贷款处置成本较高，部分银行的拨备覆盖率已经逼近甚至跌破监管红线，经济是肌体，金融是血脉，两者共生共荣，李克强总理多次强调，“大银行不服务小微企业就没有未来”。

凡是发展迅速、效益突出、生命力强的中小企业，普遍不是在区域内单独存在，而是以集群的方式相聚而生。截至2017年末，全国小微企业法人约2 800万户，个体工商户超过6 500万户，合计占全部市场主体的比重超过90%，“一带一路”、亚投行、国际产能合作等重大战略的实施，为我国中小企业带来新的发展机遇，各国与我国加强中小企业合作的意愿明显增强，新业态、新市场和新模式不断涌现。小微企业是普惠金融的服务重点，2013年实施的《商业银行资本管理办法》降低了小企业的经济资本占用，2018年起对小企业及农业等授信业务实施降低准备金率，中小企业蕴藏着社会创新的巨大潜力和智慧，也是关系银行加快经营转型缓解金融资源“错配”，突破发展瓶颈的必然选择。首先要根据不同地区、不同行业、区位优势、产业特点以及小企业状况搞好调查研究，通过信息分类，共享，加强上下级行各部门之间的沟通，最大限度地实现业务发展的协同效应，在增量扩面上下功夫，关键是增强服务渗透能力，下沉服务重心，对那些符合国家产业政策，成长性好、有订单、有市场的企业和客户，根据信用评级合理确定授信总量、期限和分层次差异化的定价方案，通过银团贷款、联合贷款、债务重组、并购重组等各种措施给予帮扶，减少财务成本负担。

（二）不断降低交易双方信息收集匹配的成本和时间是解决小企业融资贵、融资难的关键

中国有句古话叫透过现象看本质，这就要求信贷人员必须学会如何“看”，将原来的“抵押 + 报表”的传统考核模式转变为重点考核“软信息”，如“三品”——人品、产品、押品；“三表”——电表、水表、税表（或海关报表）；“三流”——人流、物流、现金流等。小企业信贷员不仅是联系银行与客户的桥梁，还是银行有效控制成本、提高贷款效率的关键因素，一笔贷款能否及时清还，在很大程度上取决于客户的还款意愿，而还款意愿又在很大程度上取决于客户的人品，因此在贷款发放前，要重点考察客户的人品，企业往往刻意隐瞒隐性风险，如资金的真实用途、股权变更或股东矛盾，高管人员的变动往往隐含了企业内部不稳定的因素，在我们的信贷实践中眼见为实，最常用的方法就是核实库存，没有库存周转效率的提升，就没有资金周转率的提高。同时核实征信报告中的贷款合计数与客户提供的财务报表是否相符，如果征信报告中贷款合计数明显高于客户提供财务报表数值，则说明企业存在隐藏负债、粉饰报表等问题，甚至存在大量民间融资的可能。

小企业和个人的储蓄、理财等账户关联很大，必须改变银行原有的公司、结算、零售等部门各自为战的经营模式，解决中小企业融资难、融资贵要打组合拳，积极创新提供更加个性化的结算、财务管理和电子银行等全方位金融服务。如浙商银行开发的“小企业账户通”，实现小微企业账户和企业主个人账户两个账户之间的自动联动，提高小微企业的结算便利性。邮储银行天津分行等金融机构开展了大胆尝试，开办小微企业无还本续贷业务，为多家企业发放贷款，缓解其过桥成本高、“倒贷”压力大的问题，通过延长企业的还本期限采用循环授信模式，在贷款方式上也可以逐步实行整贷分期还款的方式，这比较适合小企业生产经营和现金回流特点，在企业保持杠杆基本稳定的条件下，通过客户综合贡献度的提高实现互利共赢。小微企业金融服务是一项系统性工程，需要全社会共同努力，商业银行要不断完善银政企合作平台，联合各类行业协会组织共同参与，定期举办银企对接会，通过面对面的互动交流和实质性对接，或依托工业园区、产业集群以群体的风险对冲个体的风险，不断提高对市场和企业变化的灵敏度，从而“以量平价”推动小微企业整体综合融资成本下降，培植一批忠诚客户。

（三）商业可持续的关键是风险可控，收益能覆盖成本

一方面大中型商业银行要充分发挥“头雁”效应，继续深化普惠金融事业部建设，向基层延伸普惠金融服务机构网点，带动银行业金融机构切实降低小微企业贷款利率，不断增强服务小微企业的使命担当。另一方面要大力发展与中小微企业“门当户对”的中小金融机构，小微企业在不同的成长阶段，融资需求和融资方式不同，需要用不同的产品和服务对接，不可能一种产品打天下，必须深度挖掘目标客户的多种金融需求量体裁衣，注重特色产品对重点客户的覆盖与渗透，在已有的存货、仓单、应收账款抵质押业务的基础上，加强银行、证券、保险的业务联动，加强与融资性担保公司的合作，因地制宜地推进多层面的小企业知识产权、信贷履约保证保险、出口退税托管账户质押，帮助小微企业整合资源、设计流程、优化模式、构建业务的生态系统和价值链，积极探索小企业授信不良资产证券化、债务重组等方式，节约不良资产处置的经济和时间成本，盘活资金优先用于对小微企业的信贷投放，切实提高小微企业金融服务的获得感，提升民营企业主动发展升级的动力。

小企业的发展更需要长期的、有风险承担能力的资金扶持，直接融资一直是我国融资结构中的短板，加强对互联网、大数据等信息技术的运用，从根本上打通小额融资壁垒、消除融资堵点，如针对初创期和成长期的小微企业，积极探索成立投贷联动引导基金，在风险投资机构对企业已经进行评估和投资的基础上，以“股权

+债权”模式对企业投资，1993 年硅谷银行从一家传统银行成功转型为科技银行，获得了远高于行业平均水平的资产回报，从美国几千家银行中脱颖而出。有条件的商业银行可以专项发行用于支持小企业发展的集合债券，小企业可转换票据，内保外贷，支持小企业“走出去”和“引进来”，降成本、补短板，有序拓宽小微企业融资渠道。最后，审批条线的专业性是审批效率的根本保障，面对商业银行人员流动较为频繁，对审批人员进行整合归类，使之发挥专长成为某一行业领域的专家。按照“尽职免责，失职问责”的理念，适当提高小企业的风险容忍度，将小企业信贷人员的收入和贷款质量综合绩效指标挂钩，充分发挥信贷人员在有效控制风险的前提下不断优化多层次、多格局授信业务的主观能动性，对支持小微企业授信业务做得较好的分支行，要通过优化资源配置、在绩效考核上安排专项激励费用，增强金融服务民营企业的有效性和可持续性。

参考文献

[1] 工业和信息化部. 关于《促进中小企业国际化发展五年行动计划（2016～2020 年)》的通知.

[2] 中行搭台跨境撮合 助力中小企业融入全球价值链 [N]. 中国经营报，2016－07－30.

[3] 郑金宇，崔湲. 当前银企关系难题与监管调控政策调整 [J]. 银行家，2015 (11).

[4] 易纲. 综合施策 精准发力 进一步改进和深化小微企业金融服务. 中国人民银行网站，2018－07－03.

资管新规对银行理财资产配置的影响及建议

陈凤羚[①]

银行理财作为商业银行改革转型的重要业务板块，近年来发展十分迅速，在满足居民和企业的投融资需求、改善社会融资结构等方面发挥了积极作用，但也存在业务发展不规范、偏离“代客理财”本源等问题。2018 年 4 月以来，监管部门相继发布《关于规范金融机构资产管理业务的指导意见》《商业银行理财业务监督管理办法》《商业银行理财子公司管理办法》等一系列文件（以下简称资管新规系列文件），进一步细化了对银行理财业务的监管要求。银行理财原有的依靠资金池运作产生利差收入的业务模式受到冲击，需进一步厘清符合资管新规的资产配置逻辑，积极布局理财业务转型。

一、我国商业银行理财资产配置及监管历程

我国商业银行理财业务持续发展和创新，理财产品规模从十年前的不足万亿元发展到 2017 年末的 29.54 万亿元，在整个百万亿元资产管理业务市场中占据了主导地位。同时，银行理财业务的发展速度明显快于商业银行自身规模扩张，理财产品余额占商业银行总资产的比重由 2008 年末的 1.81% 提升至 2017 年末的 15%，成为商业银行维护客户、吸引资金的重要手段。在此期间，随着我国宏观金融经济形势及监管要求的变化，银行理财资产配置方向也呈现出不同特征（见图 1）。

（一）2004—2008 年，人民币理财逐步崛起，银信合作初现

在银行理财发展初期，外资银行外币理财及代客境外理财业务占比超过八成。

① 作者简介：陈凤羚，现供职于交通银行北京市分行。

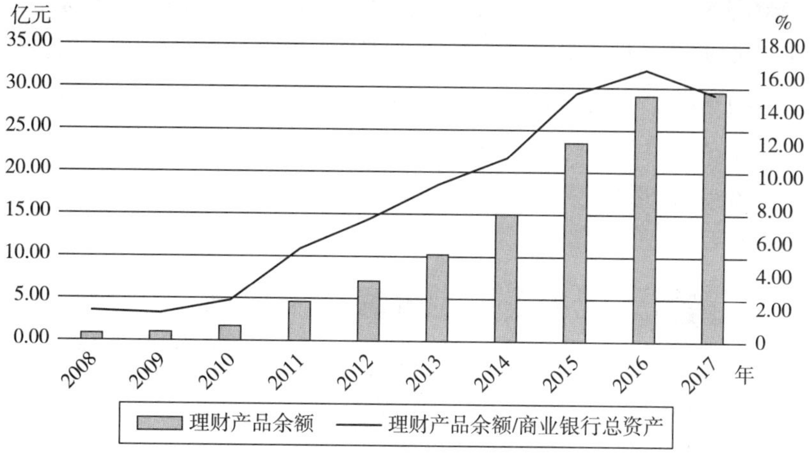

图 1　2008—2017 年银行理财业务增长迅速

2004 年，银行间市场利率市场化与个人存款利率管制之间存在明显利差，人民币理财产品逐步崛起，资产配置以债券、现金及银行存款等银行间市场标准化资产为主。银监会于 2005 年出台《商业银行个人理财业务管理办法暂行规定》，标志着监管部门第一次规范商业银行理财业务，各商业银行开始积极探索与发展理财业务。2006 年，银行理财进一步加深与信托公司合作，通过信托计划将理财资金投向信贷类资产、打新股资产等，人民币理财产品发行规模保持稳步增加，累计发行规模在 2008 年首次突破 3 万亿元。

（二）2009—2013 年，非标投资迅速增加，影子银行形成

为应对国际金融危机冲击及国内经济下行风险，我国于 2009 年实施适度宽松货币政策和积极财政政策，由此产生通胀升温和地方政府债务等问题，2010 年央行开始转向实施从紧的货币政策并严厉管控信贷额度。商业银行为规避信贷规模限制，降低资本消耗和拨备监管等压力，借助银行理财通过信托计划投资非标准化债权类资产（以下简称非标资产），导致非标资产规模迅速膨胀，同时叠加产品端刚性兑付及资金池运作特征，影子银行模式正式形成。对此，监管层在 2009—2011 年，密集出台规范银信理财合作的监管文件，对融资类业务余额比例、银信理财合作风险资本计提等提出具体监管指标，并要求商业银行严格执行将银信理财合作业务表外资产转入表内的规定。

在银信合作面临重重约束的情况下，2012 年证监会在《关于推进证券公司改革开放、创新发展的思路与措施》中提出要“提高证券公司理财类产品创新能力”，银行理财开始通过证券公司、基金子公司资产管理计划等绕道投资非标资产，规避

对银信合作的监管。面对分业监管带来的挑战，银监会于2013年3月发布《关于规范商业银行理财业务投资运作有关问题的通知》，以总额控制的方式对理财资金投资非标资产做了限定，要求非标资产余额在任何时点均不得超过理财产品余额的35%或银行总资产的4%。此后，银行理财对非标资产投资占比大幅下降，由2013年3月末的峰值36%降至2017年末的16%（见图2）。

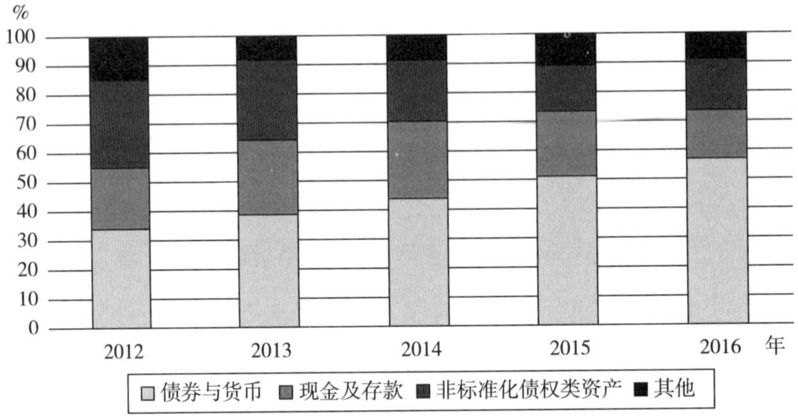

图2　2012—2016年银行理财各类资产配置占比情况

（三）2014—2016年，深度介入资本市场，委外投资兴起

2014年末至2016年初，央行持续降息降准后流动性宽松，市场利率维持低位，债券及非标资产投资收益率下行，银行理财资产端与负债端利差持续缩窄。但借助银行同业类理财的迅速发展，银行理财并未出现因收益率倒挂而被动缩减规模的局面，余额由2014年末的10.21万亿元增长至2016年末的29.05万亿元。其中，银行同业类理财余额由0.49万亿元增长至5.99万亿元，在全部银行理财中的占比由3.25%提升至20.61%。

这一时期，银行理财资产配置通过跨市场合作创新业务，快速拓展了原有投资范围。一是通过参与两融收益权、股票质押式回购、定向增发及结构化配资等业务，深度介入资本市场业务；二是借助多层通道以优先级方式参与并购基金、产业基金、PPP项目等，以明股实债模式获取高于一般债权融资的收益；三是通过与优质证券公司、基金公司合作委外投资，加强债券市场配置，增强债券投资收益。

（四）2017年至今，严监管下回归本源，资产配置稳定

2017年货币政策收紧，监管部门针对同业融资、理财和表外业务，开展“三三四十”专项治理和综合治理，以解决前期监管套利和多层嵌套等问题。总体来看，

2017 年银行理财余额增速明显下降，较 2016 年末仅增加 0.49 亿元，其中，金融同业类理财产品余额较年初大幅减少 3.40 万亿元，降幅为 51.13%，余额占比较年初下降 11.88%。从资产配置情况来看，各大类资产配置比例基本保持稳定，债券、银行存款、拆放同业及买入返售等标准化资产共占理财产品投资余额的 67.56%。

二、资管新规对银行理财资产配置的影响分析

2018 年出台的资管新规系列文件开启了跨行业全方位监管格局，在统一同类资产管理产品监管标准的基础上，进一步明确了商业银行开展理财业务需要遵循的监管要求，独立法人子公司将逐步成为商业银行开展理财业务的主要运营模式，商业银行理财业务的发展开始踏上新的征程。同时，新规之下理财业务也面临着巨大的转型压力，资产配置压力主要体现在对负债端和资产端的影响。

（一）产品净值化转型，理财运作转向资产驱动

在预期收益型的产品模式下，各家银行理财竞争的焦点在负债端，多依靠渠道和价格战做大产品规模，且隐含发行银行到期兑付预期收益的信用，而资产端的发展则相对被动。产品净值化管理则要求银行理财业务不得建立资产池，每个理财产品都要进行“单独管理、单独建账、单独核算”，实现透明化运作，打破刚性兑付。银行理财的盈利模式从“获得利差”转变为“收取管理费”，将资产端可产生的超额收益让渡给投资者，理财运作由以往的负债驱动资产模式转变为资产驱动负债模式。由此，理财产品之间的竞争加剧，运作不善的资产组合将面临产品规模萎缩情况。

（二）非标资产投资受限，规模将进一步压降

新规明确了标准化债权类资产的核心要义，将标准化债权类资产以外的债权类资产均纳入非标资产，并对非标资产投资提出期限匹配、限额管理等监管措施。目前，商业银行理财产品的期限普遍在 1 年以内，而非标资产除了过桥性质的融资项目外，多以 1 年以上的“类信贷”业务为主，部分明股实债类融资或项目类融资期限更可长达 5 ~10 年。这意味着未来新增的非标资产将很难有期限匹配的理财资金对接，银行理财对于非标资产的配置需求将显著下降。

（三）理财业务通道收窄，未上市企业股权投资受限

新规要求投资未上市企业股权的，应当为私募封闭式理财产品，且需要期限匹

配。受到合格投资者人数与非公开发行限制，资金募集规模将会受到影响，且该类资产投资期限一般较长，较难确定明确的退出安排，进一步加剧了产品对接难度。同时，新规中有关“消除多层嵌套”要求银行理财产品所投资的资管产品不得再“嵌套投资”其他资管产品，但目前理财产品难以在交易所开立股票投资账户或进行工商登记以直接投资，需要借道信托计划、券商资管或基金子公司资管计划开展投资，在一定程度上也限制了开展未上市企业的股权投资。

（四）债券类资产配置走强，存量资产仍面临挑战

在非标受限的情况下，标准化债券资产的优势凸显。一是债券资产估值相对容易，符合新规提出的公允价值原则；二是债券资产流动性强、安全性较高，符合投资者偏好短周期银行理财的特征，有利于商业银行应对投资者随时赎回产品的可能性。但债券市场估值存在一定的波动性，在资金池模式下，可以通过理财产品滚动发行平滑存续期间的投资风险，或采取持有至到期策略覆盖当期账面浮亏；而实行净值化管理后，可能面临净值波动乃至投资亏损的局面，需在过渡期结束前解决存量资产浮亏问题。

（五）鼓励标准化权益类资产投资，利好FOF/MOM模式

资管新规系列文件在允许银行私募理财产品直接投资股票和公募理财产品通过公募基金间接投资股票的基础上，进一步允许理财子公司发行的公募理财产品直接投资股票，打通了银行理财参与股票市场的投资渠道。同时，“消除多层嵌套”的规定也豁免了对投资公募证券投资基金的限制，考虑到公募基金可提供大类资产配置和多策略配置，银行理财权益类资产的投资能力尚有待提升，采用FOF/MOM模式投资公募基金将是银行理财加强权益投资的重要手段。

三、商业银行理财业务转型及应对建议

综观银行理财过去几年的发展，时而面临“资金荒”，时而又出现“资产荒”，反映出银行理财投资管理能力与庞大的资金和资产增量不符。新规的实施将推动银行理财回归“代客理财”本源，理财业务在短期内可能面临规模和收入“双降”的困境。但从长远来看，为促进银行理财业务健康发展，商业银行还需提前布局转型并主动迎接挑战。

（一）明确理财子公司定位，完善前中后台职能建设

现行体系下商业银行理财业务仍由总行一级业务管理部门运作，与母行各条线

部门及分行存在协同或考核关系，从产品销售、投资管理到风险处置都与母行自身表内经营相关，缺乏经营的独立性和完整性。新规明确提出商业银行应当通过具有独立法人地位的子公司开展理财业务，与母行表内业务完全实现风险隔离。因此，在应对理财业务转型过程中，商业银行必须进一步明确建立理财子公司的战略定位，一是在集团框架下，要明确理财子公司与母行部门间的分润机制和协同机制，以及与集团旗下公募基金、信托等子公司的差异化定位；二是在子公司框架下，需要设立编制完整的销售团队、投资团队及中后台运营团队，搭建包括运营、交易、人力、财务等中后台支持系统，以具备可独立运作的前中后台核心职能。

（二）建立分层分类投研能力，提升大类资产配置能力

投研能力是资产管理行业的核心价值和长期竞争力来源，国内外主流资产管理机构的投研能力都比较突出，但商业银行资产管理部设立专业研究团队尚不普及。在投研能力建设方面，一是要加强对宏观经济政策的研究，了解各类市场运行的核心变量，为大类资产配置提供前瞻性指引；二是加强以产业研究为核心的企业价值研究，建立对行业运行周期、运行规律、盈利情况及主流发展方向的理解，为有效配置投资组合奠定基础；三是加强对中短期市场运行及波动特征的研究，提升交易策略能力。

在大类资产配置方面，银行理财可进一步强化自身在信用风险管理方面的经验及优势，仍以配置债券资产、非标资产等固定收益类资产为主，并推动债券投资从目前持有到期模式向交易型、策略型的投资模式转型。在此基础上，银行理财还需要不断拓展资产配置边界，通过委外和自建团队等多种模式布局权益类资产、外汇资产、商品类资产和另类投资领域，从而为投资者提供可覆盖多种资产类别的理财产品，避免因特定资产类别回报大幅度滑坡对理财业务的负面影响。

（三）立足客户差异化需求，构建精细化产品体系

资管新规系列文件旨在回归“代客理财”本源，银行理财需结合自身投资配置策略及客户差异化需求，构建精细化产品体系，塑造代客理财的专业品牌。基于当前银行理财在资产管理行业的比较优势和投资者对银行理财产品的预期，未来净值化产品体系的构建要立足于业绩回报波动率较低类型产品的创设和布局，然后再根据市场环境、客户需求和风险承受能力的不同，创设业绩回报波动率较高类型的产品作为产品体系的补充。转型初期，固定收益类产品与当前预期收益型产品有异曲同工之处，将成为银行理财的核心产品体系。其中，借助母行的渠道优势及客户资源，现金管理类产品可以成为银行理财的龙头产品。而混合类产品则需围绕“大类

资产配置”展开，可成为银行理财开展差异化定位、打造特定优势的重要布局。

（四）建立符合资管业务特点的全面风险管理体系

在“刚性兑付”的背景下，银行理财产品基础资产的风险留存于银行体内，风险管理工作是以信用评审人员为核心，投资组合只能被动配置经信用评审人员审核同意的资产。产品净值化转型意味着银行理财要基于客户风险收益偏好和投资组合管理理念，建立起以投资经理为核心的全面风险管理体系。一是在投资层面要建立覆盖信用风险、流动性风险、市场风险、操作风险等各类风险的全面风险视图，打造符合资管业务特点的投前、投中、投后全生命周期风险管理机制。二是赋予投资经理基于投资策略主动配置资产的权利，形成基础资产由信用风险评审委员会进行评审，但由投资决策委员会完成终审的机制。

REITs 发展述评与商业银行的角色定位

房婉秋[①]

摘要：在“由增转存”的背景下，房地产融资渠道缩紧，传统信贷资金获得难度进一步加大。REITs 是房地产证券化的产物，作为房地产融资的金融创新，它着眼于提升资产价值，通过搭建开放的资本运作和资金流动平台，实现滚动持续发展的战略模式。REITs 在内地刚刚起步，方兴未艾的新兴市场中，商业银行大有可为空间。本文从需求分析、角色定位、风险管理三个角度阐述商业银行参与 REITs 业务的发展前景与对策建议。

关键词：REITs　商业银行　资产证券化　融资

一、REITs 的定义与作用

REITs（Real Estate Investment Trust），中文译作房地产投资信托基金。顾名思义，REITs 是房地产证券化的产物，把流动性较弱的固定资产转化为流动性很强的证券投资以在资本市场上交易。REITs 作为一种资产收益凭证，其对收益权的分割和自由流通，有效解决了房地产资产的固定性与证券的流动性、经营的统一性与资金的多元性之间的矛盾。

从全球范围来看，REITs 并不是新鲜事物。作为房地产金融领域的重要融资工具，REITs 已成为房地产商盘活存量资产、优化财务结构、管理现金流量的“金钥匙”和“风向标”。就国内而言，REITs 蕴含了特别的意义。党的十九大定调新时代房地产行业发展方向，房地产去投机化，回归居住属性成为未来趋势，并明确了“房住不炒”的定位、“租购并举”的路径、“住有所居”的目标。与此同时，将房

① 作者简介：房婉秋，现供职于中国农业银行武汉培训学院。

地产行业作为金融去杠杆的重要抓手，调整企业融资结构，提高直接融资比重。在间接融资和债务融资面临萎缩的局面下，REITs 为国内房地产企业直接融资打开了一扇新的大门。尽管 REITs 在我国并不为人熟知，但毫无疑问，REITs 正一步一步阔步前进，开始吸引广泛的市场关注，势将成为融资领域的一场革命。

二、REITs 的发展概况

（一）REITs 在美国

REITs 诞生在 20 世纪 60 年代的美国，经历了籍籍无名—野蛮生长—理性回归后，远渡重洋到其他国家落地生根。世界范围内，先后有 36 个国家和地区建立了专门的 REITs 法规。REITs 的市场规模在逐渐壮大，截至 2017 年第三季度，全球 76 个国家和地区公开上市发行了 855 只 REITs 基金，总市值达到 17 106. 2 亿美元。①

（二）REITs 在亚洲

REITs 于 21 世纪初期被引入亚洲。其中，日本、韩国和新加坡最早出台 REITs 相关法律，并批准 REITs 在本国的股票市场上交易。中国香港后来居上，与新加坡、日本一道成为 REITs 在亚洲的前三大市场。②

（三）REITs 在内地

REITs 在我国内地经历了从无到有，摸着石头过河，探索前进的过程。在此过程中，国内 REITs 在产品设计和交易结构上进行了本土化，因此完全符合国际标准的 REITs 产品尚在孕育孵化当中，“类 REITs、CMBS、CMBN”成为我国 REITs 的主流形式（见表 1）。

表 1　类 REITs、CMBS、CMBN、标准 REITs 的主要特征

产品类别	类 REITs	CMBS	CMBN	标准 REITs
产品属性	权益类投资工具	债权类投资工具	债权类投资工具	权益类投资工具
现金流来源	标的物业租赁、运营管理收入	房地产抵押贷款债权	房地产抵押贷款债权	标的物业租赁、运营管理收入

① 数据来源于《EPRA Global REIT Survey 2017》研究报告。

② 数据来源于中国房地产业协会金融专业委员会与戴德梁行联合发布的《2017 亚洲房地产投资信托基金（REITs）研究报告》。

续表

产品类别	类 REITs	CMBS	CMBN	标准 REITs
发行载体	交易所/银行间资产支持证券	交易所资产支持证券	银行间资产支持证券	公募基金份额
监管机构	证监会、中国人民银行	证监会	中国人民银行	证监会
特殊目的载体（SPV）	私募基金	单一资金信托	单一资金信托	封闭式公募基金
审批形式	备案制、注册制	备案制	注册制	注册制
发行交易场所	证券交易所、机构间报价系统	证券交易所、机构间报价系统	银行间债券市场	证券交易所
募集对象	向合格投资者定向发行	向合格投资者定向发行	向银行间市场合格投资者公开发行	向证券投资基金合格投资者公募发行
典型案例	新派公寓权益型房托资产支持专项计划	北京银泰中心资产支持专项计划	上海世茂国际广场有限责任公司2017年度第一期资产支持票据	国内目前尚未推出

截至2017年末，内地已成功发行的REITs产品共计56单（包括在存续期和已清算，不包括停售），总发行规模1 536.17亿元。[①] 其中，类REITs产品共33单，发行规模778.86亿元；CMBS产品共19单，发行规模611.31亿元；CMBN产品共4单，发行规模146亿元。分年度来看，2014年发行2单，总金额96.05亿元；2015年发行4单，总金额130.85亿元；2016年发行12单，总金额337.76亿元；2017年发行38单，总金额971.51亿元。尤其是2017年，成功发行的产品在数量以及规模上已超过前三年总和，发展势头前所未有。

三、REITs发展面临的机遇与挑战

（一）机遇

1. 监管者层面

总体而言，REITs的政策导向以鼓励、支持为主基调，并在审慎的监管框架下规范运行。自2007年，政府和监管部门开始研究论证REITs在中国落地的可行性，制定《关于促进房地产市场健康发展的若干意见》等相关管理办法和配套政策，筹

① 数据来源于中国资产化证券分析网 https：//www. cn - abs. com/。

划 REITs 试点工作；2014 年，内地首单类 REITs 产品“中信启航专项资产管理计划”成功发行，并在深交所挂牌转让。此后，更多的房地产企业联合金融机构在现有法律框架下创新国内 REITs 产品实践；2016 年以后，相关鼓励和优惠政策密集出台，REITs 试点稳步推进，具体措施逐项落实，REITs 迎来快速发展的机遇期。尤其是住房租赁市场，已成为目前 REITs 最为集中的发力点。

2. 投资者层面

资产端，受实体经济回报率下行影响，优质可投资资产荒仍在持续。监管政策发生新变化，非标类投资受到严格限制，可投资资产类别进一步收窄。资管产品打破刚兑，预期收益率逐渐回归常态。资金端，伴随着居民个人财富快速积累，高净值人群数量不断攀升，社会资本存在巨大的投资需求缺口；同时，近年来央行多次降准降息操作使得无风险利率持续走低，银行等机构资本投向有从固收类产品转移的趋势。综合以上因素，资本市场上的投资者未来会更加看重投资产品长期稳定的收益回报，而非短期投机带来的价值提升。得益于自身“较低风险 + 中等收益”的特性，REITs 有充分潜力成为下一个明星投资产品。

3. 基础资产层面

REITs 的基础资产主要为写字楼、酒店、零售物业等商业地产。资产收益包含租金和增值两部分。理论上，只要基础资产能够产生稳定的现金流，均有将其证券化的可能，因而 REITs 的基础资产不限于商业地产。2018 年 4 月，央行行长易纲在博鳌论坛发言时表示，中国 REITs，基础资产是关键。结合海外 REITs 的发展经验进行合理预计，未来我国 REITs 在长租公寓、公租房、集体建设用地建设租赁住房、公共基础设施 PPP 项目、工业地产、养老地产、城市更新等领域均有广阔空间。

（二）挑战

1. 法律环境障碍

内地暂未出台专门的 REITs 法律法规，鉴于国内 REITs 多以契约型基金或者信托作为载体，可参照适用《证券投资基金法》《信托法》等法律法规。然而，在分业金融监管格局下，我国金融立法也是以监管部门为中心，导致出现“一个监管部门、一套监管制度、一片监管范围”的现象。从 REITs 未来的发展趋势上看，证监会主导的 REITs 更加符合权益类投资工具的属性。然而，承担“设立资金信托—搭建 SPV—实现破产隔离”核心职能的信托公司归口银监系统管理，REITs 按照信托法律关系构建资产证券化中的 SPV 存在监管上的实质障碍，若退而求其次采取民法上的委托代理关系搭建 SPV，这将导致 REITs 法律结构的脆弱性，使 REITs 的参与者面临法律风险。

因此，REITs 的发展离不开完善的法律制度保障。由于立法程序复杂，考虑到实效性，可先通过法律修订案或者出台具有临时过渡性质的指导性文件，待条件成熟时再行制定单独的 REITs 法律条例。

2. 税收环境障碍

按照我国税制，REITs 在设立、运营和退出阶段需要缴纳增值税、所得税、城镇土地使用税、土地增值税、契税、印花税等税费，客观上降低了 REITs 的投资回报水平。

制约 REITs 发展的首要问题是税负过重。据北大光华管理学院发布的《不动产信托投资基金税制问题研究》测算，若物业资产增值 40%，REITs 设立环节涉及的增值税、土地增值税和所得税税负合计高达物业交易价格的 21%。制约 REITs 发展的第二大问题是重复征税。例如，对基础资产由于运营管理和资产增值产生的净收益不仅要在 REITs 层面征收企业所得税，还要在投资人取得投资收益分配时再征收一道所得税。制约 REITs 发展的第三大问题是税制不透明。实践来看，各地没有统一房地产税的征收政策，税率 1.2% 的从价计征方式和税率 12% 的从租计征方式均有使用，导致不同区域税额差别很大；另外，营改增之后对于“资产支持专项计划”这类资管产品增值税的缴纳实务上也存在很多争议，有待政策进一步明确。

反观美国、日本等其他国家，均以“税收中性”作为基本原则，在税制设计上为鼓励 REITs 发展融入了优惠措施。我国也应借鉴国际经验，尽快出台税收专项补贴、纳税减免等政策安排，提高 REITs 投资收益率，增强 REITs 的市场吸引力。

3. 私募机制的局限性

国内已发行的 REITs 多属于“私募”范畴，在投资准入、投资人数上设置了较高门槛和严格限制。如要求投资人只能是符合《证券公司及基金管理公司子公司资产证券化业务管理规定》以及《私募投资基金监督管理暂行办法》条件的合格投资者，投资人数限制在 200 人以下。

与在交易所市场公开发行的标准化公募 REITs 相比，私募 REITs 排除了广大中小投资者的认购资格，不利于提升 REITs 在交易市场的流动性和变现能力，而且私募 REITs 在发行人资格、基础资产、上市登记、信息披露、资金流向、退出机制等环节受到的监管限制少，导致其安全性较差。此外，私募 REITs 对提升物业运营管理方和金融服务供应方的主动投资管理能力也会产生负面影响。

四、商业银行参与 REITs 的分析与展望

（一）商业银行参与 REITs 的需求分析

1. 拓宽投资渠道。从监管方向来看，缩表降杠杆的监管思路将持续进行。按照现行监管口径，银行自营和理财资金投资非标债权受到严格限制。REITs 的本质是资产证券化产品，不属于非标债权，因而不受资管新规等投资范围限制，是银行适宜的资金投资渠道。

2. 转换盈利模式。在压缩房地产贷款增量的背景下，REITs 可以推动银行完成从传统的“存贷款”利差到“ABS 资产端与证券端”价差的盈利模式的转变。

3. 调整信贷结构。一种方式是银行主动发起房地产抵押贷款债权证券化，实现信贷资产的规范出表，减少表内资本耗用，实现风险隔离分散。另一种方式是银行作为房地产企业发行 REITs 的合作方，既不占用自身授信额度，又能让企业达成融资目的，提高资本市场估值，还能综合提供营销财务顾问、资金托管等金融服务，这是一种从表外切入争取优质房企客户资源的新方式。

4. 加快非标转标。对于存量“非标转标”，银行存量的信托贷款类业务可以直接通过证券化方式进行转标；银行持有的资管计划份额、收益权等可以借助信托计划形成受益权，再通过券商专项计划将其证券化。对于增量“非标转标”，一种方法是银行不直接对房企发放贷款融资，而是企业将自持物业证券化发行 REITs，银行认购优先级份额；另一种方法是银行先以信托贷款方式为企业提供“过桥融资”，之后再以信托受益权为基础资产发行 REITs。

5. 处置不良资产。“开发 + 销售”模式下，房地产不仅建设周期长，而且占用资金多、回笼速度慢。随着经济渐入筑底阶段，地产行业泡沫不断收缩，连锁反应下房产面临跌价风险，成为银行等金融机构最常见的不良资产。REITs 可将这部分不良资产证券化，通过对闲置房产不良资产的组合打包，分散单一资产风险，形成基础资产池，使其具有比较稳定的现金流和增值空间，再经过信用增级，从而转换为在金融市场上流动的证券。

（二）商业银行在 REITs 交易结构中的角色定位

1. 投资人。商业银行强大的吸储能力，造就了其在资金规模上的天然优势。商业银行可作为合格机构投资者，运用自营资金或理财资金投资 REITs，前提是事前做好风险评估，结合风险偏好制定投资策略并安排好风险缓释措施。

2. 贷款方。为实现分散风险的目标，未来 REITs 在基础资产配置上会更加倾向于去单一化，转而采取跨类型、跨区域的多元化策略，部分 REITs 在设立初期有较大的并购资金需求。商业银行可为 REITs 收购优质资产提供融资服务，如作为牵头行或成员行参与银团贷款，投资房地产商发起设立的并购基金，形成“前期开发贷款/并购基金—中期经营性物业贷款—后期 REITs 出表”的深度银企合作链等。2018 年 3 月，建设银行与新派公寓发起基于资产证券化的不动产并购基金，初期规模 20 亿元。

3. 经纪人。商业银行的客户类型广泛，不仅囊括了房地产企业客户，还有众多的基金、证券、信托、保险等金融同业客户，银行可为有发行 REITs 需求的房企客户寻找合作机构提供中介服务，撮合交易，并从中收取可观的佣金/顾问费，这将是银行重要的中收来源。

4. 承销方。银行间债券市场 CMBN 的推出，为商业银行承销 REITs 打开了一扇大门。商业银行在作为承销商负责 REITs 产品的结构设计、尽职调查、发行筹划、报送审批、后续管理等工作的同时，还可组织旗下信托和资管子公司作为信托和基金管理人，充分发挥集团资源优势与协同效应。2017 年 2 月，银行间市场发行的兴业皖新阅嘉一期房地产投资信托基金，主承销商为兴业银行，兴业国际信托为信托受托人。

5. 托管/监管银行。作为托管人，商业银行可为 REITs 开立专用托管账户，提供托管服务，在 REITs 募集完毕后进行封闭运作。作为监管人，银行可在 REITs 存续期间监管物业的租金及其他收益情况，在分配环节监管收益按认购比例和指令分配给投资者的情况。

6. 担保方。实践中，REITs 发行方除依托基础资产内生现金流作为内部增信措施外，还需提供资产抵押、第三人保证等外部增信措施，这就为银行在 REITs 中扮演担保人提供了契机。银行可视发行主体的信用情况，在风险可控的条件下，为 REITs 开立保函，从而增加中收。

（三）商业银行参与 REITs 的风险管理

1. 政策风险

REITs 在我国发展尚不成熟，相关制度框架正在建设当中。缺乏专门立法予以规范，主要依靠各级政府部门的指导意见和政策文件来进行试点探索，政策变动成为银行考虑的首要风险。这就要求银行持续跟踪政策导向，密切关注监管态度，积极促进银政合作，规避可能出现的进行中项目因政策变动而搁浅的风险。

2. 市场风险

主要是基础资产价格变动以及利率、汇率波动而导致损失的风险。市场风险的发生与宏观经济基本面和行业景气度密不可分，属于系统性风险。银行的应对之道是提升对经济周期和市场行情的敏锐度和判断力，审慎介入或者尽早退出基础资产单一、行业周期性强、现金流波动大的 REITs 项目。

3. 经营风险

主要是指 REITs 项目存续期内，对基础资产管理不善等原因造成收益损失的潜在风险。通常，项目运作规范、经营管理高效的 REITs 项目经营风险较小。银行应在前期认真履行尽职调查职责，对基础资产、项目公司、管理人等进行全面考察和评判，从而避免投资存在高度经营风险的 REITs 项目。

参考文献

［1］R. 布拉德·托马斯. REITs 分析与投资指南［M］. 北京：机械工业出版社，2018.

［2］李晓明，杨雯. 商业银行 REITs 路径选择［J］. 经营管理者，2016（21）.

［3］交通银行金融研究中心课题组. 我国 REITs 发展前瞻与银行参与对策［J］. 中国银行业，2018（2）.

VIE 架构互联网企业国际化金融服务方案研究

杨 颖[①]

互联网企业是我国创新发展和新兴产业的典型代表，经营模式显著区别于传统企业，同时多数互联网企业采用 VIE 架构，其独特和创新之处给商业银行业务发展提供良好机会的同时，也带来诸多挑战。本文以 VIE 架构互联网企业为研究对象，旨在探索适合其业务模式的国际化金融服务方案。

一、我国互联网行业发展现状

（一）互联网基础设施支撑行业快速发展

CNNIC 发布的第 42 次《中国互联网络发展状况统计报告》显示，截至 2018 年 6 月 30 日，我国网民规模达 8.02 亿，互联网普及率为 57.7%；我国手机网民规模达 7.88 亿，网民通过手机接入互联网的比例高达 98.3%。我国互联网基础设施建设不断优化升级，“宽带中国”战略稳步实施，光网城市成为发展热点，移动网络进入“4G +”时代，5G 技术试验全面启动。

（二）互联网企业投融资规模大幅提升

中国信息通信研究院政策与经济研究所互联网运行分析团队发布的《2018 年二季度互联网投融资运行情况》报告显示，2018 年第二季度，我国互联网投融资规模达到 727 亿元，资本市场活跃度大幅增长，投融资案例环比增长 66%，同比增长 87.4%；披露的投融资金额为 569 亿美元，环比增长 58.5%，同比增长 35.8%。分

① 作者简介：杨颖，现供职于交通银行北京市分行。

行业看，投融资热点集中在互联网金融、企业服务、电子商务、医疗健康、在线教育领域。

（三）互联网经济持续攀升

中国信通院发布的《2018 中国互联网行业发展态势暨景气指数报告》显示，截至 2017 年末，我国上市互联网企业总市值为 8.97 万亿元，同比增长约 70%；监测的 152 家上市互联网企业 2017 年总营收突破 1.4 万亿美元，同比增长 38.2%。业界人士分析，互联网行业发展之所以有此增速，一方面得益于网络基础日益坚实；另一方面，互联网与经济社会各领域融合创新不断加深，新热点持续涌现。

二、互联网企业盈利模式和特征

（一）互联网企业盈利模式

随着互联网行业的快速发展，互联网企业的盈利模式成为学界研究的热点。但由于互联网行业的多变性和不确定性，目前还没有统一的诠释，本文选择几种有代表性的观点进行阐述。

从影响因素的角度看，叶乃沂（2004）① 指出互联网企业的盈利模式是在价值链体系中为顾客提供所需的产品和服务，从而获得利润；网络盈利模式主要由企业资源、市场环境、客户关系、产品创新、业务流程和财务要素六个方面决定，它们之间相互联系、彼此影响，共同诠释网络盈利模式的特点与构成。

从内容分类的角度看，唐建（2014）② 整理出的网络盈利模式主要有广告模式、游戏模式、内容付费、O2O 模式、入口模式、移动电商模式等较为典型、极具前景的盈利模式。朱小丹（2015）③ 认为，互联网以四大模块为主：搜索引擎、电子商务、网络游戏和即时通讯，而增值服务的盈利模式、网络游戏盈利模式、在线广告盈利模式、并购增值盈利模式以及产品销售盈利模式等则是我国目前互联网盈利模式的主要组成内容。

从典型案例出发，童士豪（2015）④ 通过分析阿里巴巴和腾讯公司的互联网盈利模式，认为通过运营平台提供免费的消费品，更能吸引消费者的加入。当建立足

① 叶乃沂．电子商务模式分析［J］．华东经济管理，2004（4）：108－111.
② 唐建．我国移动互联网盈利模式分析［J］．商业时代，2014（21）：57－59.
③ 朱小丹．对我国互联网经济盈利模式的探讨［J］．现代营销（下旬刊），2015（7）：14－15.
④ 童士豪．中国独创的互联网盈利模式［J］．IT 时代周刊，2015（1）：58－59.

够大的、有大批量消费者的消费数据库时，就开始针对部分用户进行收费，该模式比从一开始就收费能给企业创造更多价值。古慈凤（2017）[①] 采用叶乃沂对盈利模式的定义，将腾讯公司的盈利模式演变过程分为三个阶段：第一阶段是腾讯公司的初创期，以免费QQ为基础的“免费通讯平台盈利模式”；第二阶段是腾讯公司不稳定的成长期，通过丰富产品和服务打造“一站式在线生活平台盈利模式”；第三阶段是腾讯公司的成熟期，在稳定情况下基于创新价值路径的“开放式互联网生态圈盈利模式”。腾讯公司正是基于数以万计的用户群，以免费使用的即时通讯软件QQ为核心，业务逐步延伸到互联网各个领域，不断地根据用户需求为用户提供产品和服务，通过黏性增值服务为手段获取巨额的利润。

（二）我国互联网企业的特征

1. 轻资产、大融资

互联网属于轻资产行业，多数在固定资产投资方面较少，发展主要靠人才、技术储备以及良好的商业模式。不同于传统企业，互联网行业具有明显的先发优势，企业前期以烧钱为主，达到一定规模后才能盈利，通常在创业之初需要有巨额融资作为支撑。分析成功的中国互联网企业可以发现，这些企业的发展路径大致为：起步—天使投资—烧钱—高增长—风险投资（VC）—高投入—达到规模点—私募股权投资（PE）—有盈利—再融资—持续盈利—上市。

2. 高风险、高收益

经济运行中，收益与风险并存是客观规律。由于互联网是新生事物，集新技术和新商业模式于一体，互联网企业的产品周期和生存周期较短，它比传统企业更容易感受到“生与死、快乐与痛苦，只不过咫尺之遥”。再加上风投的推波助澜，不可避免地形成了“互联网泡沫”。互联网行业在我国短短十几年的发展也是泡沫产生与破裂交替的过程，很多企业都在达到规模点前就没钱了，面临倒闭。而在激烈的拼杀中存活下来的企业如BATJ，已成为互联网行业巨擘，盈利可观。

3. 重创新、常变化

无论是在互联网技术本身的发展前景方面，还是在互联网企业的商业模式和运营管理方面，都没有前人的经验和教训可以借鉴，这是互联网行业与传统行业最大的区别，自身持续不断的摸索和创新对互联网企业的发展至关重要。2000年，新浪以VIE模式成功实现美国上市，VIE甚至还得名“新浪模式”。新浪模式随后被一大批中国互联网公司效仿，搜狐、百度、阿里巴巴等均以VIE模式成功登陆境外资

① 古慈凤．互联网企业盈利模式研究［D］．广州：广州大学，2017.

本市场，成功解决了海外运作的难题。自此，VIE 模式成为中国互联网企业海外运作的“法宝”，有一定影响的互联网企业出于便于国外上市的目的，大多在国外注册，形成 VIE 构架。这就给商业银行服务互联网企业带来了新的研究课题，倒逼商业银行对业务和服务方案进行创新，以适应日新月异的互联网行业。

三、VIE 架构互联网企业分析

（一）VIE 架构互联网企业介绍

可变利益实体（Viriable Interest Entities，VIE），也称为协议控制，即不通过股权控制实际营运公司而是通过签订各种协议的方式实现对实际运营公司的控制。VIE 架构当前主要被运用于中国企业海外上市、融资以及外国投资者规避对外资产业准入限制的情况。

通常来讲，VIE 架构是拟上市公司为了实现在海外上市，在国外的开曼群岛或中国香港设立一个平行的离岸公司，以这个离岸公司作为上市或融资的主体。这个离岸公司经过特殊目的机构（Special Purpose Vehicle，SPV）的投资活动，最终在国内落地为一家外商投资企业（WFOE），WFOE 通过 VIE 协议控制内资公司。

典型的 VIE 架构如下图所示：

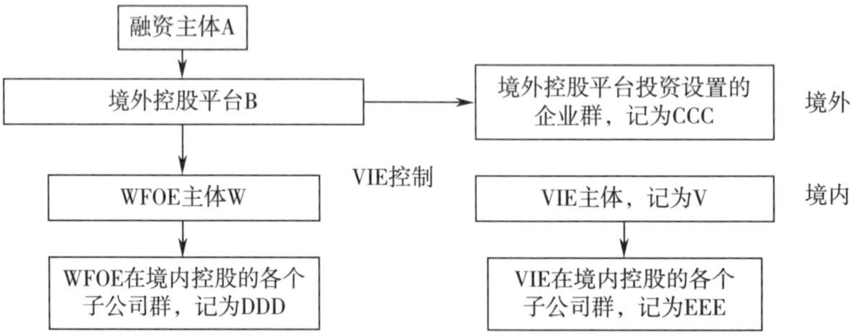

在此关系中，境外融资主体记为 A，它在香港或者其他地区设置的控股平台记为 B，B 投资到境内，设置 WFOE 主体 W，W 协议控制 VIE 主体，记为 V。

境外 B 投资设立的子公司集群记为 CCC，境内 WFOE 主体在境内设立的子公司集群记为 DDD，境内 VIE 主体 V 在境内设置的子公司群记为 EEE。其中，子公司群 EEE 为境内运营主体，持有主要的 ICP 牌照等。

由于融资主体在境外、经营主体在境内的客观情况，VIE 架构互联网企业经常会遇到资金跨境使用的需求，而目前国内监管体系对跨境资金使用存在多方面的限制。

（二）企业需求分析

与跨境资金相关的主要涉及以下监管政策：

1. 工信部规定，ICP 牌照只能由内资控股企业持有。

2. 外汇局规定，资本项下（包括资本金和外债）外币入境，必须专户管理；如果要持有人民币，需要建立人民币结汇待支付账户，进行专户管理。

3. 外汇局规定，资本项下（包括资本金和外债）外币入境后可以用于发放委托贷款，但不能对非关联企业发放。委托贷款发放之后，进入借款人的“结汇待支付专用账户”，后续使用按资本项下资金使用要求监管。

4. 外汇局规定，根据全口径跨境宏观审慎管理的要求，一个境内企业可以自然拥有一个基础外债限额（不等于外债额度），此外债限额最大可以等于该企业投注差，或者等于上年末净资产的两倍，但二者只可选择其一，不可混用。

5. 银监会规定，委贷资金的来源必须是债权方的自有资金，委贷资金的用途必须是债务方的正常经营用途。

6. 发改委、商务部对于外资准入有明确的行业限制，近期新推出的《外商投资准入特别管理措施（负面清单）（2018 年版）》对于各个行业的外资准入进行了限制，其中对于互联网行业的表述为“禁止投资互联网新闻信息服务、网络出版服务、网络视听节目服务、互联网文化经营（音乐除外）、互联网公众发布信息服务（上述服务中，中国入世承诺中已开放的内容除外）。”

根据对 VIE 架构互联网企业的研究，本文认为该类企业在跨境资金调度方面的需求与监管政策之间的主要矛盾如下：

1. 境内 VIE 主体 V 及其子公司群 EEE 是境内运营的核心，资金需求量较大。但受到 ICP 牌照限制，V 和 EEE 只能为内资控股，企业资本金相对有限。此外，境内竞争过程中，为了拓展客户群，很多情况下短期内要一定程度地牺牲利润，这往往使得 V 和 EEE 经营性利润很低甚至为负。综上所述，境内企业 V 和 EEE 的净资产相对较小，且没有投注差，仅有少量或没有外债额度。

2. 境内 WFOE 主体 W 由境外 SPV 企业 B 投资而来，净资产相对较大，投注差相对充足，且均有较大的提升空间，因此具有较大的外债额度，可以从境外关联公司 B 引入外债资金。但借入外债后，按照目前规定，仅能用于 WFOE 以及其子公司，受到较大限制。

3. 境内 WFOE 主体也可以通过增资的方式增加资本金。且资本金不算作债务资金，因此有更大的使用空间。另外，外债资金可以通过还款回流境外，而资本金一旦注资完成，仅能对外进行分红，资金回流难度不同。唯一缺憾是 WFOE 下面的资本金如果想用于支持主体的 VIE 企业业务使用，会受到较大限制。

四、国际化金融服务方案设计

（一）国际化金融服务方案

经过以上分析，本文认为商业银行可通过如下方案为 VIE 架构互联网企业更好地实现资金跨境流动提供支持。

1. 资本金委贷

在资本项下资金的管理办法中，均提到“不能给非关联公司发放贷款”，这里的“关联公司”可认为包括“股权关联公司”和“非股权的关联公司”，由于 WFOE 主体与 VIE 主体之间往往是相同实际控制人，因此可以看作是“非股权的关联关系”。那么，如果符合其他部门的监管规定，则可以将 WFOE 主体的资本金通过委托贷款的形式贷给 VIE 主体，进而通过委托贷款的形式贷给用款子公司 E（EEE 中的一家）。流程如下：

步骤 1：境内 WFOE 主体向商务委员会备案增资。

步骤 2：商业银行判定此类企业是否可以适用于 WFOE 向 VIE 主体发放委贷，如行业允许，则继续后续流程。

步骤 3：商业银行为企业开立资本金账户和结汇待支付账户。

步骤 4：商业银行审批 WFOE 主体到 VIE 主体的委托贷款额度，同时申请 VIE 主体 V 到用款子公司 E 的委托贷款额度。

步骤 5：资金进入境内，注入企业的资本金账户，开立结汇待支付账户备用；V 和 E 也要开立结汇待支付账户。

步骤 6：用款时，境外公司将资金以资本金形式汇入境内 WFOE 的资本金专户，结汇后进入 WFOE 的“结汇待支付账户”，通过银行委贷进入 VIE 主体 V 的“结汇待支付专用账户”，再通过银行委贷进入 VIE 下属实际用款主体 E 的“结汇待支付账户”。

步骤 7：商业银行管控实际用款主体 E 将资金合规使用。

2. 外债便利化

国家外汇管理局在北京中关村地区实行试点，对于全口径宏观审慎条件下该地区外债额度不足的企业可以申请“外债便利化”项目。考虑到 WFOE 的资本金总量必然会有所控制，所以只靠 WFOE 资本金难以解决 VIE 主体的全部资金需求。为保证长期资金的充足，可考虑“外债便利化”项目。流程如下：

步骤 1：通过“外债便利化”形式，以 VIE 主体 V 向境外主体 B 申请外债，签订外债合同。

步骤 2：主体 V 和商业银行向外汇局递交相关资料，并与外汇局沟通，争取审批成功。

步骤 3：商业银行为企业开立外债资金专用账户和外债资金结汇待支付账户。

步骤 4：商业银行审批 VIE 主体到 VIE 下属子公司 E 的委托贷款额度，给 E 开立结汇待支付账户。

步骤 5：资金进入境内，注入企业的外债专用账户。

步骤 6：用款时，境外公司将资金以外债资金形式汇入境内 VIE 主体的外债专用账户，结汇后进入 VIE 的结汇待支付账户，通过银行委贷进入 VIE 下属实际用款主体 E 的结汇待支付账户。

步骤 7：商业银行管控实际用款主体 E 将资金合规使用。

3. 外保内贷（完全现金项下）

受外汇政策和汇率预期影响，当企业发生资金跨境需求时，会有特殊的产品需要，有可能会选择外保内贷业务——将资金存放在境外，通过备用信用证对境内企业进行担保，进而在境内发放贷款。此业务的优势，一是在外汇升值通道中，企业会有意愿暂缓资金入境，通过境外持有美元，获取外汇升值的收益；二是境内通过贷款的形式获取资金，基于备用信用证而获取较低的融资成本；三是贷款到期时不涉及资金出境，可以消除外汇政策变动的影响。流程如下：

步骤 1：境外企业向商业银行境外机构存入存款。

步骤 2：商业银行境外机构基于存款，向其境内机构出具备用信用证。

步骤 3：商业银行境内机构接收到备用信用证，基于此项担保，为境内企业提供人民币授信。

外保内贷业务境外资金无须汇入到境内，能够免除资金退出时面临的不确定因素，可以帮助企业规避美元大幅升值和外汇汇出管制的风险；若能选择合适的担保方案和价格，则可实现银企共赢。

但如果国内企业无法偿还外债，导致备用信用证履约便会触发合规性风险。为避免这种情况，可以协同境内第三方公司合作，将贷款发放给第三方融资租赁公司，通过融资租赁的形式为 VIE 主体提供资金支持。

4. 汇率避险产品

VIE 主体企业通常境内外都有业务，美元的流通需求较大。在外汇价格剧烈波动的阶段，往往有汇率避险的需求，商业银行可通过远期和期权产品为企业实现汇率锁定。

其中，期权类产品风险可控、收益无限，能使企业较大程度地规避汇率风险，而企业仅承担期权成本，对于企业经营的稳定性有较大帮助。但因其收益的不确定性，并不能广泛地为财务部门所接受。商业银行可根据企业需求，设置结构性存款（收益购买）期权的混合型产品，以提高企业接受度。

5. 境外贷款

VIE 架构的企业因其境外美元资产较高，且多数在境外上市，所以当其境内发展到一定水平之后，境外扩张的速度会明显早于且快于传统行业，企业在境外会有较强的融资需求。因此，商业银行可通过境外分支机构，给企业提供流动资金贷款和并购贷款，以满足企业综合服务需求。

（二）风险点及注意事项

1. WFOE 资本金委贷给 VIE 的业务，需要重点分析企业的行业所属是否符合发改委和商委的外资准入要求，对于资金用途要严格管控、确保合规。

2. 外债便利化业务在用途方面有明确的使用范畴规定，需关注使用方式是否合乎批准要求，保证合规。同时，为提高“外债便利化”申请成功率，需关注国内资本项下资金流入流出趋势、外汇监管力度、北京中关村地区已通过“外债便利化”方式流入的资金总量等因素，提前准备，留足时间。

3. 外保内贷业务最核心的风险是企业外债额度以及美元汇率波动。针对企业外债额度，应提前与企业沟通，尽量保证充足的外债额度，以防止履约情况出现时，企业外债额度不足造成合规风险。同时跟踪美元汇率波动，保证外保内贷业务的保证金覆盖率，防范汇率风险。

4. 针对境外贷款业务，商业银行要与境外分支机构一起跟踪企业境外资金存量规模，分析企业存款的波动规律，熟悉企业业务背景，印证企业实际资金留存变动情况是否合理，规避企业经营风险，保证信贷资产安全。

总体来看，商业银行应深入与互联网企业合作，关注其特殊需求，以不断创新赢得客户，以品质服务开拓市场，在高速发展的新兴行业中争取更大的市场份额，方可在日益激烈的金融战争中赢得更大的收益。